프리즌 서클

PURIZUN SAKURU

by Kaori Sakagami

© 2022 by Kaori Sakagami

Originally published in 2022 by Iwanami Shoten, Publishers, Tokyo.

This Korean edition published 2023

by DADALIBRO, Goyang

by arrangement with Iwanami Shoten, Publishers, Tokyo

프리즌 서클

사카가미 가오리 지음
김영현 옮김

다다
서재

Prison Circle

새로운
교도소

소년에게는,
거짓말밖에 할 수 없는
이유가 있었습니다.
— 「거짓말쟁이 소년」 중에서

　다큐멘터리 영화의 제작 과정에는 '영화가 태어나는 순간'이 있다. 영화 완성이나 극장 개봉 같은 물리적 탄생을 말하는 것이 아니다. 촬영과 편집 단계에서 일어나는 예기치 못한 무언가. 그 영화에 결정적인 요소—그것이 있기에 비로소 영화가 완성되었다고까지 할 수 있는 중요한 장면—인데 반드시 한 번만 일어나지는 않는다.

　2014년 여름에 시작해 교도소 안에서 2년, 출소자 취재까지 포함하면 5년이 넘는 시간 동안 촬영한 다큐멘터리 영화 「프리즌 서클プリズン・サークル」(2020년 1월 개봉)을 제작하면서도 나는 그런 순간들과 마주했다. 이 다큐멘터리의 뼈대가 된 이야기

「거짓말쟁이 소년」은 확실히 영화의 결정적 요소 중 하나였다. 영화는 다음처럼 시작한다.

검정 스크린에 젊은 남성의 어눌한 말소리가 들린다.

옛날 옛날 어느 곳에 거짓말밖에 하지 않는 소년이 있었습니다.

이윽고 작은 남자아이가 나타난다. 파란 모래로 그린 애니메이션이다. 남자아이는 윤곽이 있을 뿐 표정은 없다. 그 남자아이 앞을 역시 모래로 그린 표정 없는 군중이 바쁘게 지나친다. 누구도 소년의 존재를 깨닫지 못한다. 남성의 이야기가 이어진다.

소년은 무슨 일이 있어도 절대로 진실을 말하지 않았습니다. 소년은 외로움을 많이 타서 누군가와 함께 있고 싶었지만, 마을 사람 누구도 거짓말밖에 하지 않는 소년을 상대해주지 않았습니다. 고독 때문에 정신이 이상해질 것 같았지만, 그래도 소년은 거짓말밖에 하지 않았습니다. 소년에게는, 거짓말밖에 할 수 없는 이유가 있었습니다.

화면 속에는 모래 그림 소년만이 덩그러니 남아 있다.

이것은 「거짓말쟁이 소년」이라는 제목이 붙은 짧은 이야기의 서두다. 모래 그림 작업은 전문 애니메이션 작가에게 의뢰했지만, 이야기는 교도소에 복역 중이던 수용자가 지어낸 것이다.

작가는 20대 초반의 다쿠야. 전화금융사기에 현금수거책으로 가담하여 2년 4개월 징역형을 받았다. 소년처럼 순진하고 연약해 보이면서 나른한 미소를 머금고 있는, 어디에나 있을 법한 젊은이다.

다쿠야는 수용자의 갱생에 힘쓰는 '새로운 교도소'에 수용되어 있었다. 다쿠야가 그곳에서 생활하고 2개월이 지났을 무렵, 갱생 프로그램의 과제로 쓴 것이 「거짓말쟁이 소년」이라는 이야기다. 우리가 촬영한 날, 다쿠야는 다른 수용자들 앞에서 이야기의 도입부를 낭독했다. 소름이 돋았다. 그저 지어낸 이야기 같지 않았기 때문이다.

소년이 거짓말을 시작한 계기는 무엇일까? 사람들이 다가가지 않을 만큼 거짓말을 계속한 이유는 무엇일까? 어린 시절 그에게 대체 무슨 일이 일어났을까?

이야기를 듣고 떠오른 이런 의문의 답을 다쿠야 자신도 찾고 있는 것 같았다. 그 이야기는 다쿠야의 목소리에 귀를 기울이는 다른 수용자의 이야기일 수도 있었다. 소년의 눈앞을 지나친 표정 없는 군중은 담장 밖의 우리들인지도 몰랐다. 우리가 주의를 기울여보면 거짓말쟁이 소년은 바깥세상의 여기저기에 있을 것이다. 그렇다면 이 이야기는 다쿠야의 것인 동시에 우리의 것이기도 하다.

영화 「프리즌 서클」은 이 이야기에서 태어났다.

흔들리는 고속버스를 타고

2009년 12월 초순 어느 날의 이른 아침, 나는 JR히로시마역 앞의 인기척 없는 터미널에서 하마다역으로 가는 고속버스에 올라탔다. 지금도 창밖으로 어렴풋이 흘러가던 눈 덮인 산맥과 짙은 아침 안개 사이로 이따금씩 모습을 드러내던 촌락의 신비스러운 풍경, 그리고 아직 보지 못한 '새로운 교도소'에 대해 호기심과 의심이 뒤섞여 복잡했던 심경이 기억난다.

흔들리는 고속버스를 타고 한 시간 반, 히로시마현에서 시마네현으로 넘어가 아사히 인터체인지의 요금소에 당도하자 유리로 둘러싸인 작은 정류장에 서 있는 젊은 여성이 눈에 띄었다.

교도소의 교육 부문에서 일하는 민간 직원인 모리 마유미였다. 차분한 흰색의 멋스러운 코트를 입은 그는 하얀 스포츠카 타입의 자가용을 몰고 마중 나와주었다. 사복 차림도 그렇고, 싹싹한 언동도 그렇고, 교도소 직원답지 않았다.

정류장에서 교도소까지 자동차로 5분도 걸리지 않았기에 차 안에서 그와 무슨 이야기를 했는지는 기억나지 않는다. 하지만 나는 경계하고 있었던 것 같다. 민영기업에 소속되어 있으면서 교도소 직원으로 일하는 것 자체가 좀처럼 상상이 되지 않았고, 후술하겠지만 그와 관련해 이런저런 우려가 많았다. 그런 나의 긴장을 풀어주듯이 그가 나를 밝게 대해주었던 것은 기억에 남아 있다.

주고쿠 산지의 산들에 둘러싸인 움푹한 지대에 위치한 시마네현 하마다시 아사히정旭町.

계단식 논이 펼쳐지는 한가로운 전원 풍경에 붉은 벽돌로 지은 집들이 드문드문 있는, 관광과 농업으로 생활하는 인구 약 2600명의 과소지역*이 지금은 '교도소 마을'로 알려져 있다. 이곳에 '새로운 교도소'가 문을 연 것은 2008년이었다.

고속도로가 교도소 부지를 남북으로 나누고 있는데, 교도소는 '형사시설 구역'이라 불리는 북측에 자리하고 있다. 남측의 '지역 교류 구역'에는 소속 공무원과 그 가족이 거주하는 관사, 인정어린이원認定こども園**, 무술을 연습하는 무도장, 맹인안내견 훈련 센터 등이 한데 모여 있다. '지역 교류'라는 표현을 내걸었지만, 입구 부근에 "여기부터는 법무성의 부지입니다."라는 간판이 있어서 좀 다가가기 어렵다는 말을 인근 주민에게서 들은 적이 있다.

* 인구가 현저히 감소하여 지역 사회의 활력이 저하되고, 주민의 생활수준이 일정 기준을 유지하기 어려운 상태에 놓인 지역을 뜻한다.
** 취학 전 아동의 돌봄과 교육을 종합적으로 담당하는 일본의 보육지원시설. 각 지자체 단체장이 조례에 따라서 인정하는 기관이다.

'형사시설 구역'은 민가들과 좀 떨어진 장소에 있다. '새로운 교도소'는 나무들이 우거진 약간 높은 언덕 위에 숨기듯이 세워졌다. 도로를 따라 완만한 언덕길을 올라가면 교도소 건물의 아랫부분이 조금씩 시야에 들어오는데, 그 지방의 계단식 논을 모티프 삼아 널찍한 돌을 층층이 깔아둔 모습이다. 두껍게 쌓인 눈과 돌 사이로 현대적인 은색 금속판이 엿보였다.

시마네 아사히 사회복귀촉진센터.

교도소라는 글자는 보이지 않는다. 하지만 최대 수용 인원이 2000명인 어엿한 교도소다. 범죄 성향이 강하지 않은, 초범에 형기 8년 이하인 남성이 수용 대상이다.

'시마네 아사히'는 2007년부터 2008년에 걸쳐 개설된 PFI 교도소라고 불리는 관민 혼합 운영형 교도소 중 한 곳이다. PFIPrivate Finance Initiative란 민간의 자금과 경험을 활용하여 공공시설을 건축부터 유지 관리, 운영까지 하는 방식을 가리킨다. 시마네 아사히를 비롯해 미네(야마구치현 미네시), 기쓰레가와(도치기현 사쿠라시), 하리마(효고현 가코가와시)까지 네 곳의 PFI 교도소가 존재한다.

모두 시설명은 '사회복귀촉진센터'다. 그런 이름이 붙은 이유는 이 시설들이 갱생을 하는 장소로서 수용자가 또다시 범죄를 저지르지 않도록 교정교육을 하고 직업 훈련을 비롯해 취업지원 프로그램을 실시하는 등 새로운 방식을 실현하기 위해 세워졌기 때문이라고 한다(법무성은 PFI 교도소의 기본 구상에 "적극적인 교정교육을 실시한다." "인재의 재생을 목표한다."라고 명기했다).

1990년대 중반의 행정 개혁(비대화·경직화한 행정 제도를 근본적으로 고치려는 목적이었다), 과밀 수용 문제(2000년에는 교도소의 수용률이 100퍼센트를 넘어섰다), 그리고 나고야 교도소의 수용자 사망 사건*으로 '철저히 응징해서 반성을 촉구'하는 징벌적 처우에 대한 비판이 제기되었고, 이는 새로운 교도소가 태어난 배경이 되었다. 그런 와중에 교정시설 개혁이 추진되었고, 법률 개정에 따라 '민간으로 일부 위탁'하는 흐름이 만들어졌다. 다만, 국가 형벌권을 행사하는 교도소의 업무를 민간으로 위탁하는 것에 법무성 내부의 반대도 강했던 모양이다. 결국 형벌권은 국가가 계속 지니는 방식으로 결론이 났다.

시설의 규모, 민간이 관여하는 범위와 특징은 PFI 교도소마다 다르다. '시마네 아사히'는 건설부터 유지와 운영까지 동일한 민간 회사가 담당하고 있지만, 각각 다른 회사에 위탁한 곳도 있다. 직원의 비율을 보면, 시마네 아사히와 미네는 민간 직원과 공무원이 거의 반반이지만, 다른 두 시설은 민간 직원이 약 25퍼센트로 국가 공무원이 압도적으로 많다.

* 2001년 나고야 교도소에서 한 남성 수용자가 교도관들의 학대 행위 때문에 사망하는 사건이 발생했다. 이 사건을 계기로 일본에서는 수용자의 처우에 관한 법률이 제정되었다.

모든 시설에서는 교도소에 처음 수용되고 범죄 성향이 강하지 않으며 집단생활에 순응할 수 있는, 즉 비교적 위험하지 않은 수용자들만 있다. 미네처럼 남녀 모두 수용하는 시설도 있지만, '시마네 아사히'는 남성만 수용한다.

또한 '시마네 아사히'에서는 이 책에서 다루는 갱생 프로그램 외에 맹인안내견이 될 강아지와 말 등 동물을 육성하고 함께하는 커뮤니케이션 능력 향상 프로그램과 시설 부지 밖에서 하는 농작업, 산학관이 연계하는 디지털 콘텐츠 편집, 사회 공헌 활동 등 특색 있는 여러 시도가 이뤄지고 있다.

부드럽고 엄중한 보안 시설

아사히정이 교도소 유치에 나선 것은 2003년이었다. 예정지는 시마네현이 1994년부터 기업 유치를 위해 36억 엔을 들여 조성한 공업단지용 택지(32만 5000제곱미터에 이르는 광대한 토지)였지만, 사겠다는 곳이 전혀 없어 어려움을 겪고 있었다. 당시 시마네현의 지사는 교도소 유치에 관해 "시마네현 서부 지역의 정주 인구 확대와 경제 활성화에 큰 상승효과가 일어날 것"이라고 했는데, 교도소 유치가 지방자치단체의 경제적인 생존 전략이었음을 알 수 있다.

교도소는 일반적으로 기피 시설이라 주민들이 싫어한다. 하지만 아사히정에서는 주민들의 반대 운동이 일어나지 않았다. 교도소 개설과 관련한 주민 의식 조사 결과에 따르면, 지자체와 교도소 측에서 주민을 대상으로 사전 설명회를 여러 차례 갖는 등 적극적으로 이해를 구한 것이 영향을 미쳤다고 한다. 심지어 교도소 개설 전만 해도 저항감을 품고 있는 주민이 절반 이상이었는데, 개설 후에는 그 비율이 10퍼센트까지 격감했다. 이 조사에서는 개설 후에 교도소와 주민 사이에 이뤄진 직접적 혹은 간접적인 접촉이 큰 역할을 했다고 분석한다. 예를 들어 친인척과 이웃이 교도소에 출입하는 업자 또는 자원봉사자인 경우나, 민간 직원 및 그들의 가족과 면식이 있는 경우가 많은 데다 교도소와 물리적 거리가 가까웠다. 그런 요인이 대중의 시야에서 은폐되어왔던 교도소를 더욱 눈에 띄게 하고 수용자와 출소자에 대한 저항감을 줄였다고 추측한 것이다.

어쨌든 지역이 원했고, 그리고 민관이 모두 적극적으로 주민들에게 다가간 결과 주민과 교도소 사이에 접점이 생겨난 것이 '시마네 아사히'의 특징이다.

시설 설계도 독특한데, 기존의 높고 두꺼운 콘크리트 벽이 아니라 그물코가 자잘한 2중 펜스가 부지를 둘러싸고 있다. '형사 시설 구역'의 중앙에는 청사와 관리동이 있다. 그 건물들 좌우에 운동장이 있고, 그 운동장을 둘러싸듯이 4층짜리 철근 콘크리트 건물인 수용동收容棟, 직업훈련동, 체육관 등이 있다.

교도소 근처에 민가는 거의 없지만, 직장과 학교를 오가며 지나는 사람들을 고려해 그런 구조로 지은 듯했다.

운동장이 건물들에 완전히 둘러싸여 있고, 수용동은 펜스에서 멀리 떨어진 곳에 V 자로 지어졌기 때문에 그곳에서 1000명 넘는 사람들이 생활한다는 사실을 바깥에서는 상상하기 어렵다. 때때로 점호하는 목소리나 개 짖는 소리가 새어 나오는 정도인데, 전체적으로 그다지 고압적인 느낌이 없어서 교도소보다는 종합병원이나 공장, 아니면 학교 같은 인상이다. 다른 누구도 아닌 수용자가 처음 도착해서 "여기가 교도소라고?"라며 놀란다고 했다.

그렇지만 사실 2중 펜스 안쪽에는 진동 감지 센서, 바깥에는 적외선과 마이크로파를 모두 감지하는 콤비네이션 센서로 눈에 보이지 않는 감시망이 펼쳐져 있다. 그와 더불어 시설 내는 물론 시설 주위에도 CCTV를 설치해서 24시간 감시 체제를 갖추고 있다. '시마네 아사히'는 그 부드러운 겉모습과 달리 엄중하기 그지없는 보안 시설인 것이다.

건물이 제각각 독특하지만, 그중에서도 주 청사는 특히 눈길을 사로잡는다. 외벽은 분홍빛이 감도는 점토 기와에 입구는 천장이 유리창으로 되어 위가 시원하게 보이는, 미술관을 방불케 하는 현대적인 건물이다. 자동문 너머에는 연한 초록색 의자가 줄지어 있어서 병원 대기실을 떠올리게 한다. 단, 거기서 더 들어가면 풍경은 전혀 달라진다.

금속 탐지기, X선 검사기, 약물 탐지 장치 등 대형 기기들이 기다리고 있는 것이다. 내가 지금껏 방문해본 어떤 교도소보다 경비 체제가 엄중했다. 시마네 아사히에서 가장 '보안'을 의식하게 하는 장소다.

기본적으로 시설 안에는 휴대전화, 노트북, 담배 같은 소지품을 갖고 들어갈 수 없기 때문에 검사장 앞의 사물함에 전부 보관해야 한다. 그래도 금속 탐지기가 반응해서 삐, 삐, 하는 소리를 내는 경우가 있다. 그러면 직원과 업자 등은 익숙한 듯이 경비원이 손에 든 막대기 모양 탐지기에 자기 몸을 내맡기고 빠르게 검문을 통과한다. 그리고 현재 있는 장소를 확인하기 위한 IC태그를 목에 걸고 문 안쪽으로 들어간다. 중앙감시실이 살피는 대상은 수용자뿐 아니라 '시마네 아사히'에 발을 들이는 모든 사람이다.

이토록 엄중히 감시할 필요가 있을까. 초범에 범죄 성향이 강하지 않은 수용자들밖에 없는 교도소가…. 처음에 충격을 받고 의문까지 가졌던 보안 경비 체제가 내게도 습관처럼 익숙해지기까지는 그리 오랜 시간이 걸리지 않았다.

레몬옐로의 세계로

'시마네 아사히'의 건물 내부는 문과 복도로 가득한 세계였다. 교도소 직원이 지문 인식, 카드키, 여러 열쇠 등을 모두 활용해서 수많은 문을 개폐하고, 기나긴 복도를 걸어 목적지로 안내했다. 훈련생(수용자)과 직원은 다니는 층도 서로 다른데, 직원이 이용하는 2층 복도에는 안내 표지가 하나도 없다. 훈련생이 도주하는 걸 예방하기 위해서라고 했다. 운동장이 보이는 창밖 대신 변화라고는 없는 건물 내부를 보면서 나는 같은 곳을 빙글빙글 맴도는 듯한 느낌에 빠졌다.

그러다 1층으로 내려가 작은 교실 앞에 도착했다. 문을 열어 보니 레몬옐로로 가득한 세계가 펼쳐졌다.

부드러운 파스텔컬러의 운동복을 입은 훈련생들이 서너 명씩 그룹을 이루고 목제 의자에 앉아 몸을 앞으로 기울인 채 대화에 열중하고 있었다. 나는 예전에 미국 캘리포니아주의 교도소 안팎에서 이뤄지는 대화에 기초한 갱생 프로그램을 취재하여 「라이퍼즈: 종신형을 넘어서Lifers ライファーズ: 終身刑を超えて」라는 다큐멘터리 영화를 제작한 적이 있다(2004년 공개). 그 영화가 '시마네 아사히'에서 교재로 쓰인다는 소식을 듣긴 했지만, 실제로 영화의 한 장면 같은 광경을 보고는 한순간 숨을 멈췄다.

"여러분, 「라이퍼즈」의 사카가미 감독님입니다."라고 여성 지원사가 말하자 20여 명의 얼굴이 일제히 내 쪽을 향하더니 박수를 쳤다. 복장도 헤어스타일도 모두 똑같았지만, 한 사람 한 사람의 표정이 뚜렷이 눈에 들어왔다. 그때 이미 나는 압도당했다.

입구 근처의 그룹이 바로 의자를 하나 가져오더니 앉으라고 권해주었다. 나는 그들이 권하는 대로 자리에 앉았다. 수용자의 그룹에 함께 앉아도 되는 걸까 우물쭈물했다.

갑자기 다른 그룹의 남성이 손을 들었다. 그는 "질문해도 될까요?"라고 지원사에게 물었다. 지원사는 내가 괜찮다면 질문해도 된다고 했다. 나는 곧장 고개를 끄덕였고, 지원사는 손을 든 남성을 향해 "○○ 씨, 질문하세요."라며 허가했다.

눈과 귀를 의심했다. 교도소 직원이 수용자를 향해 존칭을 썼다. 나아가 수용자에게 생글생글 웃으며 존댓말로 대응했다. 그때껏 일본 내의 교정시설을 열 곳이 훌쩍 넘게 방문했지만, 그런 광경은 처음이었다. 애초에 보통 교도소에서는 수용자가 방문객을 바라보지 않도록 지도하기 때문에 이렇게 서로 얼굴을 마주볼 기회 자체가 없다. 그런데 방문객이 수용자와 동석하여 질문을 받다니, 상상조차 하지 못했던 일이었다.

손을 들었던 훈련생은 내 눈을 똑바로 바라보며 물었다.

"레예스 씨는 석방되었습니까?"

레예스란 「라이퍼즈」의 주인공 중 한 명으로 살인을 저지르고 무기징역을 받아 캘리포니아의 도노번 교도소에서 30년 넘게 복역한 수용자다. 레예스는 가석방을 희망해서 심의회에 임하지만 "평생 교도소에 있어야 한다."라는 피해자 유족의 반대 때문에 가석방이 기각되며 영화가 끝난다.

질문한 남성은 레예스의 이름을 기억하고 있었다. 바다 건너 만난 적도 없는 영화의 등장인물을 신경 쓰고 있었다. 처음 만나는 내게 바로 질문을 던질 만큼.

나는 그때 혼란스러웠던 것 같다. 무언가에 압도당하면 머리가 정지해서 말이 나오지 않는데, 그런 느낌이었다.

"석방, 됐어요." 내가 간신히 입을 열어 답하자, 교실에는 다시 한 번 박수가 가득 찼다. "오오!" "굉장해!" 여기저기서 감탄하는 소리가 들리며 교실은 약간의 흥분에 휩싸였다.

실제로 레예스는 당시로부터 약 반년 전에 석방되었다. 지인에게 소식을 들은 나는 레예스가 강제 송환된 멕시코로 날아갔고, 석방 이틀 후에 그와 재회했다. 훈련생들의 뜨거운 호응에 나도 모르게 그 일화까지 이야기했는데, 노란색 운동복을 입은 남성들은 몸을 앞으로 내밀고 놀란 표정을 짓는 등 실로 풍부한 반응을 보였다. 질문한 남성은 눈물을 흘렸다.

꿈을 꾸는 것만 같았다. '말도 안 돼.'라는 말이 몇 번이나 내 머릿속에 울렸다.

침묵에서 말하기로

어째서 '말도 안 돼.'라고 생각했을까.

일본 교도소의 특징은 바로 침묵이다. 그 사실이 세상에 알려진 계기는 세계적 인권단체 휴먼 라이츠 워치Human Rights Watch가 1995년 발표한 보고서 「일본 교도소의 상황Prison Conditions in Japan」이다. 보고서 첫머리에 다음처럼 쓰여 있다.

"전 세계의 여러 교도소를 아는 외부인이 보았을 때, 일본 교도소의 가장 두드러지는 특징은 침묵이다. 그것은 말 그대로 침묵을 뜻하는 동시에 공적으로 봉인하는 비밀주의로 인한 침묵을 가리킨다. 일본의 수용자는 몇 년씩이나 사람과 접촉할 기회를 거의 갖지 못한다. 또한 대부분의 경우에 대화가, 그리고 모든 경우에 큰 소리를 내는 것이 엄격하게 금지되어 있고, 이를 어기면 엄벌을 받는다."(번역은 필자)

침묵이라고 해도 모든 침묵이 똑같지는 않다. 말할 수 없어서, 말하고 싶지 않아서, 말할 상황과 조건이 갖춰지지 않아서 등 침묵에도 여러 이유가 있다. 하지만 휴먼 라이츠 워치의 보고서에서 문제 삼는 것은 스스로 선택한 침묵이 아니다. 강요된 침묵이다. 그런 침묵으로 개성과 주체성을 빼앗고 문제를 감추는(지우는) 곳이 일본의 교도소라고, 해외에서는 오래전부터 문제시한 것이다. 안타깝지만 휴먼 라이츠 워치의 보고서가 발표되고 사반세기가 지난 현재도 상황이 근본적으로 달라졌다고 말하기는 어렵다.

한편, 앞으로 이 책에서 자세히 다루겠지만 침묵과 완전히 반대되는 접근법이 '시마네 아사히'에 도입된 것도 사실이다. 겨우 40명 정도만 참가하는 작은 갱생 프로그램. 현재 일본 교도소 수용자가 약 4만 명이니 이 프로그램에 참가할 수 있는 사람은 약 0.1퍼센트, 수용자 1000명 중 1명밖에 안 된다.

그렇게 작은 규모라도 그곳에서 무슨 일이 일어나는지 귀를 기울이면 주목할 만한 의미를 찾을 수 있을 것이라고 나는 생각했다. 그래서 '새로운 교도소'를 무대로 다큐멘터리를 만들었다.

「프리즌 서클」의 무대는 교도소지만, '교도소에 관한 영화'는 아니다. 서로 대화하는 것(듣는 것/말하는 것)의 가능성, 그리고 침묵을 깨는 것의 의미와 그 방법을 생각하기 위한 영화라고 나는 생각한다.

실제로 영화를 본 관람객들은 수용자라는 입장의 주인공들이 교도소라는 장소에서 서로 본심을 털어놓는다는 것에 가장 놀랐다.

"원래부터 악하지는 않았다는 논리가 통하는 사람만 주인공으로 고른 것 아닌가?"라고 억측하는 경우도 많았다. 말하기에 어울리지 않는 곳에서 말하기에 어울리지 않는 사람들이 이야기를 나누기 때문일 것이다. 또한 영화에서 원(서클) 모양으로 둘러앉아 대화하는 수용자들을 보고 "나도 저 원에 들어가 대화하고 싶다."라는 사람이나 "왜 교도소 담장 밖에는 대화할 수 있는 자리가 없는 건가요?"라고 질문하는 사람도 많았다.

어쩌면 우리는 언젠가부터 말하기를 포기해왔던 것이 아닐까? 아니, 그보다는 무언가에 의해 말하기를 강제로 포기할 수밖에 없었던 것이 아닐까? 그런 의문이 솟아났다.

독일의 저널리스트 카롤린 엠케는 『왜냐하면 그것은 말로 할 수 있으니까』*에서 이런 질문을 던졌다. 우리는 깊은 상처를 입은 사람을 앞에 두고 '진실은 말할 수 없다'고 지레 믿고 있지는 않을까? 그 믿음이 설령 당사자를 위하는 선의에서 비롯되었다고 해도 '말할 수 없다'고 단언함으로써 침묵을 장려하여 당사자의 말하기를 방해하고 당사자가 문제와 맞서는 것을 막지는 않았을까?

더 나아가 엠케는 아무리 절망적이고 비참한 체험을 했어도 '그럼에도 더욱 말하는 것'이 중요하다고 강조한다. 타인에게 털어놓는/전하는 행위가 당사자를 '비인간화한 상태'에서 '회복'으로 나아가도록 이끌어주고, 당사자의 인간적 성장까지 촉진할 가능성이 있기 때문이라는 것이다.

나는 이러한 엠케의 생각에 강하게 동의한다. 영화「프리즌

---

* カロリン・エムケ(著), 浅井 晶子(譯), 『なぜならそれは言葉にできるから』みすず書房 2019. (원서: Carolin Emcke, *Weil es sagbar ist*, S. Fischer Verlag 2013.)

서클」도, 그리고 이 책도, 토대에는 '말하기'에 대한 신뢰가 있다고 할 수 있다.

그렇지만 수용자들이 처음부터 말할 수 있었던 것은 아니다. 갑자기 말하기 시작했던 것도 아니다. 말하기 위해서는 환경과 생활화—실천과 연습—가 필요하다.

내가 2년 동안 촬영하면서 담아내려 했던 것이 바로 생활화의 과정이었다고 생각한다. 하지만 내가 목격할 수 있었던 것은 일부에 불과하다. 400시간에 달하는 촬영 영상은 내가 목격한 것의 편린에 지나지 않고, 또 그중 일부만이 영화에 담겼다. 내 이해와 상상이 미치지 못했다고 뒤늦게 깨달은 것도 많다. 그런 한계는 촬영 내내 있었지만, 그들의 성장 과정을 조금이나마 참관하고 싶다는 바람 역시 계속 있었다. 수용자도 교도소 직원도 아닌, 취재자이자 증인으로서.

처음 방문하고 영화화를 마음먹고 완성에 이르기까지 10년이라는 시간이 걸렸다. 그건 네 명의 주인공을 비롯해 여러 관계자와 함께한 기나긴 여정이기도 했다. 그리고 영화가 개봉한 뒤에도 여행은 계속되고 있다.

그들은 언제 어떤 과정을 거쳐 말하기 시작했을까? 침묵을 깬 계기는 무엇이었을까? 이 책에서 영화의 후일담을 언급하면서 나는 '말하는 것'에 대해 생각해보려 한다.

참고로 이 책에 등장하는 훈련생, 출소자, 피해자의 이름은 일부를 제외하면 전부 가명이다. 또한 네 명의 주인공은 다른 등장인물과 혼란을 피하기 위해서 성이 아닌 이름으로 표기한다.[*]

---

* 일본에서는 보통 글에서 누군가를 언급할 때 성과 이름을 모두 적든지 성만 적는다.

차례

1

어느 방관자의
이야기

계속 이어지는 거짓말은
어떻게 사람들을 인생의 방관자로
몰아넣을까?
— TC의 교과서에서

고요한 시마네 아사히 사회복귀촉진센터 안에 남성 교도관의
고함 소리가 울려 퍼진다.

"차렷! 우로나란히! 바로!"

2열로 간격을 딱 맞춰 정렬한 노란 유니폼 차림의 남성들은
수용자들로 이곳에서는 그들을 '훈련생'이라고 부른다. 교도관
의 구령에 맞춰 얼굴과 손을 잽싸게 움직인 훈련생들은 "번호!"
라는 구호에 차례대로 소리쳤다.

"하나, 둘, 셋, 넷, 다섯, 여섯, 일곱, 여덟, 아홉, 열⋯."

빡빡 민 머리, 팔꿈치부터 손끝까지 똑바로 뻗은 팔, 고함 소
리⋯. 세계대전 무렵으로 시간여행이라도 한 듯한 군대식 '점호'

는 규율과 관리를 중시하는 일본 교도소 특유의 광경이며, 그 점은 '시마네 아사히'도 다르지 않다.

다만 이곳이 다른 교도소와 다른 점은 'TC 유니트Therapeutic Community Unit'라고 불리는 갱생에 특화한 프로그램이 존재한다는 것이다. TC를 한 마디로 설명하기란 어렵다. 뒤에 자세히 적겠지만, TC는 범죄와 의존증 같은 문제를 당사자들이 자신들의 힘으로 공동체 내에서 해결하려 하는 것이다. 그리고 TC 유니트는 훈련생이 단순히 문제행동을 하지 않는 것에서 나아가 인간적으로 성장하는 것을 목표한다.

교도소에서는 '개선 갱생'*과 '개선 지도'**에 해당하는('형사 수용시설 및 피수용자 등의 처우에 관한 법률' 30조 및 103조) 제도로, 희망자를 모집해 심사를 거쳐서 TC 참가자를 결정한다. 통상적인 개선 지도는 약물 의존과 성범죄 등에 한정하여 이뤄지지만, TC에서는 범죄의 종류를 따지지 않기 때문에 약물 사범부터 절도, 사기, 성범죄, 상해, 강도치사까지 참가자의 폭이 넓다.

현재 TC 유니트는 '시마네 아사히'에 하나만 있기 때문에 참가자는 40명 전후를 유지하고 있다. TC 유니트의 멤버는 생활과 교도작업을 함께하면서 프로그램을 수강한다. 생활·작업 전반

* 범죄자나 비행소년이 그릇된 삶의 방식을 바로잡고 사회생활에 복귀하게 되는 것을 뜻한다.
** 수용자가 범죄의 책임을 자각하고 건강한 심신으로 사회생활에 적응하기 위해 필요한 지식과 생활 태도를 습득하도록 이끄는 것을 가리킨다.

을 관리하는 '담당님'이라고 불리는 교도관이 한 명, 교육을 담당하는 민간 사회복귀 지원사가 네 명 배치되어 있다. 단, 후자는 별동의 사무실에서 일하다가 수업과 면접 등이 있을 때만 오간다.

그들이 '교육'이라고 부르는 TC의 수업은 매주 수요일부터 금요일까지 사흘 동안 열두 시간 정도 이뤄진다. 대략 스무 명씩 A와 B라는 두 그룹으로 나뉘고, 각 그룹이 오전 또는 오후에 세 시간씩 수업에 참가한다. 하루를 마무리할 때는 30분 정도 '유니트 미팅(전체 모임)'을 갖는데, 각자 관심사, 취미, 특기를 이야기하는 쇼트 스피치, 다른 사람의 좋은 점을 칭찬하는 '어퍼메이션 affirmation' 등을 해서 학창 시절의 학급회의와 느낌이 비슷하다.

TC의 프로그램은 최소 단위가 3개월로 '분기'라고 불린다.[*] 3개월마다 멤버가 교체되는데, 한꺼번에 교체하지는 않고 경험을 쌓은 선배에 해당하는 멤버가 일정 수 남고, 거기에 새로운 멤버가 들어오는 반(半)개방 형식을 취하고 있다. 최소 6개월은 의무적으로 참가해야 하며, 의무 참가 기간이 끝나면 1년 반 동안은 반년마다 그 뒤로는 3개월마다 TC 유니트에 계속 있을지 물어보고 훈련생의 의사에 따라 TC 유니트에 남거나 다른 유니트

---

[*] 본래 원서에는 "쿠르(クール)라고 불린다"고 쓰여 있다. '쿠르'는 일본에서 쓰는 방송 용어로 1년을 4등분한 3개월(분기)을 뜻한다. '쿠르'는 어원이 불분명하고 일본에서만 쓰는 용어이기 때문에 이 책에서는 '분기'로 옮긴다.

(직업 훈련 등)로 이동한다. 내가 본 바로는 1년에서 1년 반 정도 참가하는 경우가 많은데, 2년 넘게 소속된 사람도 있는 등 수강 기간은 사람마다 다르다.

방관자에서 참가자로

2014년 8월 말의 어느 날. 오후 1시를 조금 넘어선 시각, 민간 기업에 소속되어 교육지원을 담당하는 모리 마유미(현 도시샤대학교 심리학부 부교수)의 안내에 따라 감독인 나와 촬영, 녹음까지 총 세 명의 촬영팀이 TC 유니트를 방문했다. 오후 그룹의 수업이 시작되려는 참이었다.

그날은 TC의 남성 교육 지원사와 '시마네 아사히'의 교육 고문을 맡은 후지오카 준코(현 오사카대학교 대학원 명예교수)도 동석했다. 후지오카 교수는 준비 단계부터 TC에 관여했고 직원 연수를 담당하면서 몇 개월마다 TC에서 집중 강의를 했는데, 마침 촬영과 강의가 겹친 것이다.

전례가 없는 영화 촬영의 첫날이었기 때문일까. 제복(국가)과 정장(민간)을 입은 직원들이 잔뜩 몰려와 2층에서 우리를 내려다보았다. 앞으로도 계속 이렇게 '구경거리' 상태일까. 강한 불안감이 들었다. 그와 동시에 눈앞의 훈련생들은 항상 이런 상태에 놓여 있다는 사실이 상기되며 바싹 긴장했던 게 기억난다.

지원사와 교도관이 다목적 홀에 줄지어 있던 테이블들을 능숙하게 구석으로 치우더니 스무 개 정도의 노란 의자들을 화이트보드를 둘러싸듯이 둥글게 배치했다. 담당 교도관이 솔선해서 움직이는 모습이 인상적이었다.

오후 1시 반, "집합!" 하는 교도관의 날카롭고 우렁찬 구령과 함께 양쪽의 거실居室*에서 일제히 훈련생들이 나와 빈 의자를 채웠다. 딱히 좌석이 지정되지는 않은 모양으로 망설임 없이 자리에 앉는 사람이 있는가 하면 주위를 두리번거리며 자리를 고르는 사람도 있었다. 후지오카 교수와 남성 지원사도 한 자리씩 차지하고 앉았다.

수업을 담당하는 모리가 화이트보드 앞에 서서 생글생글 미소를 지으며 원을 한 바퀴 둘러보았다.

"그러면 시작하겠습니다. 자세 바로잡으세요."

모리에 이어서 훈련생들의 "잘 부탁드립니다!" 하는 목소리가 고요한 공간에 울려 퍼졌다.

TC는 새로운 분기를 맞이한 직후였다. 처음 몇 번은 신입 훈련생을 위한 오리엔테이션을 하는데, 그날 수업도 그 일환이었다. 또한 새로운 주제를 다룰 때는 수업의 도입부에 '아이스 브

---

* 교도소에서 수용자가 생활하는 방을 가리키는 말이다.

레이크'라고 불리는 간단한 활동을 한다. 그날은 그룹별로 짧은 이야기를 만들었다.

'어느 방관자의 이야기.'

모리는 화이트보드에 그렇게 적고는 원을 둘러보면서 간략하게 순서를 설명했다. 먼저 예닐곱 명씩 세 그룹으로 나뉘고, 각 그룹에서 누군가 첫 문장을 써낸다. 첫 문장을 이어서 그룹 구성원들이 각자 한 문장씩 덧붙이는데, 특히 마지막 문장을 쓰는 사람은 기승전결을 신경 써서 이야기를 완결한다. '방관자'라는 낯선 단어에 대한 해설은 딱히 없었다.

"등장인물은 몇 명이든 상관없고, 갑자기 터무니없는 캐릭터가 등장해도 괜찮아요. 전부 여러분께 맡깁니다. 재미있는 스토리를 만들어주세요. 너무 시간을 들이지 말고 짧게 생각해주시고요. 작업은 10분 내로 끝내겠습니다. 괜찮죠? 자, 시작!"

모리의 구령에 맞춰 첫 사람이 쓰기 시작했다. 펜을 쥐고 생각에 잠긴 사람, 한자를 몰라서 다른 멤버에게 묻는 사람, 옆 사람의 문장을 훔쳐보고 웃는 사람… 화기애애한 분위기가 홀에 퍼졌다.

팀별로 일곱 장의 종이를 화이트보드에 내붙였다. 종이에 쓰인 문장을 차례차례 모리가 읽었다. 예를 들어 어느 그룹이 쓴 '방관자의 이야기'는 다음과 같다.

그렇다, 어느 여름날, 그녀 메리앤은 들키지 않도록 숨어 있었다. / 그곳에 빵집의 댄이 허둥지둥 달려왔습니다. / 그는 양손 가득 크림빵을 들고 있었습니다. / 그런데 갑자기 폭풍이 닥쳐왔습니다. / 폭풍을 멈추려면 모두의 힘이 필요합니다. / 댄을 중심으로 마을 사람들이 폭풍을 멈추는 춤을 추기 시작했지만 메리앤이 보고도 못 본 척하는 바람에 마을 사람들이 모두 폭풍에 휩쓸렸습니다. / 그 광경을 지켜본 크림빵.

마지막 문장에서 와, 하고 웃음이 터졌다.

그날의 주제는 '방관자에서 참가자로'였다. 교과서의 첫머리를 요약하면, 다음과 같다.

당신은 지금껏 잠자코 지켜보기만 하는 '방관자'였을지 모른다. 하지만 공동체에서는 누구에게든 중요한 역할이 있고, 감정적인 면, 육체적인 면, 지적인 면 등 모든 면에서 적극적으로 공동체에 참가할 필요가 있다. 청소 같은 일상생활부터 공동체 내의 대화, 새로운 구성원을 받아들이는 것까지 전반적으로 말이다. 문제를 지닌 사람이 자신의 성장에 적극적으로 관여하는 것은 공동체의 성장으로 이어진다. 상처를 치유하는 것은 의사나 상담사가 아니라 바로 공동체다.

옆 페이지에는 참가자와 방관자의 정의가 쓰여 있다.

참가자: 참가하는 사람, 함께하는 사람, 공유하는 사람.

방관자: 지켜보는 사람, 그 일에 관여하지 않고 곁에서 보는 사람.

훈련생들은 교과서를 읽고 예습한 상태에서 수업에 임한 것이었다. '어느 방관자의 이야기'는 그런 준비 단계가 있어서 만들어질 수 있었다.

아이스 브레이크에 이어서 모리가 모두에게 질문했다.

"여기에서 하는 생활로 바꿔서 생각해보세요. 방관자가 되는 건 어떤 상태라고 생각하시나요?"

그때까지 화기애애하던 분위기가 한순간에 바뀌어서 모두 진지한 표정을 지었다. 한 사람이 손을 들고 말했다.

"듣는 척, 무관심이죠."

"구체적으로 말하면, 어떤 느낌이죠?" 모리가 재차 물어보았다.

"상대방이 말을 해도 관심 없으면 듣는 척하면서 고개를 끄떡이는."

그렇게 말하면서 그는 고개를 위아래로 가볍게 흔들며 끄덕이는 동작을 했다. 그 옆에서 다른 훈련생이 "아아, 맞아."라며 쓴웃음을 지었다.

"그 사람에게 관여하지 않는, 적극적으로 관계를 맺으려 하지 않는 것이네요?" 모리가 말을 덧붙였다. 맞아, 맞아, 하고 훈련생이 이번에도 고개를 끄덕였다. 모리는 "감사합니다."라고 하고는 화이트보드에 '듣는 척을 한다'고 써넣었다. 또 다른 사람이 손을 들었다.

"예를 들어 상대방이라고 할지, 그 사람의 좋지 않은 점이 보이는데, 직접 주의를 주면 싸울 수 있으니까 그냥 못 본 척을 하는 것."

모리가 훈련생의 말에 고개를 끄덕이면서 확인했다.

"지금은 타이밍이 좋지 않으니까 일단은 저대로 두자는 게 아니라 아예 없었던 일로 하자, 못 본 걸로 하자, 이런 느낌인 거죠?"

"뭐, 그런 느낌."이라는 훈련생. 그는 다시 "하나 더 말해도 될까요?"라고 덧붙였다.

"상대방이 애써서 열심히 이야기하려 하는데, 그런 얘기 해봤자 무슨 소용이냐고 하면서 상대방한테 비판적이라고 할까… 그런 태도도 방관자 아닙니까?"

모리가 바꿔 말했다.

"좋은 점을 찾아내려 하지 않고, 일단 비판해버리는 것. 그런 것 말이죠?"

다른 훈련생이 손을 들었다. 그는 TC에 1년 넘게 소속되어 있었고, 출소가 코앞이었다.

"지금 얘기는 저에게도 해당하는 건데요, 사람을 의심한다고 할지, 신용하지 못했던 게 있었어요. 그리고 나 자신을 드러내 보이는 것에 정말로 의미가 있을까 의심하기도 했고…. 그런 걸 생각해보면 저도 처음에는 방관자가 아니었을까 싶네요."

모리가 크게 고개를 끄덕이면서 "의심이 있기 때문에 행동하지 않기도 한다는 말이죠."라고 보충했다.

"항상, 그래요."

화이트보드에 쓴 '거짓말을 계속한다 / 솔직하게 말하지 않는다'를 손가락으로 가리키면서 모리가 말했다.

"그렇다면 거짓말을 계속하는 태도가 어떻게 사람들을 인생의 방관자적 입장으로 몰아넣을까요? 유니트에서 일어난 일도, 바깥에서 있었던 일도 괜찮으니까 어떤 생각이 떠오르는지 함께 얘기해보죠."

훈련생들은 네 명씩 작은 그룹으로 나뉘었다. 한 그룹에서 "어렵네." 하는 소리가 들렸다. 그럴 만했다. '인생의 방관자적 입장'이라니, 낯선 데다 철학 같은 말이었다. 심지어 그 그룹은 네 명 중 세 명이 신입이었다. 유일하게 선배로서 이번이 세 번째 분기인 오타니가 "그럼, 저부터 할게요."라며 스스로 도화선에 불을 붙였다.

오타니의 교과서는 직접 쓴 메모로 가득 차 있었다. 그는 예전에 같은 과제를 한 적이 있어서 그때 쓴 메모에 이번에 새로 쓴 메모까지 더해진 것이었다. 자신의 교과서를 눈으로 읽으며 오타니가 이야기하기 시작했다.

"전에 썼던 건 체포되기 전에 아내와 가족에게 약한 점을 전혀 보이지 않고 계속 거짓말을 한 것. 나는 괜찮다든가, 엄청 잘 벌고 있다고 계속 말했다. 그걸로 가족과 관계를 맺고 있다고 생각했다. 그런데 실은 관계를 맺은 게 아니었다."

"고립되었던 거?"

신입인 구리하마의 질문에 오타니가 고개를 끄덕였다. 한동안 두 사람의 대화가 이어졌다.

"구리하마 씨도 그런 경험이 있어요?"

"음… 예를 들면 일반(다른 유니트)에 있던 때 계속 거짓말을 했어요. 내 범죄를 가까운 사람에게도 같은 테이블에 앉은 사람에게도 전혀 말한 적이 없고. 이것도 계속 거짓말을 한 거겠죠?"

"관계를 맺고 싶지 않아서 그랬어요?"

"관계를 맺고 싶지 않기도 했고, 내 입장이 불리해지지 않을까 하는 생각도 강했죠."

"약점을 잡히기 싫었다는 말인가요?"

오타니는 구리하마의 말뜻을 확인하더니 묵묵히 고개를 숙이고 있는 모리카와에게 "어떻게 생각해요?"라고 물어보았다.

"항상, 그래요."

"어떤 느낌인지 좀더 알려줄래요?"

"기본적으로, 저는, 지금도 그런데 저에 대해서 별로 말하지 않아요. 사귀던 애도 있었는데, 진짜 저를 보여주지는 않았던 거 같아요."

모리카와가 가만가만 말했다.

"왜 보여주지 않았어요?"

"왜라…."

모리카와는 말을 머뭇거렸다. 오타니는 다른 사람에게 질문했고, 대화는 모리카와 없이 진행되었다. 거짓말을 계속하면, 거짓말이 거짓이 아니게 되고, 본심이라고 여기게 된다. 그룹이 그런 결론을 내리려고 하던 때, 모리카와가 다시 입을 열었다.

"나는 지금까지 거짓말만 했어. 결국에는 늘 임시방편. 나의 인생을 살지 않았어. 내 사건에 대해서도 전혀 관계없다는 태도로 나는 모른다고… 그때그때 거짓말을 해서… 거짓말을 계속하면 피해자를 볼 수 없어. 판결이 어떻게 되는지만 볼 뿐이야. 여기 처음 왔을 때도 계속 그런 식이라서. 교도소에서 시간이 후딱 지나가기만 하면 된다고."

모리카와는 무언가가 등을 떠미는 듯이 이야기했고, 다른 세 사람은 온몸을 기울이고 그 이야기를 들었다.

어느 방관자의 이야기

두 가지 커리큘럼

TC에서는 다양한 주제를 어떻게 배우는 것일까?

내용적으로는 두 가지 커리큘럼이 있다. 「라이퍼즈」에서 다루었던 갱생 프로그램 '아미티'를 모델로 삼은 'TC 커리큘럼', 그리고 독자적인 '인지행동치료(행동 양식의 변화를 촉진하는 심리치료) 커리큘럼'이다. 'TC 커리큘럼'에서는 주로 감정과 마주하고, 그럼으로써 '인지행동치료 커리큘럼'에서 사고와 행동을 깨닫고 변화를 촉진해간다고 하면 될까.

각 커리큘럼에는 교과서가 있다. 첫 번째 분기에는 아미티의 『변화로 향하는 입구』라는 교과서를 일본어로 옮긴 것을 쓴다. 직접 글을 써넣는 워크북으로 한 분기에 이 교과서를 얼추 전부 살펴본다. 두 번째 분기에는 후지오카 교수가 감수한 『회복으로 가는 길』이라는 교과서를 사용하는데, '인지행동치료'와 '회복적 사법'(망가진 관계를 대화로 회복하려 하는 접근법)을 다룬다.

새로운 분기가 시작되면 일단 첫 주는 오리엔테이션으로 신입 훈련생을 위해 지원사와 선배 훈련생들이 TC의 사고방식, 구성, 규칙 등을 알려준다. 전문가가 일방적으로 가르치는 프로그램이 아니라는 점, 선후배 같은 상하 관계를 지양하고 대등한 관계를 중시하는 점, 그리고 '당번 활동'(분기가 진행될수록 다른 훈련생과 유니트를 위해 해야 하는 역할이 늘어난다) 제도 등도 설명하여 모두가 공통된 인식을 지니고 TC가 운영될 수 있도록 한다. 이것들은 모두 『회복 공동체의 초대』라는 얇은 책에 정리 되어 있다.

반년 동안 두 가지 커리큘럼을 모두 마치고, 그 뒤로는 같은 내용을 몇 번씩 되풀이한다. 이곳에서는 같은 경험이라도 반복 해서 이야기하는 것을 중요시한다. 이야기할 때마다 당사자의 이해가 깊어지고, 표현 방법이나 타인과 맺는 관계가 변화하기 때문이다. 듣는 쪽도 마찬가지로 여러 분기를 경험하며 타인의 이야기를 받아들이는 방식과 반응이 변화한다. 같은 주제를 다 루어도 여러모로 공들여서 궁리하기에 촬영을 한 나도 매너리 즘을 느끼지 못했다. 오히려 신기할 만큼 매번 신선했다.

당사자 스태프의 존재

'시마네 아사히'의 TC 유니트가 모델로 삼고 있는 '아미티'에 대해 간단히 설명해두겠다.

1981년 미국 애리조나주 투손에서 탄생한 '아미티Amity'(우애 를 뜻한다)는 약물 및 알코올 의존, 폭력 등의 문제를 겪고 있는 사람들의 회복시설로 공동생활을 하면서 각자의 능력과 서로 의 관계를 되살리고 전인적인 성장을 목표하는 장소다. 세 명의 창설자 중 두 사람이 약물 의존과 교도소 복역 경험이 있는 당사자다. TC 유니트의 개설과 지도를 담당해온 사람은 10대 시절 미국과 멕시코의 교도소에 복역한 적이 있는 나야 아비터Naya Arbiter, 그리고 공민권 운동 활동가였던 로드 멀린Rod Mullen이다.

공동체의 힘을 활용해 문제에서 회복을 꾀하고 인간적 성장까지 실현하려 하는 방식은 '회복 공동체Therapeutic Community, TC'라고 불리며 미국과 유럽을 중심으로 전 세계 이곳저곳에서 실천되고 있다. 다만, 운영조직과 제도에 따라 이념, 대상자, 목적, 규모, 활동 내용과 형태가 제각각 다르기에 TC라는 이름을 달고 있어도 양상이 전혀 다른 경우가 있다.

내가 아미티를 처음 안 것은 1995년 여름이다. 스위스의 정신분석가 앨리스 밀러Alice Miller에 관한 방송 제작을 위해 사전 조사를 하던 무렵이었다.

밀러는 일찍이 어린 시절에 당한 학대가 성인기의 폭력 및 정신 건강과 관련이 있다고 지적했다. 그는 치료와 개입을 게을리하면 학대 피해가 가해로 바뀔 위험성이 있다는 '폭력의 연쇄' 개념과 그 연쇄를 끊어야 하는 필요성을 제창한 인물이다. 밀러 본인이 내게 미국에 자신의 생각을 받아들인 범죄자 갱생시설이 있다고 알려주었다. 그곳이 바로 아미티였다.

투손에 있는 아미티의 사회복귀시설에 처음 방문한 1995년 9월, 나는 가치관이 완전히 뒤집어지는 듯한 충격을 받았다. 인간적인 거주 환경, 데몬스트레이터('변화의 체현자'로 불리는 스태프)와 레지던트(거주자)를 구별할 수 없는 대등한 관계, 당사자이기도 한 스태프의 존재와 여성이 차지하는 높은 비율, 어린 시절에 경험한 피해의 심각함과 광범위함, 많을 뿐 아니라 무시무시한 성 피해 경험, 교도소가 사회에 미치는 영향의 이상적인 양상, 본심이 오가는 대화….

아미티가 운영하는 TC는 1980년대에 텍사스주와 애리조나주의 단기 교도소, 1990년대에는 캘리포니아주의 중경비 교도소(중범죄를 저질러 장기 복역하는 수용자가 대상)에 도입되었다. 현재 캘리포니아주의 다섯 교도소에 아미티의 TC가 존재하며, 남녀 수용자 2500명이 참가하고 있다. 재범 방지를 위해서는 출소 후 지원이 반드시 필요하다는 사실도 밝혀졌기 때문에 아미티는 계속적인 지원에도 힘쓰고 있다. 일정 기간 동안 공동생활을 하면서 TC의 프로그램에 참가하는 사회복귀시설이 같은 주에 여러 곳 있으며, 거주자는 다른 단체로부터 취업·주택·생활 지원도 받는다. 가족과 함께 생활하는 패밀리 프로그램, 가석방 중인 종신형 수용자를 위한 시설 등도 곧 개설한다. 아미티는 끊임없이 진화하고 있다.

아미티와 나의 인연도 25년을 넘어섰다. 방송 프로그램 두 편과 영화 「라이퍼즈」를 제작했는데, 그 시간 동안 범죄를 수차례 저질러 사회로부터 '악인'이라는 꼬리표가 붙고 "구제 불능이다." "변하지 않는다."라는 말을 들어왔던 사람들이 아미티에서 생활하며 변화하는 모습을 목격해왔다. 무엇이 그들에게 변화를 일으켰을까.

여러 요인이 있지만, 그들은 입을 모아 '당사자 스태프'의 존재를 꼽는다. 특히 심각한 죄를 저지른 사람, 오랫동안 범죄를 계속 저지른 사람이 대상인 경우 당사자 스태프의 힘은 빼놓을 수 없다. 약물과 폭력 문제를 경험했거나 복역한 적이 있는 당사자가 회복 과정을 거쳐 스태프가 되었다는 사실은 바로 지금 문제를 떠안고 있는 당사자가 변화할 수 있다는 믿음을 주는 가장 설득력 있는 근거이자 가장 좋은 롤 모델이 될 수 있기 때문이다. 이것이 전문가만으로 스태프가 구성된 일본과 결정적으로 다른 점이다.

일본에서 TC를 가능하게 한 것

일본에서 TC가 시작된 내력을 살펴보면 '시마네 아사히'의 제안·입찰 때부터 민간 기업 열세 곳이 합작한 '시마네 아사히 오바야시구미·ALSOK 그룹'(대표는 오바야시구미)*이 공들여 진

---

* 오바야시구미는 대형 건설회사, ALSOK는 경비보안회사다.

행했다는 사실을 알 수 있다. 핵심 인물은 당시 민간 기업들이 손잡은 그룹의 대표였던 우타시로 다다시. 실은 '새로운 교도소'를 개설하면서 아미티의 방식을 참고하고 싶다며 내게 협력해달라고 연락을 한 것도 그였다.

우연히도 우타시로가 PFI 교도소의 담당자로 임명된 시기에 「라이퍼즈」가 극장에서 개봉했다. 그때까지 총무와 회계 분야에서만 일하고 교도소에 관한 지식은 전혀 없어 막막했던 우타시로는 인터넷 검색으로 이 영화를 알게 되어 극장에 갔다. 그리고 「라이퍼즈」가 제시한 교도소의 롤 모델에 큰 단서를 얻고 현지를 방문해 이념의 중요성을 배운 뒤 도입을 결의했다. 우타시로가 제안하여 법무성, 민간 기업의 직원, 오바야시구미의 관리직들을 모아서 「라이퍼즈」의 상영회를 개최하기도 했다. 우타시로는 이윤 추구가 아닌 교도소 사업에 임하는 의미와 자세를 관계자들이 이해해주길 바랐다고 나중에 이야기했다.

우타시로를 필두로 한 민간 기업 그룹은 입찰에 임하면서 지역 주민과 함께 수용자의 사회복귀를 지원하는 공동체의 바람직한 모습을 검토했다. '시마네 아사히 모델'을 모색한 것이다. 제안서에는 다음처럼 쓰여 있다.

"본 시설에 주어진 사명은 수용자에게 삶을 바로잡을 기회를 제공하고, 그들이 자타를 상처 입히지 않으며 규칙을 준수하는 사회의 일원으로서 미래를 향해 첫발을 디딜 수 있도록 도와주는 것입니다."

우타시로는 '시마네 아사히' 초대 민간 사업자의 총괄업무책임자로 취임했고, 아미티에 머무르며 직접 배운 수많은 가르침을 '시마네 아사히'에도 적극적으로 도입했다. 수용자의 주체성을 존중하는 것, 교육을 직원과 훈련생의 공동 작업으로 여기는 것, 훈련생을 번호가 아니라 이름과 경칭으로 부르는 것 등이다.

'시마네 아사히'에서 실제로 TC를 볼 때까지 나는 일본의 교도소에서는 TC가 제대로 이뤄지지 않을 것이라고 믿고 있었다. 내가 기획 단계에서 우타시로의 요청에 응하지 않았던 이유는 (그는 나중에 다른 방법으로 아미티와 연결되었다) 당시 미국에서 지나치게 이윤을 추구하는 민영 교도소가 심각한 사회문제로 대두되고 있었고, 애초에 내가 민간 기업의 교도소 운영을 경계하고 있었으며, 나아가 규율과 질서 유지를 최우선하는 국가의 가치관과 인간적인 접근을 중시하는 TC의 가치관이 도저히 서로를 용납하지 않을 것이라고 생각했기 때문이다.

그와 더불어 앞서 적었듯이 '시마네 아사히'에서는 임상심리사, 사회복지사, 정신보건복지사 등 자격증을 가진 전문가가 수용자 지원을 맡고 있었다. 아미티와 달리 당사자 스태프 없이 과연 TC가 성립할 수 있을까 우려했는데, 그런 걱정과 달리 지원사와 훈련생은 양호한 관계를 쌓고 있는 듯했다. 그리고 그들이 아미티의 이념과 방식을 깊게 이해하고 있다는 점에도 놀랐다.

TC 유니트를 개설하면서 모리와 후지오카를 비롯한 관계자들이 여러 차례 미국으로 건너가 직접 아미티의 프로그램에 참여하고 연수를 받았다는 말을 듣고 비로소 납득했다.

내가 '시마네 아사히'에 처음 방문한 것도 바로 아미티의 창설자인 아비터와 멀린을 초빙해 직원 연수를 할 때였다. 며칠 동안 연달아 아침부터 TC에서 수업을 하고, 이어서 종일 직원 연수를 하는 힘든 일정이었지만, 아비터와 멀린은 직원들의 진지함에 크게 감동했다. 나는 나흘 동안 그 과정을 빠짐없이 참관하면서 그들의 생각과 갈등, 분투를 살짝 엿보았다.

겉보기만이 아니라 진정한 TC가 이뤄지고 있다는 것에 대한 놀라움, 그것은 첫 방문 때부터 '시마네 아사히'를 배경으로 영화를 찍고 싶다고 생각한 동기가 되었다. 훈련생들을 지원하는 직원의 일도 클로즈업하여 TC의 무대 뒤도 촬영하고 싶었다.

처음 제출한 영화 기획서에는 TC 훈련생에게 관여하는 행사와 프로그램, TC 수료생이 이동한 곳(TC 외의 유니트), 그리고 '시마네 아사히'와 관계가 있는 지역 주민도 취재 대상에 포함되어 있었다. 하지만 아쉽게도 촬영 개시 전에 교도소 측이 허가해 주지 않았다. 만약 그런 장면들을 찍을 수 있었다면, 지금과 퍽 다른 영화가 되었을 것이다.

2

감정을 주시하다
─ 네 사람의 이야기

부정적인 감정에
관심을 주는 걸 잘 못 한다고 할까,
무진장 싫어해요.
─ 다쿠야

영화 「프리즌 서클」에는 네 사람의 주인공이 등장한다.

쓰다 다쿠야, 기시베 마사토, 우에하라 쇼, 가와데 겐타로. 모두 20대 남성이다. 취재 기간 중 우리 촬영팀은 그들을 포함한 모든 훈련생과 전혀 접촉할 수 없었지만, 유일한 예외가 개별 인터뷰였다.

인터뷰에서는 훈련생과 마주 앉아 서로 얼굴을 보며 직접 이야기를 나눌 수 있었다. 감시의 눈(교도관의 참관과 감시 카메라)을 피할 수는 없었고, 때로 인터뷰 내용이 규제에 걸리기도 해서 자유로운 해방구라고는 할 수 없었지만, 그 자리는 틀림없이 우리와 그들을 잇는 귀중한 접점이었다.

하얀 벽으로 둘러싸인 면접실. 철문이 철컹철컹하고 시끄러운 소리를 내며 열렸다.

"실례하겠습니다!"

훈련생이 힘찬 목소리를 내며 들어온다. 형사 드라마에 나오는 취조실처럼 사무용 책상과 의자만 있는 살풍경한 방이 인터뷰 촬영을 허락받은 공간이었다. 서너 명만 들어가도 움직이기 불편한 좁은 공간이었고, 교도관도 동석했기 때문에 편히 이야기할 수 있는 환경은 아니었다. 훈련생들이 교도작업을 하는 공장 옆의 넓은 휴게실을 쓰게 해줄 때도 있었지만, 대부분은 그 좁은 면접실에서 인터뷰를 했다.

방에 들어온 훈련생은 나와 내 옆에 놓인 카메라를 마주 보는 위치에 허리를 꼿꼿이 세우고 섰다. 교도관이 큰 소리로 말했다.

"자세 바로! 차렷! 경례! 바로!"

교도관의 목소리가 작은 방에 메아리쳐서 울리는 동안 훈련생은 구령에 맞춰 몸을 숙이고 폈다. 내 몸도 반사적으로 어색하게 움직였다. "수용자 번호, 이름!"이라는 교도관의 말에 훈련생이 네 자리 번호와 이름을 외쳤다. 교도관이 "착석!"이라고 구령한 다음에야 우리는 겨우 자리에 앉았다. 30분에 걸친 인터뷰를 마치면, 또다시 다른 훈련생이 같은 절차를 밟았다. 이 의식을 2년 동안 촬영할 때마다 했다.

영화를 기획할 때부터 나는 훈련생의 개별 스토리를 다루는

데 집중했다. 단순한 '교도소 다큐멘터리'가 아니라 훈련생들의 됨됨이를 이해하게 하는 동시에 사회에서 벌어지고 있는 문제를 드러내는 작품으로 만들고 싶었기 때문이다. 그러려면 방관자처럼 촬영하기만 해서는 부족했고, 여러 주인공을 장기간 추적할 필요가 있었다. 이런저런 제약 속에서 그걸 어떻게 실현할까 고민하다가 개별 인터뷰를 찍지 못하면 영화 자체가 만들어질 수 없겠다고 생각했다.

일단 로케이션 헌팅(촬영을 앞두고 사전 조사를 위해 현장에 방문하는 것) 단계에서 '시마네 아사히' 측이 작성하고 배부한 동의서에 ○를 쓴 훈련생하고만 대화하는 것이 허가되었다. 처음에는 카메라 없이 인사를 나누고 영화를 간단히 설명한 다음 30분이 조금 안 되게 이야기를 들었다. 연령, 죄상, 형기 등 기초 정보를 비롯해 TC에 왜 지원했는지, 어떤 수업이 인상적이었는지, 현재 과제는 무엇인지 등을 물었고, 그에 대한 답을 바탕으로 몇 명을 골라 계속 인터뷰에 응해달라고 청탁했다.

촬영 개시 직전 후보자 선별을 위한 사전 인터뷰가 허락된 훈련생은 32명이었다. 하루에 약 10명씩, 사흘에 걸쳐서 줄지어 들어오는 훈련생들의 이야기를 들을 수밖에 없었다. 자세한 범죄 내용과 출신지에 관한 질문은 금지되었고, 이름은 한자가 아닌 알파벳으로 성만 알 수 있었다. 메모조차 교도소에서 밖으로 가져가면 안 된다고 했기 때문에 점심시간에는 교도소가 배정해준 방에 틀어박혀서 내가 적은 메모를 필사적으로 읽고 외웠다. 그렇게 죄명, 형기, 배경, 연령이 서로 다른 7, 8명을 선택해서 인터뷰 촬영 승낙을 받았다. 또한 2년 동안 촬영하면서 출소하거나 규칙 위반으로 제적되거나 다른 유니트로 이동하는 사람도 있었기 때문에 새로운 분기마다 사전 면접을 진행하여 대상자를 추가했다. 2년 동안 촬영할 수 있었던 것은 20대부터 50대까지 총 15명. 각각 두세 달마다 30분씩 인터뷰를 했다.

최종적으로 주인공은 촬영 종료 시점의 영상으로 개별 스토리가 성립되는 네 사람이 결정되었다. 전부 20대인 것은 우연이었지만, 지금 생각해보면 그들이 젊은 만큼 가소성이 높아서 변화가 눈에 잘 띄었기 때문인지도 모르겠다.

이 책에는 주인공이 아닌 사람들의 목소리도 담되, 네 주인공을 중심으로 쓰려고 한다. 일단 첫 만남부터 시작하겠다.

다쿠야

쓰다 다쿠야는 프롤로그에서 소개한 이야기 「거짓말쟁이 소년」의 저자다. 전화금융사기에 현금수거책으로 가담했고, 사기죄와 사기미수죄 두 건으로 징역 2년 4개월 판결을 받았다. 1년 가까이 다른 교도소에 수용되었다가 '시마네 아사히'로 이송되었고, 3주 동안 고사考查 기간(신입이 교도소의 생활양식과 규칙, 교도작업 등에 관해 교육을 받는 기간)을 거치고는 바로 TC에 들어왔다. 첫 인터뷰 촬영에서 다쿠야는 TC에 들어가려 한 이유를 다음처럼 이야기했다.

"고사 기간 중에, 지금 TC에서 하는 교육의 하이라이트 같은 걸 했을 때, 아, 이런 방식으로 생각했으면, 뭐랄까, 그렇게 자포자기 같은 느낌이 되는 걸 피했을까 하고… 교육 같은 걸 집중적으로 하는 곳이 있었다면, 조금, 암튼, 저도 생각하는 게 있어서 한번 가볼까 했어요."

당시 '전화금융사기'가 세간을 떠들썩하게 한 것, 그런데 그 사기에 가담한 가해자의 실상은 보이지 않았던 것이 다쿠야에게 계속적인 취재를 청탁한 이유 중 하나였다. '시마네 아사히'에서는 다쿠야를 포함해 특수사기에 관여한 젊은이들이 꽤 많이 눈에 띄었다. 그들은 '범죄자' 하면 떠올리는 이미지와 어울리지 않았고―다른 범죄에서도 마찬가지지만―어디에나 있을 법한 극히 평범한 젊은이들로 보였다.

이야기를 들어보니 초등학생 시절부터 아동양육시설에서 자라 양친과 함께 지낸 적은 없다는 등 다쿠야는 성장 과정이 복잡한 모양이었다. 어린 시절을 "별로 기억 안 난다."라고 말한 것도 신경 쓰였다.

영화에는 TC에 들어오고 얼마 되지 않았던 다쿠야가 모두의 앞에서 가벼운 태도로 이야기하는 모습이 찍혀 있다.

"수고 많으십니다아. 좀 쫄았어요. 이렇게 사람 많은 데서 말하는 건 태어나고 처음이라, 헐, 내가 이렇게 겁쟁이였나 하고."

젊은 훈련생들은 다쿠야와 비슷한 태도로 웃었고, 다쿠야는 끊김 없이 이야기했다. 최근 스스로를 전혀 이해하지 못한다는 것을 깨달았다, 사람 보는 눈이 있는 줄 알았는데 다른 사람도 전혀 읽어내지 못했다, 다음 분기는 목표를 찾아내는 것이 목표다. 새로운 멤버들 대부분이 말수가 적은 와중에 그의 유창한 웅변은 눈에 띄었다.

그는 그렇게 해서 지금까지 살아남은 것 같았다. 그때그때 필요한 것을 민감하게 알아차리고, 가벼운 태도로 다른 사람을 자기 쪽으로 포섭하는 동시에 자신 역시 다른 사람들 속으로 들어가는 식으로. TC에서 그런 다쿠야에게 어떤 깨달음이 일어날까. "별로 기억 안 난다."라고 했던 어린 시절에 대해서는 어떨까. 흥미가 솟아났다.

마사토

온화하고 성실한 호감 가는 청년. 기시베 마사토는 어려 보이는 얼굴에 삭발한 머리와 훈련생의 제복인 운동복이 어우러져

서 청년이 아닌 중고등학생으로 보였다. 똑바로 이쪽의 눈을 바라보며 한 마디 한 마디 성실히 받아들이려는 자세를 봐서는 그가 '아저씨 사냥オヤジ狩り'*에 더해 절도죄와 건조물침입죄도 저질러서 '시마네 아사히'의 훈련생 중 최장 형기인 8년을 선고받았다는 사실 자체가 믿기지 않았다.

그는 TC에 지망한 동기를 "나를 통째로 바꾸고 싶어서."라고 답했다. 시종일관 싱글거리면서도 침착함이 느껴졌고, 똑똑히 할 말을 고르며 말했지만, 그렇게 이야기할 수 있게 된 것은 바로 얼마 전부터라고 했다.

"처음에는 좀처럼 이야기할 수 없어서 정신 차리고 보니 한 분기가 끝났어요. 다음 분기에서는 이야기하자고 맘먹고 손을 들려고 했는데, 또 제대로 들지 못해서. 그렇게 두 번째 분기도 '아아, 또 틀려먹었네.'라고. 사람들 앞에서 이야기하게 되는 데 시간이 걸렸네요, 제 경우에는."

절도에 관해서는 "어렸을 때부터 했던 버릇"으로 "지금까지 잡히지 않았을 뿐인 상습범"이라고 밝혔다. 양부에게 들켜서 '호된 훈육'을 받기도 했는데, 그래도 가게에서 하는 절도를 그만두지 못했다고 했다. 마사토의 솔직함, 그리고 그와 동떨어진 과거에 흥미가 생겼다. 그에게 무슨 일이 일어났는지 알고 싶었다.

* 술 취한 중년 남성을 덮쳐 폭행하거나 금품을 갈취하는 범죄.

쇼

상해치사로 마사토와 같은 8년 형을 선고받은 우에하라 쇼는 촬영을 시작할 시점에 이미 여섯 분기(1년 반) 동안 TC에 소속되어 있었다. 사실 나는 촬영 전부터 쇼에 관해 알고 있었다.

처음 방문하고 촬영을 시작할 때까지 6년간, 나는 해마다 몇 차례씩 강사로 '시마네 아사히'에 방문했다. 쇼는 그동안 내가 진행한 워크숍에 적어도 네 차례는 참가했다. 가벼운 태도의 다쿠야와는 대조적이었고, 호감 가는 청년인 마사토와도 다르게, 처음 만난 무렵의 쇼에게는 무거운 분위기가 감돌았다. 그의 죄상과 형기를 안 순간, 그 이유를 알 것 같았다.

쇼의 독특한 억양에서 오키나와 출신이라는 사실을 단박에 알았다. 죄를 저지르기 전까지 고향을 떠난 적이 없고 선후배 및 지인과 맺은 관계가 전부였던 쇼는 그 외의 사람과 대화하는 게 익숙지 않다고 했다. 의욕은 가득했지만 요령이 없어서 겉돌았다. 그게 쇼와 만나고 초기에 받은 인상이었다. 그가 TC에 들어와 대화하는 법 자체를 처음부터 체험하며 익혔다는 것을 다음 발언에서 알 수 있다.

"저랑 닮은 사람이 말했을 때 왠지 반응해버리거든요. '네 생각은 틀렸어.'라든지 '그런 피해자 감정은 버려.'라는 식으로. 하지만 그렇게 하는 말이 결국 저에게 되돌아온다고 할까요, 자신에게 말하는 구석이 역시 있더라고요. 예를 들어 저는 받아들이지 못했던 것을 (제가 의견을 던진) 상대방이 '저는 우에하라 씨에게 그런 말을 듣고 깨달았어요.'라고 하는 걸 듣고 '아, 그렇구나. 저렇게 사람의 이야기를 듣는구나.' '아, 저런 식으로 받아들이는구나.' 하고요."

쇼를 주인공 중 한 명으로 선택한 것은 촬영 전부터 면식이 있었고, 이미 일종의 신뢰 관계가 존재한다고 생각했기 때문이다. TC에 오래 소속되어 있었던 그의 성숙한 이야기, 그리고 그가 타인과 관계를 맺는 방식에 주목하고 싶었다.

겐타로

강도 피해자에게 상처를 입혀서 5년의 형기를 복역 중인 가와데 겐타로는 촬영을 시작하고 반년 후 TC에 들어왔다. 사전 인터뷰의 메모에 나는 "어색하다." "표정이 굳었다." 등을 휘갈겨 썼다.

TC에는 분기마다 신입 훈련생이 몇 명씩 들어오고 다른 사람들 앞에서 자기소개를 하는데, 그는 자신을 다음처럼 소개했다.

"여기에 오고 얼마 되지 않았지만 여러분에게 알려드릴까 하고요. 제가 왜 여기에 있는지를. 강도상해, 주거 침입으로 5년을 받고 여기 왔는데… 저… 잃어버린 게 너무 커서, 약혼자도 그 배 속에 아이도, 친구도, 회사랄지 직장 사람들도 전부, 뭐, 전부 제 탓으로 잃어버렸는데, 이제 사는 게 귀찮다고 할까. 맘속에서, 그, 죽고 싶다, 어딘가로 사라지고 싶다는 생각을 계속 끊을 수 없어서. 피해자에 대한 마음이라는 것도, 솔직히, 전혀 없고… 그 저 왜 내가 이렇게 괴로운 일을 당해야 하는가만 생각해요."

제자리를 맴도는 자문자답에서 그의 죄악감이 얼마나 희박한 지 드문드문 드러났다. 사실 처음에는 겐타로를 거의 신경 쓰지 않았다. 왜냐하면 그처럼 죄악감이 희박하고 외려 피해자 의식이 강한 훈련생은 드물지 않았기 때문이다. 하지만 영상에는 초기 단계부터 네 번째 분기에 접어들어 눈에 띄게 변화해가는 겐타로의 모습이 꽤 많이 담겨 있어서 따로 심경을 들어보고 싶어 졌다. 결국 첫 만남에서 1년 정도 지난 다음에야 인터뷰 촬영을 청탁했다.

안달복달의 신체 반응

"잘 부탁드립니다!"

2층이 뚫려 있는 홀에는 빛이 흘러넘쳤고, 훈련생 20여 명의 목소리가 울려 퍼졌다.

화이트보드를 둘러싸듯이 원을 그리며 일정한 간격으로 놓인 의자에는 노란색과 회색의 운동복(실내복)을 입은 남성들이 등을 꼿꼿이 세우고 앉아 있었다. 예의 바르게 모은 무릎 위에는 두 손이 가지런히 놓여 있었다. 이런 자세는 모두 교도소의 규칙으로 정해진 것이다.

화이트보드 앞에는 30대 중반의 교육 지원사가 정장 차림으로 서 있었다. 그는 미소를 지으며 "오늘은 여러분에게 전한 대로, 감정이라는 주제에 들어가보려고 합니다."라고 말했다. 지원사가 화이트보드 중앙에 '감정'이라고 적었다.

"감정이란 알기 쉽게 설명하면 마음이나 기분을 말합니다. 마음으로 느끼는 감각 같은 것이죠."

그는 그렇게 말하며 '마음'과 '기분'도 화이트보드에 적었다.

"다만, 감정이니 마음이니 해도 분간하기가 어렵죠. 그러니까 신체에 나타나는 걸 기준으로 생각해볼까요. 예를 들어 안달복달할 때, 여러분의 몸에는 뭔가 변화가 일어나지 않나요? 몇 분에게 물어볼까요."

지원사는 눈이 마주쳤다는 이유로 중년인 박에게 질문했다.

"아무래도 상반신이 뜨거워져요. 피가 확 머리로 솟구친다고 할까."라고 답하는 박.

"알기 쉬운 예로 말씀해주셔서 감사합니다." 웃는 얼굴로 답하는 지원사.

다음으로 그와 마주 앉은 우락부락한 풍모의 훈련생이 손을 들었다. 연령은 40대 중반으로 반바지 안쪽에 문신이 얼핏 보였다.

"표정이 바뀐다."라는 그의 무뚝뚝한 한 마디를 "그러면 꽤나 무서울 것 같네요."라고 지원사가 받자 홀에 웃음이 크게 터졌다. 우락부락한 훈련생의 어깨와 삭발한 머리도 흔들흔들했다. 그 옆의 젊은 훈련생이 손을 들고 말했다.

"안달복달하고는 좀 다를지 모르겠는데요, 초조하거나 긴장하면 겨드랑이에서 땀이 나요."

그 말에 맞은편의 젊은 훈련생이 망설이면서 손을 들더니 "지금 ○○ 씨가 말한 거랑 비슷하게 진짜 위험한 상황에서만 무릎을 덜덜덜 떨어요."라고 말을 이었다. "아아." 하고 공감하는 낮은 목소리가 여기저기서 새어 나왔다.

지원사는 훈련생들의 어떤 의견도 부정하지 않았다. 연령, 학력, 직업 경력, 성장 환경, 민족적인 뿌리, 죄상, 형기 등 여러 점에서 서로 다른 훈련생들이 한데 모여 있는 환경에서 자유로이 의견을 낼 수 있는 분위기를 중시한다는 것이 느껴졌다.

"한 분 더 얘기를 들어볼까요, ○○ 씨?" 지원사에게 지명당한 훈련생은 누가 봐도 심약하여 스스로는 손을 들 것 같지 않은 사람이었다. 그는 숙이고 있던 고개를 살짝 들고는 띄엄띄엄 이야기했다.

"제 경우에는, 가슴을 중심으로, 마음이 움직인다고 할까… 상하좌우 움직이는 느낌인데… 안달복달이라고 해도 그때그때 다른 것 같은데….”

“그렇군요. 같은 안달복달이라도 그때그때 느끼는 방식도, 신체에 변화가 일어나는 곳도, 다르다는 말이군요.” 지원사가 보충해주자 훈련생은 안도하는 표정을 지으며 고개를 끄덕였다.

‘감정의 근육’을 단련하다

TC에서 필수적인 것은 ‘이모셔널 리터러시emotional literacy’의 습득이다. 직역하면 ‘감정의 문해력’일 텐데, 여러 감정을 느끼고 이해하고 표현하는 능력을 가리킨다. 그와 더불어 그런 능력을 향상시키는 과정도 포함한다. 감정에 휘둘리지 않고, 감정에 대응하기 위한 방법이라 할 수 있다.

앞서 소개한 미국의 아미티가 이모셔널 리터러시라는 개념을 제창했다. 창설자 중 한 명인 나야 아비터는 1998년 필자와 진행한 인터뷰에서 수용자의 특징을 다음처럼 이야기했다.

“그들은 대단히 좁은 감정의 영역에서 살아가고 있습니다. 항상 화내거나 우울하거나 냉소적이거나 무관심하며, 자신의 체험에 어떤 의견이나 이름도 부여하지 못하고, 아무것도 느끼지 못하는 상태입니다. 진심으로 웃는 것, 좋은 인간관계를 쌓는 것,

아픔에 반응하는 것, 자존심을 지니는 것, 다양한 감정을 이해하는 것 등을 못합니다. 인생에서 일어나는 수많은 일들을 어떻게 해석하면 되는지 모른 채, 자신의 감정을 말로 표현하지 못하고 있는 것입니다."

아비터는 교도소에서 이모셔널 리터러시를 배우는 것의 중요성도 설명했다.

"일반적으로 교도소에서는 일하는 법을 가르친다며 읽고 쓰기 훈련이나 직업 훈련 등을 하고 있습니다. 하지만 그곳에서는 가장 중요한 것을 놓치고 있습니다. 바로 자신과 타인의 감정을 깨닫고 공감할 수 있게 되어 공포와 분노에 휘둘리지 않는 것입니다. 특히 폭력적인 사람에게 이모셔널 리터러시는 반드시 필요합니다. 그들은 말로 표현할 수 없어서 폭력으로 말을 대신해버리니까요."

'시마네 아사히'의 TC에서 사용하는 아미티의 워크북(『변화로 향하는 입구』)에는 이모셔널 리터러시가 '감식感識'이라는 용어로 번역되어 있다. 그 정의는 다음과 같다.

감식(이모셔널 리터러시): 내 마음의 움직임과 감정을 느끼고 무엇인지 인식하여 표현하는 힘. 감정을 읽고 쓰는 능력. '감정의 근육'을 단련하는 것.

'감정의 근육'이란 관계, 진실, 관심, 배려, 정신성·영성spirituality, 수용, 존경, 유머라는 여덟 가지 요소로 이뤄지고, 개개인이 자신이 안고 있는 문제와 마주하거나 지금 실제로 일어나고 있는 문제에 대처함으로써 단련된다고 한다.

이를테면 TC에서는 어린 시절에 경험한 여러 역경과 범죄 직전의 상태, 그리고 범죄 그 자체에 관해 이야기하도록 장려한다. 그것은 침묵을 깨는 행위이자 오랫동안 봉인해왔던 얼기설기 얽힌 감정을 풀어내는 과정이기도 하다. 하지만 '감정의 근육'이 약하면 듣는 것부터 거부하거나 사실을 부인한다. 그것은 말하기를 봉인하는 것(=침묵하는 것)이기도 하다.

'시마네 아사히'에서 교육 지원사로 일했던 모리 마유미는 무엇보다 '지금 여기'의 감정에 주목하여 표현하고, 언어화하고, 매듭을 짓는 것이 중요하다고 말한다. TC는 자신의 감정을 매일매일 관찰하여 언어로 표현하는 연습을 하는 곳이다.

미국의 아미티에서는 '감정의 근육'이 수용자뿐 아니라 스태프에게도 필수라고 생각하여 스태프끼리 둥글게 앉아 대화하는 것도 빠뜨리지 않는다. 스태프가 타인의 가혹한 경험과 부정적인 감정을 들어주지 못하면, 오히려 훈련생의 장해물이 되기 때문이다.

교과서의 「과거 자신의 감정을 탐색하기」라는 단원에는 다음과 같은 내용이 있다.

교과서를 활용하여 TC에 관해 배운다. (사진 제공: 로드 멀린)

상처를 찾아내는 것이 중요하다. 바라보고 인정하려면 용기가 필요하다. 상처는 당신에게 방향을 보여준다. 출발점을 제시한다. 곪은 자리는 바깥 공기에 노출해야 한다. 고름을 짜내야 한다. 상처가 나은 자리의 피부는 다른 피부보다 강하다는 걸 언제나 기억하길 바란다. 만약 상처를 깨끗이 하여 고치려 한다면 당신은 더욱 강해질 것이다. 그 상처보다도 크게 성장할 수 있다.

이 부분을 모두의 앞에서 낭독한 신입 훈련생은 지원사가 "읽어보니 어때요?"라고 질문하자 연신 고개를 갸웃했다. 그러다 잘 모르겠다고 답했다. 지원사가 "또 잘 모르겠는 분?"이라고 물어보니 훈련생 중 3분의 1 정도가 손을 들었다.

지원사는 고개를 끄덕이면서 '잘 모르겠다'가 자연스러운 반응이며, 아는 척을 할 필요는 없다고 했다. 모르기 때문에 이런 저런 방법과 사례를 공부하며 연습을 반복하는 것이고, 그러다 보면 조금씩 상처를 찾아내는 것의 의미가 내 속으로 스며든다고 해설했다.

예를 들어 수업 초반의 '안달복달 신체 반응'은 감정에 관한 단원의 아이스 브레이크인 동시에 공부이기도 하다. 그때 이야기한 것은 비교적 가벼운 내용이지만, 이어지는 수업의 발판이 되어준다.

상반되는 감정

남성 지원사가 화이트보드 앞에 섰고, 그를 둘러싸는 형태로 훈련생들이 커다란 원을 그리며 앉았다. 화이트보드에는 큰 글씨로 '감식'이 쓰여 있고, 옆에는 영어로 'Emotional Literacy'라고 덧붙여두었다. 그 아래에는 세 가지 요소가 항목별로 쓰여 있었다. ① 느끼기, ② 말로 하기, ③ 제대로 전달하기. 지원사가 설명했다.

"일단 이모셔널 리터러시, 감식에 관한 복습입니다. 어떤 기분인지 느끼기. 그 기분을 말로 표현하기. 그리고 다른 사람이 이해하도록 전달하기. 여기까지가 감식의 힘입니다."

등을 꼿꼿이 펴고 진지하게 듣는 훈련생 중에는 교과서에 메모를 하는 사람도 있었다. 지원사는 설명을 계속했다.

"분노를 느껴서 폭력을 휘두르는 건 타인에게 감정을 제대로 전달한 것이 아닙니다. 아니면 내가 느낀 불안과 공포를 상대방에게 전하지 않고 억누르는 경우도 있는데, 이 역시 제대로 전한 것이 아닙니다. 상대가 받아들이도록 말로 하여 전달하기. 이걸 해내려면 연습이 필요한데, 여러분이 TC에서 이걸 목표했으면 합니다."

스무 명 정도의 훈련생들이 미리 정해둔 서너 명 규모의 작은 그룹으로 나뉘었다. 지원사가 하얀 카드를 훈련생들에게 나눠주고 무얼 할지 설명했다. 훈련생들은 각자 하얀 카드에 지금 떠오른 감정을 하나씩 적는다. 그룹 내에서 서로 카드를 보여주고, 그 말이 감정에 해당하는지 어떤지 확인한다.

TC에 참가하고 한 달도 채 지나지 않은 다쿠야가 속한 그룹은 네 명이었다. 다쿠야의 동기인 후나다가 의욕적으로 카드를 보였다.

"저는 '이면'이라고 적었는데요… 이면의 얼굴은 아니지만, 이면의 감정이라고 할까…"

머리를 굽실굽실하며 설명하는 후나다를 보고 다쿠야는 "이면?"이라고 중얼거리며 머리를 갸웃거렸다. 다쿠야는 자신의 카드에 '즐겁다'라고 적었다. 당시 인터뷰에서 "부정적인 감정에 관심을 주는 걸 잘 못 한다고 할까, 무진장 싫어해요."라고 했던 다쿠야다운 단어였다.

'이면'이라는 단어에 나머지 두 사람도 고개를 갸웃하고 쓴웃음을 짓자 후나다는 "아, 역시 이거 아니죠."라고 허둥거리며 카드를 도로 물렸다.

첫 번째 분기인 훈련생에게 무엇이 감정인지 맞히기란 어려운 일이다. TC에 들어오고 네 번째 분기인 오타니가 도움의 손길을 건넸다.

"그럼 지금 순서대로 카드를 보여줄 테니까 그걸 보면서 생각해보면 어떨까요?"

세 사람이 각자 카드를 보였다. 즐겁다, 불안, 분하다. 후나다는 다른 사람들이 쓴 단어를 보고는 지우개로 자신의 카드에 쓴 글씨를 쓱쓱 지웠다. 그리고 '주저하다'라고 다시 썼다. 이번에는 나머지 세 사람도 납득한 듯이 고개를 끄덕였다.

지원사가 다시 이어지는 활동 내용을 설명했다. 각자 쓴 카드를 그룹별로 모아서 옆 그룹과 교환한다. 다른 사람이 적은 카드를 보고 자신에게 적용해 생각해본다. 어떤 때 그런 감정을 느꼈는가. 구체적인 에피소드를 곁들여 이야기한다.

다쿠야는 자기 손에 들린 카드를 보고는 한순간 눈썹을 찡그렸다. 하지만 곧장 표정을 되돌리고, 카드를 무릎 위에 뒤집어 놓았다. 그 카드에 무어라 쓰여 있는지, 내 위치에서는 보이지 않았다.

"정반대네."라고 중얼거린 사람은 오타니였다. 그는 '불안'이라고 카드에 적었는데, 그의 손에 들어온 카드에는 '즐겁다'라고 쓰여 있었다. 그는 순수하게 즐거웠던 기억은 초등학교에 입학할 무렵 형과 함께했던 시기의 일들이라고 말했다.

오타니는 한 부모 가정에서 자랐는데, 모친은 주말에도 일 때문에 집을 비울 때가 잦았다. 집 앞에 있는 높은 둑을 비밀기지 삼아 형과 놀고 숨바꼭질을 했다고, 형을 정말 좋아했다고, 그는 즐거운 표정으로 이야기했다.

다쿠야가 살짝 들뜬 기색으로 "부럽다"고 말했다. 자기는 나이 많은 사람이 같이 놀아준 적이 없다. 나이 많은 사람에 관해서는 "나를 주물럭거리거나 해서 기분 나쁜 기억밖에 없네요."라며 실없이 웃었다.

오타니는 다음처럼 말을 이었다.

"하지만 즐겁다와 정반대인 느낌도 있었어요. 저, 친구가 없었거든요. 놀 때는 항상 형뿐이었고. 다른 애들이 신나게 노는 걸 보고 부럽다든가 외롭다는 느낌이 마음속 한구석에는 있었어요. 그리고 뭐랄까, 그 뒤로는 별로 즐겁다는 느낌이 없었네요."

다른 멤버가 범죄 직전에는 어땠는지 물어보자 오타니는 차례차례 예를 들었다. 다툰 걸 잊고 싶어서 술을 마셨다, 아내한테 짜증이 나서 여자가 접대하는 술집에 가 요란하게 놀았다, 일하다 기분 나쁜 일이 있어 홧김에 차를 마구 몰았다. 전부 즐겼다기보다는 불만을 해소하는 데 지나지 않았다고 오타니는 말했다.

다쿠야는 웃는 얼굴로 작게 고개를 끄덕였고, 그 옆의 중년 훈련생이 도중에 끼어들어 오타니를 비호하듯이 말했다. 내게도 그런 면이 있는데, 불만을 해소하는 것 자체는 문제가 아닐 것이라고. 오타니는 좀 생각하더니 말했다.

"즐거움이 없어지면, 큰 위기에 빠져버리죠. 마음 둘 곳이 없어지고, 끝난 다음에는 괜히 더 허무해지고…."

다쿠야는 변함없이 웃음을 지으며 작게 고개를 끄덕였는데, 공감해서 그런다기보다는 그렇게 함으로써 그 자리를 넘기려는 듯했다. 그날은 시간이 모자라서 다쿠야의 차례까지 돌아가지 않았는데, 한순간 긴장을 푸는 표정이 보였다.

지원사는 그날 수업을 다음처럼 정리했다.

TC에서는 자신이 이야기하고 싶은 것을 입 밖으로 내는 것이 무엇보다도 중요하다. 다른 사람의 반응을 신경 쓰거나, 쉬는 시간에 무슨 말을 들을까 걱정하거나, 감정을 제어하지 못할까 무서워할 필요는 없다. 그와 동시에 각자 속에 숨기고 싶은 것도 있을 텐데, 이야기하지 못했다고 부끄러워할 필요는 없다. 다만 그것이 무엇인지는 알아두는 게 좋다.

"지금은 아직 이야기하지 못하는 것도 있다는 사실을 저는 인정해주고 싶습니다."

3

숨김없이
살고 싶다

저는 숨김없이
살고 싶어요.
— 젠타로

오전 6시 40분, TC 유니트의 하루가 시작된다.

교도소는 이른 아침의 취재를 싫어한다. 그럴 만도 하다. 촬영
당일의 교도관은 참관을 위해 시간 외 근무를 해야 하기 때문이
다. 또한 촬영에 동의하지 않은 훈련생들 때문에 아침 촬영은 더
욱 어려웠다. 그들이 영상에 담기면 안 되었기에 우리는 항상 교
도관에게 카메라 위치와 각도를 확인받았다. 하지만 홀 양쪽에
있는 거실에서 훈련생이 일제히 나오는 아침에는 동의하지 않
은 이들을 피하기가 어려웠다. 촬영에 동의하지 않은 사람이 절
반을 넘었던 시기도 있어서 2년 동안 촬영하며 하루의 시작을
기록할 수 있었던 것은 한 번뿐이었다.

촬영은 일출이 늦은 한겨울에 이뤄졌다. 어두컴컴한 수용동에 갑자기 공항 로비에서 들릴 법한 건조한 음악이 흐르기 시작했다. 잠시 뒤 천장의 조명들이 차례차례 켜졌고, 건물 내부가 모습을 드러냈다.

'시마네 아사히'에서는 유니트라고 불리는 거주동에서 30~60명의 훈련생들이 공동생활을 한다. 각 유니트는 2층이 뚫려 있어 천장이 높고, 채광용의 커다란 창과 체육관을 떠올리게 하는 나무 바닥이 개방된 느낌을 준다. 건물 중심에는 기다란 다목적 홀이 있는데, 식사하거나 여가 시간이라 불리는 자유 시간을 보내거나 수업을 하는 데 쓰인다. 나무 무늬의 긴 테이블과 노란색 플라스틱 의자는 용도에 따라 배치가 바뀐다.

일반적인 교도소에서는 예닐곱 명이 한방에서 생활하지만, '시마네 아사히'에는 홀 양옆의 1, 2층(혹은 3, 4층)에 거실이 줄지어 있고, 대부분은 단독실이라 불리는 독거실이다. 창은 강화유리라 쇠창살이 없고, 침대, 책상, 텔레비전 등이 갖춰져 있어서 마치 학생 기숙사 같다.

또한 일반 교도소에서는 수용자가 혼자 행동하는 것을 허용하지 않고, 거실을 출입할 때도 교도관이 문을 개폐하며 이동 중에는 반드시 감시(입회)가 붙는다. 하지만 '시마네 아사히'에서는 교도관 없이 수용자가 혼자 다니는 것(독보獨步)이 허용된다. 거실 문의 자물쇠는 중앙에서 관리하지만 낮 동안의 개폐는 기본적으로 훈련생이 직접 하며, 여가 시간에 자유롭게 거실과 홀을 오가는 훈련생들의 모습을 볼 수 있다. 면회를 하거나 의무실 등을 가려고 건물 사이를 오갈 때도 교도관이 함께하지 않는다. 단, 집단 이동은 일반 교도소처럼 행군 스타일로 하는 낡은 관습이 남아 있다.

프롤로그에서 언급했듯이 '시마네 아사히'는 외관은 부드럽지만 궁극의 감시 시설이다. 개개인의 위치 정보를 파악하기 위한 IC태그와 더불어 650개에 달하는 감시 카메라가 구석구석에 설치되어 있으며, 각 유니트와 교도작업을 하는 공장에는 교도관과 민간 경비원도 배치되어 있다. 중2층*에는 상근 경비원이 여러 유니트를 24시간 내내 살펴보는 감시실이 있는데, 감시 대상인 훈련생들이 신경 쓰지 않도록 거울 같은 특수한 유리로 둘러싸여 있다. 항상 의식하게 하는 '보이는 감시'와 의식할 수 없는 '보이지 않는 감시'를 모두 활용한 사방팔방 감시 체제는 절대로 '탈옥시키지 않겠다'는 교도소의 철저한 태도를 보여준다. 그와 동시에 시민에게는 '안심'의 근거가 되어준다.

일본의 교도소는 분 단위로 관리되는 장소다. 그 사실을 기상 시부터 깨달을 수 있다.

6시 45분, "안녕하세요."라고 스피커에서 기계적인 여성의 목

---

* 1층보다는 좀 높되 2층보다 낮게 지은 2층을 가리킨다.

소리가 울리자마자 훈련생들이 일제히 움직이기 시작한다. 각 거실의 훈련생들은 침대에서 일어나 이불을 개고 몸단장을 하며, 다 끝내면 문을 향해 선다. 문에 달린 창으로 그들의 모습이 보인다.

6시 55분, 경비원이 돌아보기 시작한다. 각 거실 앞에서 불과 2, 3초 멈춰 서서 눈으로 확인하고 손에 든 단말기에 입력하는 것을 반복한다. 한 줄에 열 개 정도인 거실들을 순식간에 모두 확인한 경비원은 홀을 건너서 반대편 거실들을 확인하러 간다. 촬영한 영상에는 홀의 창가에 놓인 화이트보드가 찍혔는데, 훈련생이 쓴 듯한 표어가 마커로 정성스레 적혀 있다.

'따뜻한 배려를 하면서, 생각한 것을 입 밖에 내자.'

몇 분 만에 약 40개인 모든 거실 확인이 종료된다.

7시, NHK 라디오의 뉴스가 스피커로 희미하게 흘러나온다.

5분 후, 다시 스피커에서 안내 방송이 나온다. "7시 5분입니다. 아침식사 시간입니다."

뒤이어 철컹철컹하고 문을 여는 소리가 여기저기에서 들리더니 머리를 삭발하고 운동복을 입은 남자들이 각 거실에서 나온다. 손에 들려 있는 플라스틱 컵을 각자 테이블 위에 둔다. 조용한 홀에 울리는 달그락달그락 소리는 마치 음악 같아서 컵을 놓자마자 같은 방향으로 빠르게 걸어가는 모습이 안무에 맞춰 추는 춤처럼 보이기도 한다.

잔물결과 함께 끝나는 식사

훈련생들이 향하는 곳은 AGV라는 무인 배식 카트다. 민간 기업이 조리한 따뜻한 식사가 자동으로 각 유니트에 보내진다. 훈련생들은 카트에서 쟁반을 꺼내어 자신의 자리로 돌아간다. 자리에 앉으면 등을 곧게 펴고 얼굴은 똑바로 정면을 향하며 손을 무릎 위에 올린 채 모두 모이기를 기다린다. 구령 담당이 전원 자리에 앉은 걸 확인한 다음 "자세를 바로 해주세요. 잘 먹겠습니다!"라고 큰 소리로 말하면 뒤이어 모두가 "잘 먹겠습니다!"라고 외친다.

곧장 젓가락과 식기가 달그락달그락 닿는 소리가 홀에 가득 찬다. 식사 중 대화가 금지되어 있기 때문에 유독 소리가 도드라진다. 모든 훈련생이 굉장한 속도로 음식을 입 안에 넣고, 식사는 7, 8분 만에 끝난다.

식사 자리를 참관한 것은 로케이션 헌팅을 포함해 대여섯 번이었는데, 몇 번째 참관에서 어떤 사실을 깨달았다. 소란스럽던 달그락달그락은 이윽고 균일한 착착이 되었고, 급격히 희미하게 작아지다가 갑자기 뚝 그쳤다. 그리고 소리가 멎자마자 "자세를 바로 해주세요. 잘 먹었습니다!"라는 구령이 들렸고, 그에 따라서 모두가 "잘 먹었습니다!"라고 외치며 식사가 끝났다. 그건 마치 잔물결 같았다. 단숨에 쏴아 밀어닥쳤다가 빠르게 사사삭 물러나는 파도. 그 타이밍이 너무나 완벽해서, 솔직히 섬뜩했다.

먹는 속도란 본래 사람마다 다르게 마련이다. 하지만 그곳에서는 그 속도가 균일했다. 음식을 다 먹은 사람은 젓가락을 내려놓고 바른 자세로 정면을 봐야 하는데, 정면을 보는 타이밍에 거의 개인차가 없었다. 사실 약간 조작하기 때문에 그럴 수 있다고 나중에 한 출소자가 가르쳐주었다.

식사 시간이 길어지면 그 뒤에 분 단위로 이어지는 일정에 문제가 생긴다. 그렇게 되면 다 함께 연대책임을 져야 한다. 모두가 무언가에 쫓기듯 급하게 먹는 건 늦었다가 핀잔을 들을까 두려워서다. 잔물결이 물러간 다음의 달그락거리는 소리는 눈에 띌 수밖에 없다. 그래서 늦은 사람은 다 먹지 않았어도 젓가락을 내려놓는다. 그와 같은 무언의 압력이 존재하는 것이었다. 식사 종료를 알리는 구령은 마지막 사람이 젓가락을 내려놓는 걸 확인한 시점에 이뤄진다고 했다.

그런데 이런 장면이 교도소에서만 보이는 것은 아니다. 영화 「프리즌 서클」을 본 사람이 이런 감상을 말한 적이 있다.

"수용자가 말없이 식사하거나 작업하는 장면, 딸네 학교랑 똑같아요! 초등학교에서도 '묵식黙食'*을 하고 있거든요."

신형 코로나 바이러스 때문에 최근에는 말없이 먹는 것, 말없

---

* 서로 대화하지 않고 조용히 식사하는 것을 뜻한다.

이 행동하는 것이 당연해져버렸다. 하지만 그 전부터 일본의 교육 현장에는 조용히 식사하는 '묵식', 말없이 청소하는 '무언청소無言掃除', 입 다물고 이동하는 '묵이동黙移動' 같은 용어가 존재했고, 그걸 규칙으로까지 삼은 학교가 적지 않았다. 지키지 않은 학생은 벌을 받았고, 교사는 관리직으로부터 제대로 지도하지 못한다는 지적을 받지 않을까 압박감을 느꼈다.

전 초등학교 교사로 교육 연구자인 시모무라 산니는 이처럼 침묵을 강요하는 교육에 관해 전국의 현역 교사 200명을 대상으로 조사를 실시했고, 30개 지방자치단체의 초등학교 교사 58명의 답변을 받았다. 조사 결과 두드러진 것은 아이들끼리 서로 확인하는 상호 감시 체제를 만들고, 목소리를 완전히 금지하는 경향이었다. 아이들에게 간수 같은 역할을 시켜서 학교가 교도소나 수용소 같다는 답변도 있었다.

프롤로그에서 언급한 휴먼 라이츠 워치의 보고서도 일본에서는 초등학교부터 교칙과 행실이 세세하게 정해져 있다며 학교 교육 현장과 교도소에 만연한 과잉된 질서의 연관성을 지적한 바 있다.

철학자 미셸 푸코는 '순종적'이고 '유용'한 개인을 만들기 위한 '규율 권력'이 학교, 경찰, 군대, 공장, 기업, 공공기관을 뒤덮어 사회 전체의 교도소화가 이뤄졌다고 지적했다. 현재 일본의 학교에서는 부정적인 감정을 배제하거나 아이들끼리 서로 단속하는 경향이 강해지고 있는데, 그에 더해 침묵을 강요하는 일까지 일어나고 있는 것이다. 어떻게 보면 교도소화가 진행된 학교는 이미 교도소 그 자체를 뛰어넘었다고 할 수 있을지도 모른다. 심지어 신형 코로나 바이러스의 감염 확대를 이유로 모든 일들이 '묵묵히' 이뤄지고 있고, 규칙을 지키지 않은 사람에게 엄벌을 요구하는 주장도 강해지고 있다. 이런 사회의 양상은 더욱더 교도소화를 촉진하는 듯이 보인다.

최근, 마음이 움직인 일

TC가 훈련생에게 일단 바라는 것은 반성이 아니라 '감정'이다. 적어도 순서가 다르다. 여러 감정을 받아들일 수 있게 되지 않으면 반성으로 나아갈 수 없다고 생각하기 때문이다.

어느 날 수업에서 여성 지원사가 감정에 해당하는 단어를 생각나는 대로 화이트보드에 적어보라고 했다. 20여 명이 마커 세 자루를 계주의 바통처럼 차례차례 건네고 받으며 단어를 쓰고 자리에 돌아갔다가 다시 화이트보드 앞에 서는 작업을 반복했다. 5분 동안 화이트보드가 가득 찼다.

끙끙, 징징, 부글부글, 벌컥 같은 의태어부터 슬프다, 쓸쓸하다, 안타깝다, 열등감, 우울, 공포, 불안, 질투, 시샘, 자기연민, 증오, 살의까지 부정적인 감정이 압도적으로 많았다. 희망이나 안심처럼 긍정적인 단어는 거의 눈에 띄지 않았다.

그 뒤 모두가 모여 있는 원에서 훈련생들은 다음과 같은 감상을 말했다.

"희로애락 중에 '희'랑 '락' 외에는 안 된다고 생각해. 분노나 슬픔을 나는 감당할 수 없으니까."

"저는 열등감이 강해요. 고등학교도 중퇴해서 무슨 일이든 다른 사람보다 잘하거나 다른 사람들이 못 하는 걸 해내지 않으면 제 존재 가치를 찾지 못해서."

"TC에 들어온 뒤로 내 감정은 수치심이나 부끄럼과 비슷하구나 생각하게 되었어. 나는 인간이 덜 됐구나, 부끄럽구나, 하고."

"다른 사람들이 저를 잊는 것이나 완전히 부정하는 게 저에게는 죽음이나 마찬가지라고 할까요. 죽음 그 자체처럼 느껴질 때가 있어요…."

겐타로도 그 원 안에 있었지만 무표정인 채 자리에서 일어나지 않았다. 언젠가 한 출소자가 당시 겐타로의 별명이 '철가면'이었다고 알려준 적이 있다. 그만큼 표정에 변화가 없고 마치 전통 공연의 탈 같았다고 했는데, 그 말은 겐타로가 찍힌 영상과도 내 기억과도 일치했다.

감정을 써낸 다음에는 최근에 마음이 움직인 일을 떠올리고 그때의 감정을 신체적인 포즈로 표현하는 워크숍이 이어졌다.

일단 지원사부터 자기 목을 양손으로 잡고 눈을 감은 다음 괴로운 듯이 얼굴을 조금 찌푸렸다. 훈련생들은 그저 가만히 1분 동안 그 포즈를 바라보았는데, 거북하기 이를 데 없는 1분이었다.

그 뒤에 네 명씩 조를 이뤄서 각자 최근 인상적이었던 일을 생각해보는 시간을 가졌다. 그리고 1분씩 말없이 포즈를 취하고, 모두 그런 다음에는 몇 분 동안 각자가 자신의 포즈에 관한 이야기를 들려주었다.

"자기 속에 있는 에피소드와 그때의 감정이 잘 솟아나는 포즈를 취해주세요. 약간 오버하는 느낌이 좋을 수도 있겠네요."

지원사가 각 조 사이를 돌아다니며 질문에 답하거나 부연 설명을 해주었다. 겐타로의 그룹에서는 그와 같은 또래인 히라마쓰부터 시작했다. 그는 오른 주먹을 왼쪽 가슴 위에 대고 고개를 푹 숙였다. 조금 쑥스러운지 도중에 웃음을 터뜨렸는데, 진지하게 임하는 다른 그룹을 보더니 허둥지둥 다시 한 번 같은 포즈를 취했다. 숨 쉴 때마다 손과 가슴이 움직였다.

1분이 지나고 히라마쓰가 자신의 포즈를 해설했다.

"불안과 기대가 뒤섞인 감정. 왜 이 감정을 선택했느냐면, 바로 얼마 전 생일 때문인데요. 와이프한테서 편지가 안 오는 거예요. 무슨 일일까 불안하면서도 언젠가 오겠지 하고 기대도 했어요. 편지는 일주일 늦게 왔어요. 그런데 와이프는 항상 편지를 일고여덟 장 쓰는데, 생일 편지만 얇은 거예요. 엄청 불안했어요. 헤어지자는 게 아닐까 싶어서."

결국 쓸데없는 걱정에 그쳤다는데, 편지를 펼칠 때까지 흔들린 히라마쓰의 심경에 관해 다른 조원들은 질문하거나 맞장구를 치는 등 무언가 반응을 보였다. 젠타로는 그냥 그 자리에 있기만 하는 느낌이었다.

젠타로의 차례가 되었다. 그는 등을 꼿꼿이 펴고 가만히 앉아 있을 뿐이었다. 히라마쓰가 무심결에 "벌써 시작한 거예요?"라고 끼어드는 바람에 모두 실소를 터뜨렸다. 젠타로는 다른 사람들이 웃는 이유를 모르는지 '뭐?'라는 듯한 표정을 지었다.

1분 후, 젠타로는 입을 열었다. "딱히 아무것도 느끼지 않아서요, 저는." 그리고 애초에 마음이 움직인다는 게 무슨 상태인지 모른다고 했다. 그 뒤 젠타로에게 질문이 쏟아졌지만, 젠타로의 답이 너무 냉담한 탓에 그룹 내에는 어색한 분위기가 감돌았다.

'감정 문맹'과 트라우마

젠타로 같은 상태를 아미티에서는 '감정 문맹emotional illiteracy'이라고 부른다. 앞서 소개한 '이모셔널 리터러시'의 반대말로 아미티에서 새로 만들어낸 것이다. 이모셔널 리터러시가 부족하거나 자신의 기분과 생각에 둔감하거나 특정한 감정을 외면하거나 반대로 특정 감정에 사로잡힌 상태를 가리킨다. TC에 처음 참여한 훈련생은 대체로 감정 문맹의 징후를 보인다.

이를테면 겐타로는 입소 초기에 판에 박힌 듯 감정이 없는 발언만 해서 모든 말이 딱딱하고 어색했다. 앞서 이야기한 "딱히 아무것도 느끼지 않아서요"라는 말에서 두드러지듯이 모두가 웃는 등 감정이 움직이는 장면에서 혼자만 의아해하는 모습을 자주 보였다.

다른 주인공들에게도 제각각 감정 문맹으로 짐작되는 대목이 있었다. 다쿠야는 처음부터 사람들과 잘 어울리고 달변이었지만, 어린 시절의 이야기만 나오면 표정을 싹 바꾸고 입을 다물었다. 또한 고개를 끄덕이며 다른 사람의 어린 시절 이야기를 들을 때도 마음은 다른 곳에 있는 듯한 표정일 때가 많았다.

마사토는 양부에게서 일상적인 체벌, 모친에게서 학대(육아 방치), 학교에서는 처절한 괴롭힘을 당했는데, TC 초기에는 그런 기억이 거의 없었고 유일하게 기억하고 있던 양부의 폭력에 관해서는 다른 사람의 일인 양 더듬더듬 이야기했다. 모친의 학대에 대해서는 TC 동료들이 지적할 때마다 입을 꾹 다물었다.

쇼의 경우에는 오랫동안 '외로움'과 '두려움'이라는 감각을 몰랐다. 정확히 말하면 모른다는 사실을 점차 알게 되었다는 것이 나중에 밝혀졌다. 원 안에서 다른 사람들의 이야기를 뒤집어쓰듯이 들으면서, 어린 시절의 기억과 가족관계에 관해 몇 번씩 이야기하면서, 밤에 홀로 집을 지키기 시작했을 무렵이나 일을 나가는 모친을 울고 매달리며 붙들어 세웠던 자신의 모습을 기억해냈다. 그러면서 어린 시절 홀로 집을 지켰던 경험이 '외로움'과 '두려움'을 느끼지 않도록 자신을 혼동시켰음을 깨달았다. 그로부터 감정이 되살아나는 데에는 시간이 더욱 걸렸지만, 일단은 자신에게 무슨 일이 있었는지 기억해내는 것이 필요했다.

네 사람의 사례에서 감정 문맹은 어린 시절의 부정적 체험이나 트라우마와 관계가 있지 않을까 추측할 수 있다. 부정적 체험에는 학대와 괴롭힘 같은 폭력, 역기능 가족(어린아이를 안전하게 기르는 기능이 결여된 상태의 가족)이 포함된다. 네 사람은 제각각 부정적 체험에서 살아남은 생존자인 동시에 생존하기 위해 감정을 마비시켰다고도 할 수 있다. 그렇기 때문에 TC에서는 자신의 감정 문맹을 인식하는 것이 출발점이 되는지도 모른다.

감정 문맹은 첫 번째 분기(3개월) 동안 여러 차례 집중적으로 배우고, 그 뒤에도 기회가 있을 때마다 다룬다. 교과서의 관련 단원을 요약하면 다음과 같다.

우리는 나 자신과 주위 사람을 물건처럼 바라보며, 타인에게 가한 고통에 책임을 지지 않고 지금까지 살아왔다. 주위에서 얄팍하게 아첨하길 기대하며, 그것을 리스펙트(경의)라고 불러왔다. 자신의 약함을 드러내는 건 수치라고 여기며 "까불지

마.”를 버릇처럼 입에 담았다. 지금껏 사용한 말들은 공포와 고통을 완화하지 않았고, 오히려 그것들을 유지해왔다.

그렇게 우리는 느끼기를 그만두고 감정 문맹이 되었다. 매사에 반응하는 방식이 세 가지 정도일 뿐이다. 일이 잘 풀리지 않으면 '결국 이렇게 돼버렸으니, 어쩔 수 없네.'라고 변명한다. 고압전류가 흐르면 차단기가 떨어지듯이 매우 강한 감정이 들이닥치면 감정의 회로를 끊어버린다.

깨닫는 것부터 시작해야 한다. 우리는 배제당해왔다. 고통을 봉인하기 위해 줄곧 감정을 억압했다. 상처 받았던 일, 화가 났던 일, 알고 보니 중대한 사건이었던 일, 계속 마음속 한구석에 걸렸던 일 등을 인정하는 것부터….

이 단원은 이런 질문으로 끝을 맺는다.
“당신이 무언가를 느낀 건 언제였는가? 진심으로 울었던 것은, 진심으로 웃었던 것은, 그리고 그 두 가지 사이에 있는 모든 감정을 느낀 건 언제였는가?”

숨김없이 살고 싶다

기도 같은 이야기

감정 문맹에 관한 수업에서 남성 지원사가 "감정에 뚜껑을 덮는 방법은 사람마다 다르다"며 예를 들어 설명했다. 견디기 힘든 슬픔과 외로움을 피하기 위해 어떤 사람은 약물을 쓴다. 절도나 도박에 빠지는 사람도 있다. 그렇게 '감정의 근육'은 점점 약해지고 굳어서 아주 약한 괴로움도 느끼지 못하게 된다. 그 때문에 먼저 자신이 어떤 감정에 취약한지 알아야 한다.

훈련생들은 작은 그룹으로 나뉘었고, 각 그룹에 인원수대로 카드가 배포되었다. 최근 마음속에 일렁이는 '부정적 감정' 중 하나를 쓰고, 그것을 활용해 감정의 근육을 시험하는 워크숍이었다. 지원사는 지금까지 이야기하길 기피했던 화제와 연결되는 감정을 적어보라고 했다. 각 그룹에서 한 명을 정해 부정적인 감정과 그 감정을 불러일으키는 경험을 이야기하게 하고, 나머지 훈련생들은 이야기를 들었다.

다쿠야의 그룹에서는 그와 같은 또래인 사토가 쭈뼛쭈뼛 손을 들었다. 다른 손에 든 것은 '죄악감'이라 쓰인 카드. 표정에서 각오 같은 것이 배어나왔다.

"제가 아직 놓아버리지 못한 채 저를 계속 초조하게 하는 싫은 감정이 죄악감이에요. 중학교 2학년 때 여자친구가 자살해버렸어요, 학교 폭력 때문에. 그때 괴롭힌 애들은 여자아이들이었는데… 괴롭히도록 뒤에서 부추긴 남자애들이 있었어요…. 저는 복수하려고 그 남자애들의 리더한테 상처를 입혔어요. 뭐, 싸워서 상대를 병원으로 보내버린 건데요, 여자친구를 지켜주지 못했다는 죄악감 때문에."

다쿠야를 포함한 모두가 심각한 표정으로 귀 기울였다. 사토는 담담하게 이야기를 이어갔다. 여자친구의 부모는 학교 폭력에 관한 조사를 해달라고 학교 측에 요구했다. 하지만 학교 측은 '괴롭힘은 없었다'고 부정했다. 사토는 학교와 사회에 절망했고, 자포자기했다. 탈선하기 시작한 건 그 직후였다.

"기일이 다가올 때마다 제가 여자친구를 지키지 못했다는 죄책감이 솟아나요. 마음속에 응어리진 감정을 계속 끌어안고 있는 상태, 그게 지금의 저예요. TC에 온 이유도, 여자친구의 일을 눈치채지 못했다고 할까, 용서라고 할까요, 뭐랄까, 여자친구는 그렇게 생각하지 않을 것 같은데… 여자친구가 자살한 것에는 제 책임도 있지 않을까요. 그래서 제가 자신을 용서할 수 없어서."

오타니가 침착한 표정으로 손을 들었다.

"사토 씨가 오랫동안 품고 있었던 죄악감, 그 감정에 매듭을 짓고 싶다는 것, 말하지 못했던 걸 말할 수 있게 된 것. 그건 대단한 일이야. 그렇지만… 앞으로가 더욱 큰일이지 않을까. 마주하기 괴로운, 눈물을 흘리게 될 듯한, 그런 감정이 더 숨어 있을 것 같은데."

사토는 오타니의 말에 동조했다. 여자친구가 눈을 감은 후 울지 않게 되었다고. 자살에 다다른 여자친구의 슬픔을 생각하면 자기는 슬퍼할 가치가 없다고. 정면으로 마주하면 자신이 무너지지 않을까 싶을 만큼 두렵다고 사토는 이야기했다. 상반신을 앞으로 기울이고 양손을 맞잡은 자세로 기도하듯이.

오타니는 예전에 TC에 있었던 어느 훈련생의 이야기를 들려주었다. 그는 감정을 밖으로 드러내지 않는 쿨한 사람이었다. 출소를 앞둔 어느 날의 여가 시간, 그가 오타니를 비롯해 홀에 있던 몇 사람에게 말을 걸더니 자신의 과거에 있었던 일을 들려주었다. 사귀던 여성이 자살하여 세상을 떠났다는 이야기였다. 항상 쿨하던 그는 그때 처음으로 격렬하게 오열했다.

"이 사람이라면 내 이야기를 부정하지 않을 거라고, 알아줄 거라고, 진심으로 믿을 수 있는 사람을 찾아냈을 때 흘러나올 수도 있겠네요. 사토 씨의 속에 있는 감정이."

사토는 맞잡은 손의 손가락 끝을 입에 대고 말없이 고개를 끄덕였다. 다쿠야는 그들의 이야기를 어떻게 들어야 할지 모르겠다는 듯이 주위를 힐끔거렸다.

다시 모두가 큰 원을 그리며 자리에 앉자 지원사가 마무리했다.

"힘든 이야기라 결말을 짓기 어려울 거라 생각하는데, 오늘은 이 정도만 해두죠. 아직 시작하고 얼마 되지 않아 감정의 근육이 충분히 붙지 않아서 오늘 수업으로 힘들어진 사람도 있을 거예요. 그렇다면 꼭 다른 동료들에게 기대주세요. 저에게 이야기하셔도 괜찮고요. 앞으로는 이렇게 힘들어질 일도 늘어날 텐데, 그럴 때는 서로 위로해야 한다는 걸 잊지 마세요."

움트는 순간을 목격하다

어느 날의 쉬는 시간, 모두 자기 방에 돌아가 있는데 겐타로가 넓은 홀에 혼자 남아서 화이트보드에 쓰인 내용을 노트에 필기했다. 마사토가 겐타로를 눈치채고는 천천히 다가가서 옆에 앉더니 "가와데 씨, 요즘 어때요?"라고 말을 걸었다.

마사토는 이미 다섯 번째 분기로 1년 넘게 TC에 소속되어 있었는데, 그 덕분인지 침착함이 돋보였다. 수업 중에는 항상 필기를 했고, 원에서는 솔선해서 자신의 약함을 드러냈으며, 휴식 시간에는 항상 누군가에게 먼저 말을 거는 모범생이었다.

마사토가 갑자기 말을 걸어 겐타로는 긴장한 듯했지만, 자세를 흐트러뜨리지 않고 손을 움직이며 동시에 입을 열었다.

"왠지 잘 풀리지 않을 때만 모두를 신경 써요. 평소에는 뭐, 나 정도면 잘하고 있으니까 저 녀석들은 신경 쓰지 않아도 된다고 생각하지만요. 실수하거나 실패하면, 제 경우에는 부끄러움이 느껴져요."

TC 유니트에서 대화하는 겐타로와 마사토 (이후 모든 사진은 저자가 촬영)

겐타로의 시선은 화이트보드와 노트를 왕복하며 일부러 마사토를 시야에 담지 않으려고 하는 것처럼 보였다. 마사토는 그런 겐타로 옆에 나란히 서서 화이트보드를 바라보며 눈을 마주치지 않고 이야기했다.

"나도 처음에는 그랬어. 잘못하면 '아, 진짜 틀려먹었어.'라고, '다들 어떻게 생각할까.'라고. 처음에는 무언가 깜박하면 '나 어떡하냐.'라고 걱정했는데, 차근차근 해도 괜찮다고 생각하려 했어. 아직 (겐타로는 TC에) 온 지 얼마 안 됐으니까 시간은 한참 많아."

겐타로는 손을 멈추지 않고 말했다.

"오늘도 다른 사람들 앞에서 주의를 받았을 때, '젠장, 왜 나를 혼내는 거야.'라고 생각해버렸어요. 이 자식이 내 자존심에 상처를 냈어, 다들 나를 싫어하면 어쩌지, 하고요."

겐타로치고는 드물게 짜증이 엿보이는 말투였다. 그래도 필기하는 손은 멈추지 않았다. 마사토는 쓴웃음을 지었다.

"아, 나도 알 것 같아. 뭐랄까, 유독 피해 의식이 강한 부분이 있지. 나를 너무 불쌍하게 여겨서 내 탓이 아니라는 식으로 생각하는 동안에는 주위가 보이지 않아. 그래도 점점 이거 나 때문이구나 하고 생각하게 될 거야. 그게 변화의 신호라고 생각해. 그러니까 그렇게 될 때까지 힘내봐."

겐타로는 펜을 계속 움직였지만, 힐끔힐끔 마사토를 보기 시작했다. 그러다 살짝 손을 멈추고는 말했다.

"좀 한심해. 모처럼 TC에 들어가게 해달라고 했는데, 범죄 전이랑 변한 게 없는 것 같아서."

마사토는 깊게, 여러 번 고개를 끄덕였다. 그리고 천천히 단어를 고르며 답했다.

"음, 이런 장소지만, 솔직하게 무엇이든 털어놓을 수 있는 사람을 만드는 게 꽤 중요하다고 생각해."

한동안 침묵이 흘렀다. 두 사람의 등 뒤에서 카메라로 촬영하던 나는 소중한 무언가가 움트는 순간을 목격한 듯한, 그런 흥분을 느꼈다.

숨김없이 살고 싶다

촬영의 어려움

영화 「프리즌 서클」의 촬영 기간은 앞서 적었듯 5년이 조금 넘지만, 완성까지는 10년이라는 세월이 필요했다. 그 10년은 교도소라는 곳에 접근하기 위한 투쟁의 시간이었다고 해도 무방하다.

우선 촬영 허가를 받기까지 6년이나 걸렸다. 가장 큰 이유는 전례가 없다는 것이었다. 즉, 일본 내의 교도소를 무대로 제작된 극장 상영 다큐멘터리 영화는 「프리즌 서클」이 처음이었다. 허가를 받은 뒤에도 촬영과 개봉의 각 단계에서 수많은 장벽이 앞을 가로막았다.

TC 유니트에서 촬영한 2년 동안, 우리는 훈련생을 비롯해 지원사, 교도관과 모든 접촉이 금지되었다. 실제로 몸이 닿는 것은 물론이고 말을 섞는 것도 인사를 나누는 것도 눈을 맞추는 것조차 허용되지 않았다. 지원사와도 대화할 때는 의무적으로 교도관이 입회해야 했다. 그런 규정은 취재하는 사람에게 치명적이었다. 취재 대상자와 관계를 맺으며 꼭 필요한 신뢰를 쌓을 수가 없기 때문이다.

교도관과 하는 소통도 험난했다. 그들에게 질문해봤자 돌아오는 답은 뻔했다. "그건 어렵다." "답할 수 없다." "규칙이니까." 거기에 "왜?"라고 다시 물어보면 긴 침묵이 흐른 뒤 "영화, 만들고 싶었던 거 아닌가?"라고 냉소가 돌아왔다. 교도소라는 장소에서는 질문이라는 행위 자체가 '반항' 또는 '방해'로만 여겨진다는 사실을 일찌감치 직접 경험하며 배웠다.

그와 더불어 남성 촬영 스태프와 여성인 나에 대한 대응이 노골적으로 다른 것(촬영 스태프도 그 차이를 느꼈다고 인정했다), 한창 수업 중인데 훈련생들 앞에서 여성 지원사가 심하게 질책을 받는 모습, 그 여성들이 일상적으로 받던 모멸적인 시선 등으로부터 여성에 대한 편견과 차별을 느낄 수밖에 없었다. 물론 사람에 따라 다르다. 촬영 후반 4개월 동안은 인사이동으로 담당자가 바뀌면서 교도관의 대응도 크게 개선되었는데, 그것만 봐도 알 수 있다.

영화 「프리즌 서클」을 제작하는 과정에서 가장 큰 딜레마는 주인공과 등장인물들의 얼굴을 가려야 한다는 것이었다. 인간의 감정, 그리고 그 변화는 표정으로 드러난다. 얼굴을 숨기면 당연히 관객에게 전해지는 것도 반감된다. 그렇지만 「프리즌 서클」은 기획 단계에서 공기관의 관행을 따라 수용자의 얼굴을 가리는 조건으로 촬영 허가를 받았다.

한편, 역시 내가 제작한 미국을 배경으로 하는 영화 「라이퍼즈」는 모든 사람들의 얼굴이 나온다. 그들의 촬영동의서에는 얼굴 공개가 전제되어 있었다. 미국의 교도소에서는 일반적으로 얼굴 공개를 거부하는 사람과는 동의서를 쓰지 않고, 시설 측에서는 그들을 카메라가 닿지 않는 자리에 앉히는 등 조치를 취한다. 만에 하나 그들이 찍혔다면 영상 처리를 하면 그만이다. 수용자들과 접촉에 관해서는 일본처럼 엄격하게 금지하지 않았고, 악수와 포옹도 허용되었다. 수용자와도 자유롭게 대화한 덕분에 촬영 중에 신뢰를 쌓을 수 있었다. 처음에 동의하지 않았던 사람이 도중에 동의로 마음을 바꾼 일도 실제로 있었다.

애초에 방송 프로그램과 「라이퍼즈」를 만들며 로케이션 헌팅을 했을 때부터 수용자와 시설 직원 등 관계자 전원과 직접 대화할 기회가 주어졌다. 감독인 내가 일방적으로 설명하고 끝내는 게 아니라 TC에 소속된 200명이 넘는 수용자들과 질의응답 시간도 가졌다. TC와 갱생에 대해 내가 어떻게 생각하는지부터 촬영한 영상을 어떤 시점으로 편집할지까지, 그들은 내게 빈틈없이 물어보았고 나 역시 수용자들에게 의견을 물어보았다. 이런 과정을 거친 끝에 모두가 납득하고 촬영 동의서에 서명해준 것이다.

물론 카메라에 찍히기 싫다는 당사자의 의사는 존중해야 마땅하다. 하지만 일본의 경우에는 접촉이 완전히 차단되어 있기 때문에 그들이 어떤 생각을 하는지 아예 알 수 없다. 영화 「프리즌 서클」의 경우에는 교도소 측에서 훈련생에게 촬영 취지를 자세히 설명하지 않았을 게 뻔했기 때문에 동의하지 않은 사람은 영화화 자체에 부정적인 것이라고 짐작했다.

그러다 한번은 이런 일이 있었다. 내가 단독 촬영을 하는 날이었는데(예산 사정 때문에 스태프와 함께하는 촬영은 서너 번에 한 번이었고, 나머지는 나 혼자 촬영했다), 여느 때처럼 담당 교도관이 맞이하러 나올 때까지 교도소 현관 근처에서 기다리고 있었다. 그러고 있는데 안쪽에서 출소자들이 줄지어 금속 탐지기를 거쳐 나오는 것이 보였다.

출소자 중에는 낯익은 TC 훈련생이 한 명 있었다. 그는 촬영 반년 전까지 내가 강사를 맡았던 워크숍에 참가한 적이 있었지만, 촬영에는 동의하지 않았다. 그가 아내로 보이는 사람과 만나는 모습을 나는 한동안 멀리서 바라봤다. 그런데 그가 내 존재를 눈치채고는 미소를 지으며 걸어왔다.

나는 고생했다는 말을 짧게 건네고 영화 때문에 불편을 끼쳤다고 사과했다. 하지만 뜻밖에도 그는 촬영에 협력하지 못해서 죄송했다고 했다.

자신의 죄상은 성범죄이기 때문에 피해자가 영화를 보면 어떨지 가장 우선해서 생각했다, 더 이상 피해자에게 상처를 주고 싶지 않다, 가족에게 폐를 끼치는 것도 피하고 싶다, 모자이크로 누군지 못 알아볼 테니 괜찮을까 생각했지만 고민 끝에 동의하지 않았다, TC의 의미도 영화화의 의미도 잘 알고 있고 그래서 영화 완성을 기대하고 있다. 그렇게 말한 그는 고개를 깊이 숙이며 인사했다.

그가 말을 걸어준 덕분에 동의하지 않은 이유와 그의 갈등을 알 수 있었다. 모두 그와 같지는 않겠지만, 접촉이 전혀 없던 와중에 들은 "영화를 기대하고 있다"는 말은 놀라운 동시에 마음속 깊이 와닿았다. 나는 아내와 함께 교도소의 차량에 올라타는 그를 배웅했다.

무너뜨리지 못한 벽

영화를 만들면서 나는 과거에 참여했던 유럽과 미국의 작품을 사례 삼아 교도소 및 법무성 교정국과 교섭을 거듭했다. 그 결과 교도소에서 모은 수용자의 '목소리'를 손대지 않고 있는 그대로 영화에 담을 수 있었다. 그럼에도 불구하고 '얼굴을 가려야 한다'는 장벽은 무너뜨리지 못했다.

일본에서는 용의자라고 지목된 단계부터 언론에서 실명을 보도한다. 미디어가 주목하는 사건이라면 얼굴과 이름은 물론 거주지까지 당연하다는 듯이 노출된다. 보도에서는 경칭 같은 것 없이 함부로 부른다. 그들은 '범죄자'라는 이유로 인간성을 박탈당하는 것이다. 그럼에도 불구하고 재판으로 형이 확정되어 법무성 관할이 되면 갑자기 베일로 꽁꽁 싸매서 눈에 띄지 않게 감춘다. 여기에 과연 아무런 모순이 없을까.

법무성은 수용자들을 감추는 것이 그들의 사회복귀를 뒷받침하고 인권을 지켜주기 위해서라고 설명했다. 앞서 적었듯이 자신을 숨기고 싶다는 당사자의 뜻은 당연히 존중해야 한다. 하지만 일률적으로 감추는 관행이 정말 그들의 사회복귀나 인권 옹호로 이어질까? 한 차례 박탈된 인간성이 감춘다고 정말 회복될까? 감출지 또는 감추지 않을지는 정부가 정하는 게 아니라 카메라 앞에 있는 당사자가 결정해야 하지 않을까? 재검토해야 하는 것은 용의자 단계부터 관습적으로 인간성을 박탈하는 취급이지 않을까?

실제로 얼굴을 감추는 작업은 예상 이상으로 우울한 일이었다. 몇 개월이나 걸리는 세세한 작업이었는데, 기술적인 이유만으로 우울했다는 말은 아니다. 머리를 박박 밀고, 구령에 따르며, 정해진 규칙 등으로 기호화된 그들에게 '얼굴'은 가장 개성이 두드러지는 마지막 보루라 할 수 있는 신체 부위다. 그런데 그 얼굴을 '지우는' 것이었다. 나는 그들의 인간성을 한 번 더 빼앗는 듯한 느낌에 한동안 작업을 진행하지 못했다. 편집 작업 후반에는 오른팔이 전혀 움직이지 않는 문제도 겪었다. 세간에 '훤히 드러내는' 방식 말고 다르게 보여줄 수도 있지 않을까. 그게 가능하다면 사람들의 선입견과 왜곡된 인상을 바꿀 수 있을지도 모르는데.

실제로 영화를 본 많은 사람들이 훈련생들의 '평범함'에 놀라고, 관객인 자신들과 '공통점'을 찾아내고 있다. 영화 내내 블러 처리(영상을 흐릿하게 하는 효과)를 하여 겨우 목소리만 남은 상태에서도 그 정도이니, 표정까지 보였을 때 효과가 어땠을지 는 헤아릴 수 없을 것이다.

주목해야 하는 점은 무엇을 위해 보여주느냐(혹은 감추느냐) 하는 것이라고 생각한다.

그와 관련하여 TC에 필수적인 '기본적 전제(이념)' 중 하나로 '감추기보다는 보여줄 것'이 있다. 교과서에서는 다음처럼 설명한다.

사람들은 자신을 드러내 보이고, 가장 이야기하기 싫은 것을 이야기해야 한다. 지금까지 숨겨왔던 가장 괴로운 개인의 경험을 서로 나눌 때, 비로소 숨겨왔던 자신의 수치나 잘못된 부분과 마주할 수 있기 때문이다. 사람들 개개인이 솔직해지면, 모든 사람들의 감수성이 높아지고 더욱 따뜻한 관계를 맺을 수 있다. 자신을 드러내 보이는 것은 '소외, 사적인 것, 비밀, 반사회적, 경직'에서 '포섭, 공적인 것, 사회적, 유연'으로 향하는 것을 뜻한다. 그것은 그룹을 더욱 성실하게 만들고, '생크추어리sanctuary'(안전한 장소)를 더욱 단단하게 만든다.

당연하지만 TC에 들어왔다고 해서 갑자기 자신을 내보일 수는 없다. 이야기하는 자리를 거듭하면서 조금씩 자신을 드러낼 수 있게 된다.

'감정 문맹' 수업을 봐도 알 수 있듯이 초기에는 감정이 부족하고, 표현할 말도 모르며, 사회성이 낮은 사람이 많다. 어휘를 많이 알고 사회성이 있지만 감정이 한쪽으로 치우친 사람도 있다. 특수사기죄로 복역 중인 다쿠야는 분류하면 후자에 속했는데, 그의 달변은 오히려 이야기하지 못하는 것(보일 수 없는 것)을 위장하는 수단으로 보였다. 다쿠야는 그동안 술술 말을 내뱉으면서 논점을 흐리고, 무언가를 계속 숨겨왔던 것 아닐까? 과연 TC에서 그 숨겼던 것을 드러낼 수 있을까? 폭로와 자랑이 아닌 이야기는 어떻게 해서 태어날까?

숨김없이 살고 싶다

4

폭력을
다시 배우다

환경이 움직일 정도의 폭력.
그런 것에 매료되었던 건가 싶어요.
— 쇼

'폭력·침해 행위'라고 쓰인 화이트보드. 그날 다루는 부분은 교과서의 '갈등을 일으키는 폭력 행위와 침해'라는 단원이었다. 그 첫머리에는 다음과 같은 정의가 쓰여 있다.

침해하다: 타인의 권리와 이익을 해치고, 손해를 끼치는 것.
폭력: 난폭한 힘, 무법적인 힘, 때리기, 걷어차기 등 상대방의 신체에 해를 끼치는 부당한 힘과 행위. 상대의 욕구와 감정을 무시한 채 자신의 욕구와 감정을 더욱 강한 힘을 등에 업고 일방적으로 밀어붙이는 행위.

이곳에서는 폭력 행위와 침해를 아울러서 폭력이라 총칭한다. 범죄에는 '약물 소지와 사용'처럼 피해자가 없는 것도 있어서 전부 폭력이라고 단언할 수는 없지만, 훈련생 대부분은 사기를 비롯해 타인을 가해했다는 이유로 이곳에 있다. 그리고 그들 대부분은 가해를 저지르기 전에 폭력 피해자였다. 사람은 갑자기 폭력적인 사람이 되지 않는다. 그보다 앞선 단계가 있다.

폭력은 '학습한 행위learned behavior'라는 사고방식이 있다. 어린아이가 가정, 학교, 친구 등 사회 집단과 지역 사회에서 폭력적인 언동을 목격하고 받아들인다는 말이다.

미국의 정신의학자 제임스 길리건은 중범죄자들이 수용된 교도소를 조사하고 갱생 프로그램에 30년 넘게 관여하면서 폭력적 성향이 강한 폭력범의 대부분에게 공통되는 특징을 찾아냈다. 그들이 어린 시절부터 오랜 기간에 걸쳐 무자비한 폭력을 당하며 성장했고, '보호자가 저지른 살인 미수에서 살아남은 사람'이라는 것. 그런 일들이 수치, 경멸, 불명예, 모욕 같은 감정들의 씨앗을 심어왔다는 것. 폭력을 휘두르는 이유는 그런 감정을 역전시키기 위해서이며, 무의식적으로 한다는 것.

폭력범 중에 도메스틱 바이얼런스domestic violence, 이후 DV* 가

---

* 한국에서는 보통 '가정 폭력'이라 번역하지만, 일본에서는 도메스틱 바이얼런스를 그대로 쓰거나 'DV'라고 줄인 말을 사용하는데, '가족'뿐 아니라 '연인, 친구 등 친숙한 관계인 사람, 혹은 친숙한 관계였던 사람'이 휘두른 폭력을 통틀어 가리키기 때문이다. 이 책에서도 일본어판을 따라 DV라고 표기한다.

정 출신자가 많다는 사실도 유럽과 미국의 조사로 밝혀지고 있다. 가까운 사람의 신체적 폭력, 성폭력에 피해를 입는 DV에 더해 정신적인 DV에 노출되는 것이 어린아이에게 어떤 영향을 미치는지에 관한 연구도 해외에서는 진행되고 있다. 그뿐 아니라 SNS, 텔레비전, 인터넷 등 미디어와 게임, 드라마·영화, 음악, 뮤직 비디오, 만화, 애니메이션 등 대중문화의 영향도 주목하고 있다.

그렇기 때문에 '배움 지우기'(언런unlearn을 번역한 말로 새로 배우기라 옮기기도 한다)가 필요하다. '배움 지우기'란 배워서 익힌 것이 잘못되었거나 문제였거나 시대에 뒤처졌을 때 배운 것을 일부러 버리거나 무효화하는 것을 뜻하는데, 버린 것 대신 무언가를 '새로 배우는relearn' 단계까지 포함한다고 해석하는 이들도 있다.

폭력이라는 배움을 지우려면 그것을 손에서 놓아야 하는데, 시설의 담장 바깥에서 익혔던 신념, 행동양식, 생활방식에 DV와 학대 같은 폭력이 당연하다는 듯이 존재하는 사람들, 그걸 문제라고 인식하지 않은 채 지금껏 타인의 눈에 띄지 않거나 과소평가를 당해온 이들도 많다. 그래서 일단은 폭력의 존재를 하나씩 깨닫는 것부터 시작해야 한다. TC의 수업이 그런 '배움 지우기'의 기회가 될 수 있다.

수용자가 진행하는 수업

수업이 시작하고 얼마 지나지 않아 남성 지원사가 "그러면 커리큘럼 당번인 두 분께 부탁드립니다."라며 화이트보드 앞에서 물러났다. 원 속의 빈자리에 앉는 지원사 대신 두 훈련생이 자리에서 일어나 앞으로 나섰다. 지금부터 90분 가까이 수업을 진행하는 건 그들이다.

영화 「프리즌 서클」에서도 훈련생이 화이트보드를 쓰며 해설하거나, 토론을 주도하거나, 그룹을 돌며 상담에 응하는 장면이 등장한다. 이처럼 당사자가 수업을 진행하는 것이 TC의 특징 중 하나다.

진행을 맡은 이는 '커리큘럼 당번'이라고 불리며 수업 계획부터 운영까지 모두 맡는다. 조건은 반년 이상 TC에 소속된 경험이 있는 사람. 분기마다 선출된 두세 명이 팀을 이뤄 수업을 담당한다. 교과서의 주제를 따르되, 당사자만의 독자적인 내용과 수업 진행을 할 수 있어야 한다. 주로 여가 시간과 주말을 활용해 수업 준비를 하는데, 어느 날 다목적 홀에서 커리큘럼 당번들이 테이블에 모여앉아 교과서를 보며 토론하거나 화이트보드에 글을 쓰고 그림 그리는 모습에 깜짝 놀란 적이 있다. 수업 때 같은 긴장감은 느껴지지 않았고, 훈련생들이 마치 대학교 기숙사나 합숙처럼 편안한 분위기에서 대화했기 때문이다.

앞서 소개한 '폭력·침해 행위'도 커리큘럼 당번이 진행하는 수업으로 몸집 큰 40대 훈련생이 서기, 몸집 작은 20대 훈련생이 사회를 맡았다. 두 사람의 진지한 표정에서 긴장이 전해졌다.

사회자가 숙제로 냈던 부분을 펼쳐달라고 말하자 훈련생들은 속이 훤히 보이는 투명한 비닐백에서 교과서를 꺼내 책장을 펼쳤다.

교과서에는 "당신이 떠올린 폭력 행위란 무엇입니까? 전부 적어주세요."라는 질문이 적혀 있었고, 질문 아래로는 답을 쓸 수 있게 노트처럼 되어 있었다. 답을 꽉 채운 훈련생도 있었지만, 대부분 한두 줄 정도만 쓰고 나머지는 여백이 두드러졌다.

사회자가 "폭력에 관해서 뭐든 좋으니 많이들 말씀해주세요."라고 훈련생들에게 말하자 곳곳에서 손을 들었다. 사회자가 그중 한 사람을 '씨'라는 호칭을 붙여 부르고는 오른손을 내밀며 말씀하라는 듯한 동작을 취했다.

"때리다, 걷어차다."

지목받은 남성이 답했다. 사회자는 "감사합니다."라고 정중한 말투로 감사를 전하는 것 같았지만, 뒤이어 "상투적이네요."라고 짓궂음이 가득한 의견을 덧붙였다.

잠깐 틈을 두었다가 지원사가 불만스럽다는 듯이 발언했다.

"많이들 이야기하라고 하자마자 상투적이라고 하면…."

웃음이 터져 나왔고 사회자 역시 얼굴이 새빨개져서는 웃었다.

일본 내의 교도소에서, 심지어 수업하는 자리에서 이처럼 편안한 광경은 꽤나 드문 일이 아닐까 싶다. 실제로 일반 교도소의 출소자와 교정 관계자가 영화 「프리즌 서클」을 보고 놀라는 지점 중 하나가 이 웃음이 터지는 장면이다. 왜냐하면 일본의 교정 문화에서는 웃는 행위 자체가 불성실한 것으로 여겨지고 수용자는 웃으면 안 되기 때문이다. 웃음이 엄벌의 대상까지 되기도 한다.

그에 비해 TC 유니트가 모델로 삼고 있는 아미티에서는 건강한 소통을 위한 필수 요소로 경의, 인간성, 희망, 그리고 유머까지 네 가지를 꼽는다. 마지막 요소인 유머에 해당하는 웃음은 특히 중시한다. 물론 웃음 중에는 조소와 냉소 등 사람을 업신여기는 것도 있기 때문에 때로는 그 웃음이 무엇에서 비롯되었는지 질문하기도 한다.

다만, 아쉽게도 웃음을 배제하는 분위기는 '시마네 아사히'라고 다르지 않다. 교도관의 불쾌해하는 눈빛과 헛기침 때문에 순식간에 웃음이 멎는 장면을 몇 번인가 마주했다. TC에서 중시하는 열린 분위기가 교도소에서는 엄벌 대상이라는, 이런 모순이 있는 상태는 훈련생에게도 안전하다고 말하기 어렵다.

폭력을 특정하다

다시 수업 이야기로 돌아가겠다. 웃음 덕분에 진입 장벽이 낮아졌는지 차례차례 폭력의 사례를 말했다.

"고함을 치거나 물건에 화풀이하거나…."

마른 체격에 안경을 쓰고 고지식해 보이는 청년이 쭈뼛거리며 답했다. 사회자는 고개를 가볍게 갸웃거리며 되물었다.

"물건에 화풀이하는 것도, 폭력인가?"

"음… 제 경우에는 아버지가 물건을 던지거나 책상이나 벽을 걷어차거나 주먹으로 때리는 게 엄청 무서웠어요. 그런 거죠."

그 남성은 신경질적으로 펜을 강하게 쥐었다가 힘을 빼는 동작을 반복했다.

사회자가 "그렇군."이라며 고개를 끄덕였고, 서기가 '물건에 화풀이'라고 화이트보드에 적었다. 다른 사람이 손을 들었다.

"지나친 훈육."

"예를 들어, 어떤 거?"

"저도 그랬는데, 한겨울에 베란다로 내보낸다든가. 한 번 쥐어박는 거면 알겠는데, 몇 번이나 당하는 거죠. 상처가 아물기 전에 새로운 상처가 나는 것 같은."

여기저기서 고개를 위아래로 끄덕였다. 너무 많이 그래서 놀라웠다. 화이트보드는 폭력을 나타내는 말들로 가득 찼다. 때리고 차는 것, 언어폭력, 차별, 감정과 가치관의 강요, 강간, 상사의 괴롭힘, 성추행, 린치, 집단 괴롭힘, 학대, 억압, 속박, 약점 잡기, 인신공격, 착취….

사회자는 폭력을 나타내는 단어들을 둘러보고는 그중에서 몇 가지를 골라 생각해보자고 제안했다. 예를 들어 학대. 가해자는 왜 학대를 할까? 어떤 마음으로 학대에 치달을까? 그렇다면 피해자는 학대를 받을 때 어떤 생각을 할까? 피해자의 마음과 갈등도 생각해보자고 사회자는 덧붙였다.

"(학대를) 한 쪽에서는, 아마도 스트레스 발산. 그리고 (학대를) 당한 쪽에서는 왜 당하는지 알 수 없어서 당황하지 않을까."

"한 쪽은 애정 표현. 당한 쪽은 사랑받는다고 생각한다.""당한 쪽은 철들기 전부터 계속 그랬기 때문에 아무 생각도 없다. 당연한 일이라고."

"한 쪽은 자기가 무시당했다고 느낄 것 같습니다."

"한 쪽은 대단한 일이 아니라고 생각할 것 같은데요."

끊이지 않고 의견이 나왔다. 사회자는 "오."라든지 "그렇군요."라며 일일이 반응했는데, 의견을 내기 쉬운 분위기를 조성하려는 걸 알 수 있었다.

"제 사건인데요."라며 말을 꺼낸 건 물건에 화풀이하는 것도 폭력이라고 했던 고지식해 보이는 히로세였다. 히로세의 죄상은 상해치사. 젖먹이였던 아들의 울음을 그치게 하려고 바닥에 떨어뜨려서 사망에 이르게 했다.

"한 쪽은 자기를 이해시키고 싶다든지 내가 말하는 대로 좀 해라 하는 마음이… 그런 마음이 점점 심해진 느낌이에요, 아무래도…."

그의 죄상을 알기 때문인지 진행을 맡은 두 사람은 말없이 고개를 끄덕이기만 했다.

그다음에 사회자의 바로 옆에 있던 남성이 작게 손을 들었다. 30대 후반의 나가타였다.

"폭력을 보이는 것."

사회자는 "폭력을 보이다."라고 혼잣말하듯이 반복해서 말한 다음 "자기가 직접 폭력을 당하는 게 아니라?"라고 되물었다.

"맞아, 때리는 장면을 누군가한테 보이는 것. 보는 사람이 불쾌해진다고 할까… 암튼 그런 거."

그의 발언은 이른바 '면전 DV'를 연상케 했다.

그 뒤에 다섯 명씩 작은 그룹으로 나뉘어서 어린 시절에 당한 폭력과 그 영향을 서로 이야기했는데, 나가타는 어이없다는 듯이 웃으면서 중얼거렸다.

"나는 너무 많아서 잘 모르겠는데."

그 말은 쓰이지 않았다

나가타는 DV 가정에서 자라났다. 그렇다고는 이미 예전에 이야기했지만, 내가 그에 관해 자세히 들은 것은 나가타가 TC에 소속되고 반년 가까이 지난 그때가 처음이었다.

폭력과 관련한 일화를 한 사람이 하나씩 소개하고 그때 어떤 감정을 느꼈는지, 그리고 그 감정이 무엇에서 비롯되었다고 생각하는지 이야기해보는 워크숍이었다. 훈련생들이 몇 명씩 그룹을 이루었는데, 40세가 목전인 나가타는 2, 30대만 있는 젊은 5인조에서 최연장자였다. 나가타는 각성제* 단속법 위반, 다른 훈련생들은 사기, 절도, 주거 침입, 운전 과실 치사 등으로 전부 폭력적인 범죄는 아니었다.

나가타가 먼저 시작했다.

"꼬맹이 시절부터… 매일같이 아버지의 폭력이랄지… 어머니한테 휘두르는 폭력이 무지무지 싫었는데… 아버지가 눈앞에서 날뛰는 게 너무 싫고… 밤에 잠들면 소리 때문에 바로 벌떡 일어났거든… 부엌에서 유리 깨지는 소리 같은 걸로. 바로 어머니를 구하러 갔는데. 매일같이 내가 그렇게 말리러 끼어들었다고

---

* 이 책에서 말하는 각성제란 일상에서 흔히 접하는 카페인, 니코틴이 아니라 의존성이 강하고 부작용이 심각한 메스암페타민과 암페타민 등, 한국에서 이른바 '필로폰'이라고 하는 것을 가리킨다.

할지, 암튼 그런 역할을 했는데….'

나가타는 앉은 자세를 고치거나 상반신을 이리저리 꼬았다. 자기 경험을 이야기하는 게 얼마나 괴로운지 알 수 있었다.

"어머니를 감싸다 얻어맞거나 차였는데… 한번은 아버지가 어머니한테 던진 주전자를 내가 대신 맞아서 병원에 실려갔고, 그런 일이 자주 있었고….'

초등학생 시절에는 항상 아버지에게 잔뜩 겁먹었고, 그런 동시에 '언젠가 실컷 팰 거야.'라고 복수심을 불태웠다. 중학생이 되어 아버지보다 체격이 커지고 자신감도 붙었지만, 아버지가 불쌍해져서 복수하지 않았다. 그리고 DV를 경험하며 자기는 여자에게 결코 손을 대지 않겠다고 결심했다. 그런 이야기 다음에 결혼 뒤에 있었던 일화가 이어졌다.

"부부 싸움을 할 때, 아이들 앞에서 하기 싫어서 와이프한테 '잠깐 밖에 나가자.'고 하고 나갔어요. 그렇게 애들은 안에 두고 밖에서 한바탕했는데… 아, 와이프를 때리지는 않았고. 쾅 부딪치게 했을 뿐인데, 와이프를 벽이든가 뭔가에. 그리고 방 안에 들어갔는데 아이들이 떨고 있는 거야. 부들부들하면서… '아빠, 무서우니까 가까이 오지 마.'라고요.'

다른 훈련생이 "아이들은 안다니까요."라고 끼어들자 나가타는 좀 흥분한 말투로 "안다니까."라고 맞장구쳤다. 그러고는 "그래서 아, 이거 나랑 같다고. 내가 어렸을 때랑."이라고 덧붙였다.

신경 쓰인 점은 나가타가 자신이 아내에게 한 행위를 폭력으로도 DV로도 인식하지 않는다는 것이었다. 아이들은 소란스러운 소리를 듣고 몸으로 폭력이라고 느꼈고, 그를 밀어냈다. 어린 시절의 나가타도 소리로 모친의 위기를 눈치챘다고 했는데, 정작 아내를 벽에 부딪치게 한 행위에 관해서는 "때리지는 않았고" "부딪치게 했을 뿐인데"라며 과소평가하는 게 마치 폭력이 아니라고 말하는 듯했다.

"지금 얘기 듣고 생각난 건데, 솔직히 저도 있었어요. 아이가 벌벌 떨었다는 거."

이렇게 고백한 사람은 TC에 소속된 지 1년이 넘은 오타니였다. 그 역시 어린 딸과 아들이 방구석에서 떨었던 일을 기억하고 있으며, 아내에게 물건을 집어던진 일은 '싸움'이라고 했다.

"와이프한테는 결혼하기 전부터 계속 폭언을 했거든요. '너는 살아 있을 가치도 없어.' '너 집에서 뭐 하냐?' '너 내 와이프로 필요 없으니까 그냥 나가.'라고 했는데. 와이프한테도 꽤나 영향을 미쳤겠구나 싶네요."

나가타는 고개를 끄덕이며 조용히 귀 기울였다.

"아, 그거 완전 제 얘긴데요."라고 뒤이어 발언한 것은 20대인 와다였다. 열일곱 살 때 사귀던 여성이 임신해서 결혼했다. '가족을 먹여 살리는 것이 남자의 역할'이라고 믿어 의심치 않고 유흥업소 등에서 돈을 벌며 아내는 일하지 못하게 막았다. 어느 날, 친구들과 만나서 논다며 종종 외출하던 아내가 실은 술집에서 접대부로 일한다는 걸 알았다.

"거짓말을 했다니, 슬프고 완전 충격이라서. 그래서 화를 내는데 와이프가 '하지만'이라나 뭐라나 변명하면서 아이 장난감을 휙 던지는 거예요. 그게 제 다리에 맞았는데 그것도 완전 충격이었죠. '내가 죽어라고 벌고 있잖아. 식구들 먹여 살리려고. 내 마음은 하나도 생각 안 하지?'라고 했는데, 진짜 슬펐어요. 사실 지금에서야 슬펐다고 아는 거고, 당시에는 화밖에 안 나서 '뭐라고, 야, 이게!'라면서 멱살을 붙잡고 울면서 사과할 때까지 계속 겁을 줬던 거 같아요. 세세한 일은 기억나지 않는데, 정신 차리고 보니 와이프가 바닥에 쓰려져 있더라고요…."

그는 비슷한 일이 몇 번 있었다고 했다. 흥미로운 점은 와다도 나가타나 오타니와 마찬가지로 '좀 화냈다' 혹은 '겁을 주다' 등으로 대수롭지 않은 일처럼 축소하거나 '기억나지 않는다'고 중요한 부분을 생략하면서 단 한 번도 폭력이나 DV라는 단어를 사용하지 않았다는 것이다. 이야기를 들으면서 그들이 한 일은 명백한 DV이며, 아내의 눈에 보인 광경이나 느낌은 틀림없이 그들의 이야기와 전혀 달랐을 것이라고 생각했다.

와다는 분노에 초점을 맞추고 이야기했다.

"분노의 원천은 뭘까 생각해봤는데요. 매사에 '이래야 한다'는 게 저한테는 있어서 내가 화를 내면 그대로 된다고 믿는 거예요.

암튼 지배욕 같은 게 엄청 있어서 화내는 거 같아요. 그러면 '왜 그래?'라고 물어봐준다는 생각도 좀 있고요. 그래서 점점, 점점 화를 내고, 화난 느낌을 겉으로 막 보이는 거 같아요."

기나긴 여정

커다란 검정 안경을 쓴 신입 훈련생 후지이의 차례가 되었다. 30대 초반인 후지이는 체포되기 전에 호스트였다는 사실을 알고 뜻밖이라고 생각했을 만큼 수수하고 과묵했다. 아직 다른 사람의 이야기를 듣는 것만으로도 벅찬 것 같았다. 그는 더듬더듬 말하기 시작했다.

"저는 어머니의 존재를 몰라서… 네 살 때, 아버지가 재혼해서 새어머니가 왔는데… 저를 괴롭히기도 하고, 육아를 거부했어요. 1년 정도 뒤에 남동생이 태어났고, '너는 그냥 죽어버려.' 라고 듣기도 했고 가족사진 전부에서 제 얼굴만 오려내기도 했고. 그래서 여자를 불신하게… 여자는 곧 배신자, 이런 게 제 근본에 있어서… 여자는 속여도 된다고 생각해버리는 거죠. 수시로 여자를 갈아타는 정도가 아니라 한 번에 열 명인가 사귄 적도 있어요. 진심 같은 건 전혀 없었는데. 아무리 같이 자도, 아무리 뭘 해도, 안심은커녕 만족도 안 되고… 스물셋에 결혼해서 아이도 낳았지만 부모란 게 뭔지 몰라. 애정을 몰라. 아내한테도 어떻게 하면 좋을지 몰라. 그래서 10년 만에 이혼해버렸어요."

나가타가 부친에 관해 물어보자 후지이는 좋은 인상은 없다고 했다.

"아버지가 (새어머니에게) 폭력을 휘두르는 걸 보면서 컸으니까… 여자는 남자 말을 따라야 한다는 생각 같은 게 예전부터 뿌리를 내린 건가 싶어요. 여러분한테는 그런 생각 없어요?"

후지이가 그렇게 물어보자 나가타는 천천히 고개를 끄덕였지만 잘 와닿지 않는 표정이었다. 주위를 살피면서 20대 초반인 마치야마가 입을 열었다.

"제 경우에는 어머니밖에 없거든요… 어머니는 저한테 무시라고 해야 하나, 말로 이것저것 했는데, 굳이 말하면 저는 형이 폭력을 휘둘렀어요. 전에도 얘기했는데, 지금도 여기(후두부)에 상처가 남아 있고… 그게 저한테 어떻게 반영되었을까 최근 생각하는데요. 폭력은 쓰고 싶지 않아요. 형제 사이에도 그렇고, 여자한테도 그렇고. 여자친구를 때린 적은 없어요."

그러고는 "손을 대는 건 최악."이라고 말했다. 강한 말투는 아니었지만 뉘앙스에서 분노가 느껴졌다.

그렇지만 그 직후 마치야마는 그때까지 한 이야기를 전부 뒤집었다.

"그래도… 여자친구가 멋대로 하면 열받고, 떼를 쓰면 귀찮다고도 생각하거든요…. 제 속에도 여자는 남자를 따르는 게 당연하다는 생각이 있는 거 같아요."

여자는 남자를 따르는 게 당연하다. 너무나 시대착오적인 표현에 머리가 어질어질했다. 심지어 그 말을 한 건 나이 많은 사람도 아닌 청년이었다.

단, 이런 사고방식은 그리 드물지 않다. 교도소에 한정해서 그렇다는 말이 아니다. 마치 공기처럼 이 사회에 존재하고 있다. 요즘은 그걸 입에 담지 않을 뿐. 나는 치밀어오르는 분노가 가라앉도록 스스로를 그렇게 타일렀다.

훈련생 중에는 후지이나 마치야마처럼 모친의 폭력을 받으며 성장한 사람도 적지 않다. 어떤 일을 겪고 어떤 식으로 느꼈는지, 그들이 좀더 구체적으로 이야기할 필요가 있다고 생각했다. 어떻게 형성되었는지 모르는 채 가치관을 바꾸기란 어려우니까.

그날 사회자는 폭력을 "사람을 집어삼키는 해일 같은 것"이라고 표현하며 다음처럼 수업을 마무리했다.

"폭력을 휘두른 쪽은 알고 보면 자신의 갈등을 해소하기 위한 대처법으로 하는 수 없이 폭력이나 침해 행위 같은 수단을 쓴 건지도 모릅니다. 하지만 갈등을 해소하는 대처법은 폭력 말고도 있지 않을까요. 그걸 알기 위해서라도 어렵겠지만 폭력의 경험을 끄집어내야 한다고… 저는 그렇게 생각합니다. 오늘 수업 고생 많으셨습니다."

사회를 본 훈련생은 자신에게 쏟아지는 박수에 쑥스러워하면서 자리로 돌아갔다. TC에 들어온 직후에는 항상 고개를 숙이고, 뭘 물어도 고개를 갸웃거리며, 입을 열면 떨리는 목소리로 말하던 그가 9개월이 지난 뒤에는 배움 지우기를 하는 자리를 훌륭하게 꾸려냈다. 그 사실에 나도 마음속으로 박수를 보냈다. 그와 동시에 그날 나가타가 속한 그룹의 이야기에서 이들이 제각각 회복의 출발점에 섰을 뿐이며 여정은 아직 한참 남았다는 사실을 뼈저리게 깨달았다.

수제 손수건

주인공 중 쇼 역시 TC에서 생활하며 폭력의 배움을 지운 사람 중 한 명이다. 그 사실을 인터뷰 자리에서 알았는데, 생각지 못한 화제에서 폭력으로 이야기가 이어졌다.

쇼가 모친이 직접 만들어준 손수건을 쓴다는 걸 알고 보여줄 수 있냐고 부탁한 적이 있다. 쇼는 부끄러워하며 주머니에서 작고 하얀 수수한 타월을 꺼냈다. 실올이 풀린 게 눈에 띄고 가운데가 거무스름해서 오래 쓴 걸 알 수 있었다. 젖은 손이나 땀을 닦을 때, 눈물을 훔칠 때, 쇼는 항상 이 수제 손수건을 사용했다. 모친이 같은 걸 다섯 장 만들어주었기에 돌아가면서 쓰고 있다고, 쇼는 눈앞에 펼친 손수건을 소중하게 바라보며 말했다.

"전에는 어디에서 어떤 손수건을 사오라고 시켰는데 말이죠. 이런 걸 기쁘다고 생각할 수 있게 되어서 다행이에요."

쇼가 '시마네 아사히'에 오고 2년 넘게 지나도록 모친은 면회를 온 적이 없었다. 그럴 만했다. 저 멀리 오키나와에서 돌봄 노동자로 일하는 쇼의 모친에게 시마네까지 가는 길은 비용도 시간도 너무 많이 들었다. 쇼는 한 달에 한 번 편지로 소통하면서 모자 관계를 다시 세우는 중이라고 했다. 예전에 어떤 관계였는지 묻자 이렇게 답했다.

"어머니랑 잘 맞지 않아서요, 때리거나 했어요. 가정 내 폭력 같은… 아, 가정 내 폭력? 가정 내 폭력이네요. 제가 그런 걸 했는데."

느닷없이 어머니에게 했던 폭력을 이야기하기 시작해서 당황했지만, 이런 문제를 숨김없이 말할 수 있는 것은 그동안 쇼가 TC에서 계속 이야기한 덕분일 것이다. 그와 더불어 자신의 행위를 가정 내 폭력이라고 단언할 때까지 몇 차례 말을 머뭇거린 모습이 인상에 남았다.

모친을 향한 폭력은 초등학교 6학년 때 시작해서 중학교 3학년까지 계속했다. 그 이유를 쇼는 다음처럼 설명했다.

"주위 친구들이랑 비교했던 거 같아요. 금전적인 면이라든지… 나는 행복하지 않다고 스스로 믿었거든요. 친구들은 부모님이 있고, 형제가 있고, 가족끼리 외식이나 여행을 가고. 하지만 저는 그런 적이 전혀 없어서 불만이 엄청 많았어요. 중학생이되니까 패션이나 다들 하는 놀이 같은 걸 저도 하고 싶어서 사달라고 부탁했지만, 당연히 못 사준다고 했죠. 그래도 어떡해서든 갖고 싶으니까 삥을 뜯기도 했어요. 그러다 선생한테 들켜서어머니가 학교로 불려오고 어머니한테 혼나고. 제 입장에서 보면 다들 돈이 있는데 어머니가 돈이 없으니까 내가 그런 걸 한거라고, 당신 때문이라고, 그런 식으로 생각했고 계속 그게 반복됐죠. 그렇게 싸울 때마다 폭력을 휘둘렀네요, 어머니한테."

가정 내 폭력을 그만둔 계기는 모친의 가출이었다. 쇼의 폭력에서 스스로를 지키기 위해 모친은 일주일 조금 넘게 집을 나갔다. 상황을 살피러 돌아온 모친은 "네가 무섭다." "너를 기르는데 지쳤다."라며 눈물을 흘렸고, 이대로는 부모 자식 관계를 유지할 수 없다고 했다.

"중학생이었지만, 이대로는 안 된다고 생각했어요." 쇼는 그렇게 말하며 폭력을 끊겠다고 모친에게 약속했으며 그 후로는 손을 댄 적이 없다고 단언했다.

다만, 모친 말고 다른 사람을 향한 폭력은 그 뒤에도 계속되었다. 폭력을 휘두를 이유는 얼마든지 있었다고 몇몇 이유를 열거했다. 상대방을 내 맘대로 하고 싶어서, 본보기 삼아서, 보복하려고, 폼 잡고 싶어서, 맘에 안 들어서, 그냥 재미있어서…. 폭력은 쇼에게 가장 가까이 있고 효과적인 수단이었다. 그가 공범과 함께 저지른 상해치사 사건도 그런 일 중 하나에 불과했을 것이다.

한 시간 간격의 전화

쇼는 어떻게 폭력을 배워서 익혔을까.

그 의문의 답은 "어릴 때는 어땠어?"라는 간단한 질문을 던지자 드러났다.

"저는 모자 가정에서 자랐어요. 꼬맹이 때는 어머니를 엄청 좋아했고요."

쇼는 인터뷰 자리에서 솔직하게 어머니에 대한 애정을 보여주었다. 어린 시절부터 생활이 넉넉하지는 않았다. 생일을 성대하게 축하해주거나 갖고 싶은 걸 사준 기억도 없다. 모친은 낮에 일을 했고 주위에 도와줄 친척도 없었기 때문에 쇼는 어린 시절 낮이고 밤이고 어린이집에 맡겨져 있었다. 하지만 쇼는 야간 어린이집이 너무 싫어서 거부했다. 가정 같은 분위기가 전혀 느껴지지 않았고, 무엇보다 모친이 이대로 안 돌아올지 모른다는 불안감이 들었기 때문이라고 했다.

앞서 언급했듯이 쇼는 네 살 때부터 밤에 혼자 집을 지키게 되었다. 매일 저녁, 모친이 만들어둔 저녁밥을 혼자 텔레비전을 보면서 먹었다.

"잠들지 못하는 날도 있었어요. 그때는 다이어리처럼 활짝 젖힐 수 있는 전화번호부가 있었는데요. 거기 있는 번호 전부에 전화를 걸어서 어머니를 찾기도 했어요."

소아천식을 앓았던 그는 발작이 일어날 때마다 이불을 벽에 기대어 세우고 거기에 몸을 의지해서 괴로움을 달랬다. 열이 나도, 몸 상태가 나빠도, 아무도 옆에 없었다. 모친의 전화만이 믿을 만한 동아줄이었다. 그가 전화를 받지 못할 때까지 모친이 한시간 간격으로 걸어준 날도 있다고 했다.

나아가 쇼는 어린 시절에 모친이 집에 돌아올 때까지 설거지를 하고 빨래를 널고 청소를 했다. 그만큼 시간이 남으면 자신과 놀아줄 거라고 생각했기 때문이다. 모친은 칭찬해주었다. 하지만 피곤했기에 바로 잤다. 지친 모친을 보면서 쇼는 자책했다. 내가 있으니까 엄마가 피곤한 거라고. 그와 동시에 놀아주지 않는 데에 낙담, 짜증, 쓸쓸함을 느끼고 '어떡하면 좋을지 모르겠다.'는 생각을 품었다. 그랬다고 쇼가 깨달은 것은 TC에 들어와 조금 지난 뒤부터였다.

폭력을 대체할 방법을 찾을 때까지

초등학생 시절의 기억을 물어보니 쇼는 몇몇 일화를 들려주었다. 나쁜 짓을 해서 모친이 "반성해."라며 현관에 무릎을 꿇리거나 집 밖으로 쫓아냈다. 잠긴 현관문을 한 시간 넘게 두드리다녹초가 되어 그대로 밖에서 잠든 적이 몇 번이나 있었다. 초등학교 5학년 때 학교를 빼먹기 시작했고, 불량한 선배가 주는 술과담배를 받았다. 외박과 가출도 반복했다. 초등학교 6학년 때는교사가 싫어하는 짓을 일부러 골라서 했다. 어린 시절의 이야기를 몇 차례에 걸쳐 들었지만, 즐거운 기억을 이야기한 적은 없었다.

초등학교 고학년이 되자 몸집이 커졌고 힘도 급격하게 강해졌다. 훈육이라는 구실로 모친이 때릴 때마다 '두고 봐. 나중에똑같이 갚아줄 테니까.'라고 스스로에게 맹세했던 쇼는 그 무렵부터 모친에게 폭력을 휘둘렀다. 구체적으로 어떻게 했는지 물어보니 "머리카락을 잡아당기기도 했고, 퍽퍽 때리기도 했고, 하이킥도 날렸고. 주위에서 받은 폭력이나 후배한테 휘두른 폭력이랑 비슷하게 어머니를 때렸어요…."라고 주저 없이 답했다.'주위에서 받은 폭력'이란 중학교에 올라가자마자 당했던 집단폭행을 가리켰다. 당시의 경험을 쇼는 이렇게 회상했다.

"건방지다느니 그런 이유로 선배들한테 불려가서 얻어맞았는데, 이미 엉망진창이 됐는데도 '사람이 이 정도로 맞을 수 있구나.' 생각할 정도였어요. '(얻어맞는 게) 이렇게 무섭구나.'라고 생각한 적은 없었어요. 그때까지 제가 했던 폭력이랑 전혀 달라서… 압도적인 느낌이었어요. 초등학생 때는 싸우고, 때리고, 울면 끝, 이런 느낌이었는데, 중학교에 올라가니까 폭력의 질 같은게 변했다고 할까. 암튼 그때 맞으면서도 압도적인 폭력에 정신이 홀려서…."

쇼는 폭력에 매료되는 과정을 다음처럼 설명했다.

"실제로 제가 당하니까 그때는 선배한테 맞는 게 싫어요. 그런데 주먹을 막는 팔을 선배가 '패기 힘드니까 치워.'라고 하면 아무래도 내릴 수밖에 없는 거예요. 무서우니까. 시키는 대로 해버리는 거죠, 실제로 저도. 주위 사람들도 그 선배가 무서우니까 시키는 대로 하는 게 좋다는 식으로 마음이 움직인다고 해야 하나. 환경이 움직일 정도의 폭력. 그런 것에 매료되었던 건가 싶어요. 제 경우에는 내 마음대로 할 수 있는 수단을 (폭력으로) 손에 넣었던 것 같아요."

쇼가 언급한 '환경이 움직일 정도의 폭력'이란 그 자리의 상황과 분위기, 친구끼리의 관계, 나아가 인생관까지 바꿔버릴 만큼 강대한 힘을 가리킬 것이다.

이런 경험을 쇼만 했던 건 아니다. 집단 폭행의 피해 또는 가해에 관해서 누군가 이야기하면 마치 고구마를 캘 때처럼 줄줄이 이야기가 이어졌다. 중학생 때 불량서클과 관계가 있었던 훈련생들이 적지 않고, 그런 훈련생이 전부 집단 폭행을 경험해보았기 때문이다. 그런 폭력을 자랑 혹은 당연한 일로 유쾌하고 재미있게 풀어놓는 경우도 있었지만, 그게 얼마나 무서웠는지 누군가 솔직하게 입을 열면, 이야기의 질이 확연히 달라졌다.

쇼도 그런 자리를 여러 차례 경험해왔을 것이다. 2년여 동안 인터뷰를 하면서 폭력이 종종 화제로 등장했는데, 그때마다 쇼가 그야말로 지금 한창 폭력의 배움을 지우는 중이라는 인상을 받았다. 훗날, 쇼는 폭력을 이야기했던 시간을 돌이켜보며 그 의미를 말해주었다.

예전에는 '외로움'이나 '어쩔 도리가 없는 마음'을 느끼지 않도록 해준 것이 술과 폭력이었다. 하지만 결국 문제의 근본은 치유도 해결도 되지 않았다. TC에서 '말하기'라는, '폭력을 대체할 방법'을 찾았다고 할 수 있다.

기억하는 가해, 기억하지 못하는 가해

그렇지만 이야기했다고 해서 그런 감각이 없어지지는 않는다. 오히려 쇼는 말로 표현할 수 있게 되면서 그런 마음을 "처음으로 제대로 느꼈다."라고 했다.

그렇게 느끼는 것이 회복의 출발점이라면 '그 뒤'의 경과는 결코 외길이 아닐 터이다. 그리고 실은 아예 출발점에 서는 것 자체가 어려운 사람도 있다. 마사토가 그랬다.

"오랫동안 여기 있으면서 이야기했으니까, 이제 트라우마를 뛰어넘었겠구나 제멋대로 생각했는데… 뭐랄까 전혀 그렇지 않아서… 그걸 깨달은 게 바로 요즘이라."

수업에서 마사토는 더듬더듬 이야기했다. 6장에서 다룰 감정과 트라우마에 관한 집중 강의의 마지막 날로 마사토가 TC에서 생활하고 1년 반쯤 지난 무렵이었다.

그 직후 인터뷰 자리에 나타난 마사토는 평소와 달리 가라앉아 있었다. 다른 사람들의 이야기를 들으며 과거의 트라우마 경험이 차례차례 생각났다, 불쾌한 감정이 들이닥쳤다, 수업에서는 목구멍까지 올라왔던 이야기가 있었지만 자신의 더러운 부분을 알리고 싶지 않아서 도로 삼켰다. 그런 이야기를 눈물로 목이 메면서도 했다.

"저는 화가 나면 억눌러서 참는데, 분노를 발산한 걸 잘 기억하지 못하는 때가 있어서… 기억하는 건 일상생활을 하다가 갑자기 확 플래시백이 되는데…."

마사토는 얼굴을 찌푸리고 말을 머뭇거렸다. 그리고 몇 차례 작게 한숨을 쉰 다음 다시 이야기하기 시작했다.

"누군가를 때리는 장면이 갑자기 튀어나와요. 아, 이런 짓을 한 적이 있구나 하는 기억이 역시 있어서… 사귀던 여자친구한테 폭력을 휘둘렀다는 걸 어렴풋이는 기억하고 있었는데… 여자친구한테서 직접 듣고 제 손등이 아프다고 생각한 적이 있었고…."

허벅지 위에 올려둔 오른손이 흠칫 떨렸고 마사토는 그 손으로 시선을 떨궜다. 얼굴을 찡그리고 한숨을 쉬고 "으음…." 하는 낮은 소리를 냈다. 몇 번씩 눈을 깜박이고, 나오려던 말을 도로 삼키고, 가슴을 손으로 쓸어내렸다. 격렬히 요동치는 감정이 몸으로 드러났다.

그 뒤에 들은 마사토의 이야기를 정리하면 다음과 같다.

예전에 동거하던 여자친구의 볼이 거즈로 덮여 있었던 적이 있다. 이유를 묻기도 전에 "왜 그런 짓을 했어?"라며 추궁당했고, "갑자기 (마사토가) 손등으로 때렸잖아."라는 말을 들었다. 하지만 내게는 그런 기억이 없었다. 괴롭힘과 학대에 관해서는 피해를 입은 기억이 단편적이고 기억하지 못하는 부분이 많은데, 내가 무의식중에 없었던 일로 치부해왔다는 걸 최근에 깨달았다. 가해를 했을 때도 감정과 기억을 마비시켜 억눌렀던 것일지 모른다.

더듬더듬 마사토가 이야기한 것은 잃어버렸던 자신의 DV 가해 기억이었다. 실제로 마사토는 자신이 행한 폭력에 관해서 거의 말하지 못했지만, 기억을 되찾는 일이 얼마나 어려운지는 충분히 전해졌다.

그와 대조적이었던 것은 강도(아저씨 사냥)에 관한 기억과 이야기였다. 마사토는 중학생 때부터 알던 세 친구의 꾐에 이끌려 사건에 가담했는데, 공범자 중에서 가장 잔혹하고 폭력적인 건 자기였다고 밝혔다. "만약 피해자가 죽었다면 어떻게 되었을까? 아니면 친구의 권유를 거절했으면 어떻게 되었을까? 사실은 달라지지 않겠지만 평소에도 그런 생각을 하려고 합니다." 마사토가 수업에서 이렇게 말하는 모습을 본 적도 있다. 한 인터뷰 자리에서 DV의 기억과 다른 점을 물어보자 다음처럼 답했다.

"그때 일(아저씨 사냥)은 전부 잘 기억하고 있어요. 생활이 그렇게 어렵지도 않았고, 일도 금방 시작할 거라 거절했는데, 친구가 몇 번이나 하자고 매달리는 바람에 계속 거절하기도 미안하고, 친구들이 저를 싫어할까 걱정도 되고, 후배도 있는데 모양빠지는 것도 그렇고, 아무튼 그런 잘못된 생각을 해서 가벼운 마음으로 나도 하겠다고 한 면이 있죠. 그래서 역에 나갔는데 후배가 '저 사람 어때요?'라고 말했고, 친구도 '저거면 괜찮지 않아?'라고 했고, '그럼 해보자.'라고 얘기가 돼서 (피해자를) 따라갔어요. 하지만 사실은 하고 싶지 않아서 10분 정도 걸으면서 (피해자가) 슬슬 집에 도착하지 않으려나, 집에 들어가면 좋겠다, 뭐, 그렇게 생각했는데 기다리다 질린 후배가 '슬슬 해주세요.'라고 하는 거예요. 결국 '이제 할 수밖에 없어.' 같은 식으로 흘러갔고,

뒤에서 갑자기 허리에 태클을 걸어 넘어뜨린 다음에 그대로 올라타서 몇 대 팼어요. 그리고 바로 도망쳤다는 걸 똑똑히 기억해요… (여자친구 때와) 뭐가 달랐을까 하면 말이죠… 친한 사람인가 친하지 않은 사람인가 하는 차이가 있는 것 같은데요."

'가해의 트라우마perpetration trauma'라는 개념이 있다. 가해 행위가 트라우마 경험이 된다는 것으로 사건 당시의 기억이 머리에서 떠나지 않는 사람이 있는가 하면, 해리를 일으켜서 기억 자체를 잃는 사람도 있다고 한다. 마사토는 DV 가해에 관해서 후자에 해당하는 듯했다.

병사와 10대 폭력배를 대상으로 하는 가해의 트라우마 연구가 최근 시작된 참이라 아직 모르는 점이 많고 가해 책임 회피라는 비판도 강하지만, 트라우마 치유를 통한 회복이 책임을 지는 것으로 이어진다는 견해도 있다. 아미티의 나야 아비터는 후자의 입장을 견지하고 있는데, 특히 중범죄자들이 수용된 교도소에서는 드물지 않은 증상이며 그간 아미티에서 그런 이들이 회복하는 과정을 지켜봐왔다고 한다.

DV라는 배움을 지우기 위해

마사토의 기억이 되살아난 것은 촬영이 종료된 다음, 앞서 언급한 인터뷰에서 7년 뒤의 일이었다. 출소한 마사토에게 물어보니 2년 반 동안 생활한 TC에서도 이야기하지 못했던 것들이 최근 들어 생각났다고 했다.

예전에는 툭하면 이성을 잃었고, 여자친구에게는 "감정을 폭발시키기 쉬웠다"고 했다. 짜증 나서 유리창을 깨거나 자동차를 발로 차서 찌그러뜨리는 등 물건에 화풀이하기도 했다. 여자친구를 향한 언어폭력은 일상적으로 이뤄졌다. 그리고 여자친구를 때린 것은 두 번으로 모두 자동차 안에서 그랬다.

여자친구가 파친코에 갈 돈을 주지 않는 게 "그냥 열받아서" 운전석에 앉아 있는 여자친구에게 조수석에서 "손을 댔을" 때의 일을 들려주었다. 손바닥을 가볍게 터는 시늉을 하며 "광대뼈가 함몰돼서"라고 무심코 흘려들을 만큼 스치듯이 이야기했다. 뼈가 함몰될 정도였다면 분명 엄청난 강도였을 텐데. 여자친구는 경찰에 신고하겠다고 헤어지자고 했지만, 결국에는 "계단에서 넘어진 걸로 할 테니까"라며 불문에 부쳤다.

마사토는 그 뒤에도 운전 중인 여자친구에게 "손을 댔다". 구체적으로 무엇을 했는지는 아직도 기억이 모호하다고 했다. "기억해내지 못했을 뿐 (여자친구를 향한 폭력이) 더 있을 수도 있다." "기억해내기 싫으니까 생각나지 않는 걸지도 모른다."

이런 발언을 들으며 한 가지 의문이 고개를 들었다. 과연 '듣고 말하기'만으로 충분할까?

나야 아비터는 "문제의식을 갖고 개입하지 않으면 가해의 기억도 그것을 이야기하는 것도 일어나지 않는다."라고 종종 말했다. 그 말을 DV에 적용해보면 '여자는 복종하는 게 당연하다'는 사고방식 자체를 의문시하는 관점 없이는 가해의 기억도 그 이야기도 기대할 게 없다는 의미가 아닐까.

앞서 아미티에는 '당사자 스태프'가 많다고 했는데, 여성(특히 소수자)을 적극적으로 채용하고 있다. 교도소에서 프로그램을 진행할 때도 그 방침은 다르지 않다. 여성 스태프의 대부분은 남성이 휘두른 폭력의 피해자다. 그에 비해 수용자는 대부분 여성에게 가해를 한 경험이 있다. 수용자들은 피해자인 여성의 목소리를 제대로 들은 적이 없다. 그래서 여성 스태프가 자신들의 이야기를 하면 수용자는 자신들의 가해 사실과 맞닥뜨리게 된다. 그럴 때 혼란, 부인, 저항은 늘 일어나게 마련이다. 가치관은 하룻밤 만에 변화하지 않는다.

커리큘럼에도 의식적으로 젠더(사회적·문화적으로 만들어진 성별)에 관한 고정관념과 규범을 처음부터 다시 생각해볼 수 있는 기회를 마련해둔다. 교재에는 젠더 관점이 짙게 반영되어 있다. 심지어 교과서에서 소개하는 여성은 노예 해방 운동가이자 여성 참정권 운동가였던 소저너 트루스, 히스패닉계 참정권 운동가 돌로레스 우에르타 등 미국 역사에서 배제되어왔던 소수자들이 대부분이다. 역사적 인물과 더불어 아비터가 개인적으로 영향을 받은 친구와 아미티의 레지던트가 작성한 체험기 및 편지도 여럿 소개하고 있다. 그들 대부분이 약물과 알코올 문제를 겪고 성산업에 종사한 적이 있는, 사회에서 경원시하곤 하는 여성들이다.

수업에서 함께 보는 영화 목록에는 여성을 악인으로 만든 마녀재판, 평범한 여성부터 저명한 페미니스트까지 여성의 생애를 통해 보는 20세기사, 광고가 만들어낸 남녀의 이미지를 다룬 작품 등도 포함되어 있다. 실존하는 여성, 실제 사건 등으로 불평등과 또 다른 역사, 차별과 빈곤이라는 구조적 폭력에 관해 배우고, 자신의 가치관이 어디에서 비롯되었는지 질문하게 한다. 그런 과정을 거쳐서 변화해가는 사람들을 아비터는 40년 넘게 지켜봐왔다. 아비터라면 이런 질문들을 던지지 않을까.

어째서 DV 가해가 몇 년 동안이나 기억나지 않는 것일까? 어째서 폭력 행위가 상처로 치환되고 불문에 부쳐지는 것일까? 어째서 폭력범이 아닌 TC 참가자 중에도 DV 가해자가 여럿 있을까? 어째서 자신의 가해성을 깨닫지 못한 사람들이 많을까? DV를 가능하게 하고 일상적인 일로 만든 것은 무엇일까? DV라는 배움을 지우기 어렵게 하는 것은 무엇일까?

5

내 이야기를 들어주는 체험과 증인
― 생크추어리를 만들다

> 나는 이렇게나 힘들잖아.
> 왜 나만 이런 꼴을 당해야 하는 거야.
> ― 마사토

그날의 아이스 브레이크는 각자 집안의 습관과 암묵적 규칙을 하나씩 소개하기였다.

어느 훈련생은 세 형제 중 한 명이 혼날 때는 다른 형제들이 함께 부모에게 사죄하고 용서를 구했다고 소개했다. 지원사가 끼어들었다.

"그렇다면 거의 매일 세 사람이 함께 머리를 숙이면서 용서를 빌었다는 건가요?"

훈련생이 "아니, 그러지는 않았어요! 괜찮았어요."라고 답하자 교실에 웃음 소리가 퍼졌다.

다른 훈련생이 손을 들고 "나쁜 짓을 하면 머리를 빡빡 밀렸어요." 하자 지원사가 "아."라며 고개를 끄덕였다. 이어서 훈련생이 형제인데 형은 한 번도 머리를 밀린 적이 없다고 하자 "하, 그랬군요."라고 지원사가 가볍게 맞장구를 쳤다.

또 다른 훈련생이 손을 들고 "아버지가 있으면 방에서 나가지 않는 게 가족 모두의 습관이었습니다."라고 했다. 지원사는 소리 없이 웃으며 호응했다.

"그 이야기는 아마 차차 듣게 될 것 같네요…."

그다음에 지원사는 다쿠야 쪽을 보았다. 다른 사람들의 시선도 집중되었다. 사실 다쿠야는 앞서 자신이 말할 차례가 되었을 때 "패스."라면서 그냥 넘겼다. 지원사는 굳이 마지막에 다쿠야의 발언을 한 번 더 구한 것이었다.

"자주 했던 일 같은 게 있을까요? 집 안에서."

"가족끼리 한 것 말씀이시죠?"

다쿠야는 고개를 숙이고 한동안 침묵했다.

"아니, 보통 이 정도로 말 못 하지는 않으니까 이해해주면 좋겠는데요."

그렇게 다쿠야가 속내를 털어놓자 지원사가 말했다.

"알겠습니다. 이해해드리죠."

교실에 웃음이 가득 찼다.

수업의 전반과 후반 사이에는 쉬는 시간이 15분 있는데, 지원사는 희망자가 있으면 개인 상담을 받기도 한다. 그날은 드물게

다쿠야와 대화하는 지원사

도 다쿠야가 남성 지원사에게 상담을 요청했다. 지원사는 한쪽 구석에 자리를 마련하고 다쿠야와 함께 앉았다.

"오늘의 아이스 브레이크가 힘들었나요?"

지원사가 그렇게 말을 꺼내자 다쿠야는 후후후, 웃었다.

"전에도 얘기한 것 같은데, 핑계로 삼고 싶지 않아요. 제가 여기에 와버린 것의 핑계로요. 학대나 육아 방치도 그런데… 그 탓에 제가 나빠졌다고 생각하고 싶지 않아요."

"쓰다 씨는 가장 천천히 내면에서 신중하게 다듬으며 생각하는 사람이라고 생각해요. 그래서 생각하는 괴로움이 있을 거라고 짐작하는데… 특히 무거운 걸 생각하기 시작하면 말이죠. 그걸 포용할 수 있게 되는 것이 여기에서 나갈 때까지 최소한 할 수 있는 일이겠죠."

"포용할 수 있는 상태라는 건 구체적으로… 어떤 상태를 포용한 거라고 할 수 있을까요?"

"오늘 이야기를 돌이켜보면… 불안정해져도 마음속에서 계속 고민할 수 있는 거랄까. 가족에 대해 생각하기가 어렵나요?"

"그렇죠… 가족은 어렵죠."

"가능하면 외면하고 싶고?"

"외면하고 싶어요."

"하지만 아마 지금이 마주해야 할 때 같아요."

"네, 그렇군요."

연표 만들기

앞서 언급한 정신분석가 앨리스 밀러는 이렇게 말했다. 어린 시절의 진실—상상을 초월하고, 화가 치밀고, 참혹한 경험—은 많은 사람들에게 억지로 겪을 수밖에 없었던 것이며, 그 기억은 대단히 억압되어 있다. 억압의 원인인 경험을 기억해내고, 말로 표현하고, 용서할 수 없는 일이라고 시비를 가렸을 때만 이 문제가 해소될 수 있다.

TC에서는 이런 밀러의 생각을 받아들여 피해와 가해 경험을 여러 형태로 반복해서 이야기하며 연습할 수 있는 기회를 마련하고 있다. '피해·가해 연표'도 그런 연습 중 하나다. TC에 소속된 기간이 긴 마사토는 이 연표를 그동안 여러 차례 작성했다. 이미 꽉 찬 연표에 최근 생각난 사례를 덧붙이다 보니 글씨가 표 밖으로 넘칠 정도였다.

마사토의 '피해 연표'는 '0~2세 친부모 이혼'이라는 내용으로 시작한다. 2~3세 때는 모친이 두 번째 부친과 결혼 생활을 했고, 5세까지는 다시 이혼한 상태였다. 그 시기에 모자 가정이었고 모친이 제대로 돌봐주지 않았다. 낮에는 어린이집, 밤에는 탁아소에 맡겨졌고, 아침에 집에 돌아갔다가 그대로 다시 어린이집에 갔다. 6~7세 때는 세 번째 부친에게서 학대를 받았다. 모친도 자신을 지켜주지 않았다. 밥을 주지 않았다. 7세 때, 여동생이 경찰의 보호를 받은 적이 있는데, 그때 부친이 손등을 담배로 지지는 벌을 주었다. 부친이 머리를 벽에 짓찧어서 피투성이가 되었고, 그대로 쫓겨났다. 추운 날씨에 베란다로 쫓아냈고 들어오지 못하게 자물쇠를 잠갔다. 9세부터는 학교 폭력에 관련한 일들이 이어졌다. 11세에는 해독이 불가능할 만큼 작은 글씨로 '성기를 강제로 물게 했다.'라고 쓰여 있다. 전부 표현이 간소했지만, 심각한 내용에 가슴이 무너질 것만 같았다.

'가해 연표'는 '4~5세 동네를 돌아다니며 과일을 훔침'으로 시작했다. 그 뒤에는 '6세 가게에서 절도'가 이어졌다. 그 옆에 작게 쓰여 있는 '(많이)'. 뒤이어 '친구 물건을 훔침' '친구 집에

눌러앉음'. 그 후로도 가해의 대부분이 절도라 어린 시절부터 상습범이라는 게 일목요연했다. 그와 동시에 처음 훔친 것이 식료품이라는 점에서 그가 놓여 있었던 상황(학대, 빈곤, 도움 부재)을 추측할 수 있어 마음이 괴로웠다.

그날은 '피해 연표'를 써서 중학교 졸업 후의 피해에 관해 세 명씩 작은 그룹으로 나뉘어 이야기해보았다. 마사토의 이야기를 요약하면 다음과 같다.

모친과 세 번째 부친이 이혼 소동을 벌이던 와중에 당시 마사토가 귀여워하던 검은 고양이를 무단으로 내다 버렸다. 수학여행비를 내지 못해서 혼자 학교에 남아 공부를 했다. 고등학교 학비를 부모가 체납하는 바람에 마사토가 아르바이트를 해서 납입했다. 고등학교에 입학하자 다시 집에서 밥을 주지 않았고, 당연히 도시락도 없었다. 네 번째 부친과 동거가 시작되었고, 스트레스 때문에 막다른 길로 몰려 있었다.

"피해인지 가해인지 모르겠지만…."이라고 미리 말해둔 다음에 18세 때 자살을 시도했던 것도 언급했다.

"자살 미수?"

중년의 박이 놀란 듯이 목소리를 높였다. 마사토는 천천히 끄덕였다.

"그렇죠. 손목을 몇 번씩 그었으니까요. 아무래도 깊이 베지 않으면 안 되더라고요…. 힘이 전혀 들어가지 않아서 죽지 못했어요."

"부모를 원망하지는 않았어?"

"왠지 부모는 원망할 수 없어서… 결국 다다르는 곳은 내가 나쁘기 때문이라는 거였어요. 부모 탓을 하면 안 된다는 생각이 어딘가에 있는 건지…."

박과 마사토의 대화가 이어졌다.

"자살… 손목을 긋고, 뭐라 하면 되려나… 부모가 슬퍼하지 않을까 걱정했어?"

"으음, 그때는 전혀 생각하지 않았는데."

"혹시 부모는 내가 없어지면 편해지지 않을까, 하는 생각은?"

"응, 내가 장해물이 아닐까 정도는 생각했거든요. 내가 없어야 네 번째 아버지와 행복해질 수 있지 않을까… 제멋대로죠, 간단히 말하면."

마사토는 힘없이 미소를 지었다.

박은 자기라면 용서할 수 없다고 분개했다. 그는 쉰 살이 넘은 지금도 모친을 증오하는 구석이 있다고 말하면서 자신의 피해 연표를 펼쳤다. 초등학교 저학년 무렵에 '모친이 정신을 잃을 만큼 구타'라고 쓰여 있었고, 12세까지 이어지는 화살표에는 '모친이 주기적으로 폭행'이라고 적혀 있었다.

뒤섞이는 피해와 가해

"미워하면 엄청 편해지겠죠…."

피해·가해 연표를 꽉 쥐면서 중얼거리는 마사토의 표정은 당장이라도 눈물을 흘릴 것 같았다. 박과 또 다른 젊은 훈련생이 그런 마사토에게 "부모가 문제야.""강했기 때문에 살아남은 거야."라고 격려를 건넸다. 잠시 침묵한 후, 마사토가 자신을 다스리듯이 말했다.

"그래도 역시 체포되기 직전에 원망한 건 부모가 아니라 사회, 무언가를 원망했어요…. 나는 이렇게나 힘들잖아. 왜 나만 이런 꼴을 당해야 하는 거야? 이런 식으로."

"맞아, 맞아, 나도 그랬어." 박이 동조했다. 박의 피해 연표는 '내가 일본인이 아닌 것이 알려지다(6세)'로 시작했다.

"내가 이 세상의 방해물이었구나 생각했는데… 외국인이면, 당시에는 일단 공무원이 될 수 없었어. 예를 들어 소방관이나 경찰관도 될 수 없었고. 학교 선생님이 되려면 내가 다닌 조선학교의 선생님밖에 할 수 없었어. 좋은 회사에도 취직할 수 없었고. 당시에는 그렇게 확실히 구분했어. 어차피 나는 삼국인三國人*이니까, 성실하게 해봤자 아무도 인정해주지 않아. 인정을 받으려

---

* 일본에서 1945년 전후에 재일 조선인과 중국인 등 제3국가 출신을 차별적으로 가리키던 말이다.

면 돈이 있어야 하고, 그게 내 프라이드로 연결돼. 아직까지도 왠지 내가 가해를 끼쳤다고 생각하지 않고, 나는 피해자라고, 멋대로 생각하고 있어."

그 후의 전체 모임에서 마사토는 자기네 그룹에서 나눈 이야기를 다음처럼 정리했다.

"오늘 그룹에서 깨달은 게 있는데요. 부모를 원망하지 않았는데도 범죄 같은 걸 저질렀던 때에는 사회를 엄청 원망했었다고…. 다들 평등하다고 하면서 전혀 평등하지 않다고요. 원망, 질투, 이런 게 엄청 강해서. 그게 부채질해서 (범죄로) 빠져버렸던 거구나 하고요."

일반적인 상황이라면 마사토의 발언은 그저 제멋대로인 생각, 또는 삐뚤어진 생각으로 치부되거나 질책을 받을 것이다. 지원사는 마사토의 발언을 듣고 모두를 향해 말했다.

"피해와 가해가 뒤섞이는 것은 아무래도 당연한 일이라고 생각합니다. 자기가 지금까지 당해왔던 일이 정말 많고 그걸 남한테 해서는 안 되는데, 나랑 같은 꼴을 당해보라고 저질러버리는 경우도 있겠죠. 오늘 여기서 피해를 많이 이야기한 사람은 아직 그와 관련한 마음이 전혀 처리되지 않은 것입니다. 그렇게 간단한 일이 아니라고 생각해요. 그래도 자신의 고통스러운 부분과 마주하는 것이 결국에는 가해와 직면하는 것으로도 이어질 테니 여기서 하는 활동에 참여해주면 좋겠습니다."

지원사가 입에 담은 "피해와 가해가 뒤섞이는 것"은 평범한 교도소에서는 들을 수 없는 말이다. 적어도 직원이 함께하는 자리에서는 수용자에게 가해자로서 반성하길 촉구하기 때문이다. 반성이 아니라 당사자의 생각과 느낌을 있는 그대로 이야기하길 바라는 TC라서 이런 대화가 이뤄지는 것이다.

다만, 이런 대화가 성립하려면 안심하고 이야기할 수 있는 분위기가 필요하다. TC에서는 안심하고 이야기할 수 있는 장소를 '생크추어리'라고 부른다. 보통은 '성역'이나 '피난소'라고 번역하는 말이다.

전 지원사인 모리 마유미는 TC 유니트가 생크추어리로서 어떤 곳인지 다음처럼 설명한다. 문제에는 모두 함께 대처하고, 잘못해도 해결하기 위해 노력하면 용서를 받고, 누구에게나 상처받았다고 말할 권리가 있고, 내가 그런 이야기를 하면 다른 사람들이 귀 기울여 들어주는, 포섭이 이뤄지는 장소.

특히 내 이야기를 '귀 기울여 들어주는' 경험은 생크추어리가 형성되기 위해 반드시 필요하다. 일단은 원 안에 들어가 누군가의 이야기를 집중해서 듣는 것부터 시작한다. 듣기는 이윽고 자신의 경험을 받아들이는 것으로 이어진다. 그와 동시에 화자에게는 귀 기울여 들어주는 사람이 존재해줘야 한다. 무언가를 이야기하지 않고 그 자리에서 듣기만 해도 그 사람의 존재 자체가 '증인'으로서 의미가 있는 것이다. 그리고 이야기를 들은 사람도 머지않아 자신의 이야기를 다른 사람들이 들어주는 경험을 한다. TC에서는 그렇게 증인과 화자, 두 가지 경험을 반복한다. 그 반복이 생크추어리를 유지해준다. 그 순환 속에서 말하는 이는 자기를 드러낼수록 주위의 신뢰를 얻는다고 생각하게 되고, 참가자는 자신의 '수치스러운 비밀'을 솔선해서 밝히라는 기대를 받게 된다. 특히 TC에 오래 소속된 선배 훈련생들의 이야기하는 용기는 여러 국면에서 시험에 든다.

'증인'이라는 사고방식은 앨리스 밀러도 제창한 바 있다. '돕는 증인'과 '사정을 판별하는 증인'이라는 두 가지로 분류하는데, 전자는 문제가 있을 때 직접 개입하여 도와주는 존재, 후자는 직접 개입하지 않지만 문제를 파악하고 지켜봐주는 존재라고 한다. 밀러는 자신이 어린 시절의 피해 경험과 성인기 폭력의 관계에 대해, 그리고 그런 폭력의 연쇄를 끊어내는 일의 중요성에 대해 글을 쓰거나 발언함으로써 '사정을 판별하는 증인'의 역할을 한다고 했다. TC에서 이뤄지는 활동 역시 바로 '사정을 판별하는 증인'의 역할을 함께 떠맡는 것이라고 생각한다.

겸연쩍은 웃음과 함께

그날 수업에서는 세 사람씩 그룹을 이루고 '가장 마음에 남은 경험'에 관해 이야기를 나눴다. 다쿠야의 그룹은 모두 20대로 TC에 들어오고 두 달이 지난 다쿠야, 다쿠야와 동기지만 나이는 많은 미야타, 그리고 TC에서 1년간 생활한 선배인 마사토였다.

우선 미야타가 마음에 남은 경험 및 그와 관련한 감정의 사례로 어린 시절에 했던 가출과 온기에 대해 이야기했다. 그는 어린 시절 집안 사정 때문에 지방의 친척 집에 맡겨진 적이 있었다. 어느 날, 모친이 보고 싶어 혼자 전철을 타고 어머니 곁으로 돌아가려다 경찰에 발견되어 보호를 받았다. 소식을 들은 모친이 파출소에 뛰어 들어와서는 미야타를 세게 끌어안았다. 그때 느낀 온기를 지금도 잊을 수 없다고, 미야타는 그립다는 듯이 이야기했다.

그동안 다쿠야는 딱딱하게 굳어 있었다. 입가에 댄 손을 이따금 살짝 움직일 뿐 계속 고개를 숙이고 있었다. 자기 차례가 되어서도 한동안 그 상태였다. 달변인 여느 때의 다쿠야답지 않았다. 간신히 그가 입을 떼고 한 말은 부모가 만져준 기억이 없다는 것이었다.

다쿠야는 겸연쩍은 웃음을 지으며 이야기하기 시작했다.

"뭐랄까요… 꼭 안기고 싶다고 할까요… 알겠어요? 안기고 싶다는 마음이 엄청 강해서…. 그런데 어른 주제에 부끄럽잖아요, '좀 안아줘.'라고 하기는. 그래도 어린애는, 다들 어릴 때는 그렇게 안겼구나 싶네요."

웃음을 머금고 몸을 이리저리 비틀며 이야기하는 다쿠야에게서 어린 시절 그가 얼마나 의지할 곳이 없었는지, 얼마나 외로웠는지가 엿보여서 가슴이 옥죄이는 듯했다. 늘 그랬듯이 화제를 돌리는 게 아니라 자신의 진짜 마음을 드러내는 것으로 보였다.

마사토는 다쿠야가 이야기하는 동안 그를 향해 몸을 돌리고 귀 기울이고 고개를 끄덕이는 등 공감하며 들었다. 그리고 이어서 이야기를 시작했다. 자기에게도 부모와 따뜻한 기억이 없다. 부모와 맞닿은 기억이라 하면, 맞은 것밖에 없다. 누군가 나를 건드리는 것은 오히려 공포이며, 안기고 싶다는 생각은 없다.

마사토는 사람이 자기 머리 위쪽으로 다가오면 반사적으로 몸을 젖혀 피한다고, 동작과 함께 설명했다. 그리고 어린 시절의 학대와 관계가 있을지도 모른다고 작게 중얼거렸다.

다쿠야는 상체를 앞으로 쑥 내밀고 마사토의 이야기를 들었다. 마사토의 이야기가 끝나자마자 다쿠야의 입에서 말이 흘러넘쳤다.

"지금 얘기 듣고 보니까, 저는 먼지떨이, 박스 테이프, 욕조는 완전 안 돼요. 절대로 집에 두지 않는 것들이에요. 예전에 엄청 아팠다는 건 알겠는데, 뭘 당했는지는 기억에 없어요. 보통, 일상적으로 당했던 일에 관해서는 전혀 기억나지 않아요. 그래도 몸이 기억하고 있고, 아마 이런 물건들이 집에 있으면 힘들다는 건 그 때문이 아닐까 싶어요…."

나는 가슴이 덜컥했다. 학대의 상세한 내용은 여전히 "기억에 없어요"라고 했지만, 그래도 학대를 떠오르게 하는 구체적인 물건을 이야기했기 때문이다. '아팠던 일', '일상적으로 당했던 일', '몸이 기억한다' 등은 학대가 다쿠야의 일상에서 '당연한 일'이 었다는 사실을 짐작하게 하는 표현이었다. 그 고통을 느끼며 과거를 밝히기 시작한 다쿠야의 모습이 카메라에 빠짐없이 담겼다. 그날의 이야기는 단편적이었지만, 이제 와 돌이켜보면 다쿠야가 '이야기를 시작한' 순간이었는지도 모르겠다.

실은 그날 영상에는 미야타와 두 사람의 '씨름'도 담겨 있다. 미야타는 이죽거리면서 "어둡다." "우울하네."라고 두 사람을 깔보고, 얼굴을 찌푸리고, 눈을 돌리면서 다쿠야와 마사토에게 노골적인 혐오감을 내비쳤다. 미야타의 태도 때문에 이제 막 이야기하려 하는 다쿠야가 다시 입 다물게 되지 않을까, 나는 촬영하면서 조마조마했다.

다쿠야도 미야타를 힐끔거리거나 일부러 미소를 짓는 등 신경 썼다. 그에 비해 마사토는 미야타의 언동에 동요하지 않고, 오로지 다쿠야의 이야기에 몸과 마음을 다해 귀를 기울였다. 다쿠야가 이야기하기 시작한 건 배타적인 미야타의 반응을 뛰어넘는 마사토의 공감이 있었기 때문이라고 할 수 있다.

그로부터 1년 가까이 지난 뒤, 한번은 이런 일이 있었다. 촬영 중에 등 뒤에서 오열하는 소리가 들렸다. 돌아보니 다른 원 안에서 고개를 깊이 숙이고 어깨를 떨면서 울고 있는 훈련생이 눈에 띄었다. 미야타였다. 그 순간 눈을 의심했다. 서로 응답하는 환경에 속해 있으면서 미야타 또한 자신의 이야기를 귀 기울여 들어주는 증인을 얻고 자신의 고통을 깨달은 것 같았다.

지원사도 예외는 아니다

TC에서는 지원사 역시 생크추어리를 구성하는 일원으로 여긴다. 원 속에 지원사가 함께 자리하는 것도 그 때문이다. 지원사가 솔선해서 어린 시절의 추억이나 상처 입은 경험을 내보이는 장면도 종종 목격했다. 그건 무척 신선한 광경이었다. 왜냐하면 보통 전문가와 클라이언트는 거리를 두기 때문이다. 전문가는 클라이언트에게 전문적인 지식과 지혜를 제공하는 존재이며, 일반적으로 그 과정에서 개인적인 사정은 제외해야 한다. 하지만 TC의 발상은 그와 정반대다. 그 사례를 하나 소개한다.

'배제'라는 주제를 다룬 수업의 초반에 남성 지원사 중 한 명이 자신의 체험을 이야기한 적이 있다. 초등학교 1학년 때, 동급생들보다 체격이 작고 운동신경도 그다지 좋지 않았던 그는 동성 친구들이 별로 없었다. 난생처음 같은 반 남자아이가 생일 파티에 초대해주었을 때는 뛰어오를 듯 기분 좋았다. 이것저것 고민한 끝에 생일 선물도 구입하고, 그 아이의 집에 방문했다. 집 안에서 들려오는 시끌벅적한 소리에 가슴이 두근두근했다. 하지만 그 아이는 문을 열자마자 차가운 표정으로 "무슨 일이야?"라는 말을 내뱉었다. 남성 지원사는 심한 상처를 입었다. 그래도 집 안에는 들여보내주었지만 잘못 찾아온 느낌이 들었고 강한 소외감을 맛보았다.

그처럼 개인적인 경험을 지원사는 풍부한 표정을 곁들이며 솔직하게 이야기했고, 훈련생들은 모두 진지하게 경청했다.

훈련생 대부분이 헤어난 비참한 경험과 비교도 안 되는 일이라고 생각할 수도 있겠다. 하지만 훈련생에게는 엘리트로 여겨왔던 지원사가 자신의 갈등을 이야기하는 것 자체가 일종의 충격이며, 그런 일이 신뢰로 이어진다. 저들 역시 우리처럼 고민과 괴로움을 겪는 인간이라고 깨달을 수 있기 때문이다.

생크추어리의 구성과 유지에는 공동체에 속한 모두가 관련되어 있다. 그와 동시에 지원사는 생크추어리가 어디까지나 훈련생을 위한 곳이라는 사실을 잊어서는 안 되며, 그곳에서 지원사 자신의 상처를 치유해서는 안 된다고 모리는 경고했다.

또한 생크추어리는 생물과도 같기에 항상 고치고 다듬으며 새롭게 만들어져야 한다. 사실 촬영하는 2년 동안에도 참가자의 태도와 분위기에서 생크추어리가 위기 상황에 놓여 있다고 느낀 적이 있었다. 여러 멤버가 동시에 규정 위반을 저질러 모습을 감췄을 때는 반드시 유니트 내에 문제가 있었다. 전체적으로 삐걱대는 분위기일 때도 그랬다.

누구도 지금 힘든 상황이라고 직접 말하지는 않았지만, 지원사가 유니트 내의 문제를 신경 쓰며 수업을 진행한다는 게 느껴질 때도 있었고, 훈련생이 문제를 넌지시 암시할 때도 있었다.

다만, 무너져가는 생크추어리를 수리하거나 그 자체를 매일매일 착실히 길러내는 작업은 수업이라는 교육의 현장보다는 오히려 그 바깥에서 이뤄지는 듯했다.

영화에 담기지 않은 여가 시간

TC를 경험한 출소자와 이야기할 때마다 여가 시간이 그들에게 생크추어리였다는 사실을 배운다.

교도소에서는 기본적으로 사담을 금지하지만, 유일하게 허용되는 때가 운동 시간과 여가 시간이다. 여가 시간이란 저녁식사 후 취침 전까지 자유 시간과 국경일을 가리키는데, 자기 방에서 독서나 텔레비전 시청을 하든지 편지를 쓰든지 숙제를 할 수 있다. TC에서는 여가 시간에 타인과 대화하는 것을 장려한다. 그래서 다목적 홀로 나가 테이블에 앉는 사람이 많다. 누구와 앉아 어떤 대화를 할지는 각자 자유롭게 결정한다. 차를 마시러 가거나 테이블을 옮겨다닐 수도 있다.

2015년에 TC를 수료하고 가석방된 아키라는 교통사고 과실 치사로 5년 형을 받았다. 아키라는 TC에서 만난 동료들을 '은인'이라고 부르며, 담장 밖에서는 누구와도 이토록 깊은 관계를 쌓지 못한다고 단언한다. 그의 '은인'들은 20대부터 60대까지 연령이 폭넓다. 그런 아키라가 영화 「프리즌 서클」을 관람한 다음 "말하기 어려운데요."라고 조심하면서 TC에서 가장 중요한 시간이 영화에 담기지 않았고, 그것이 이 영화의 아쉬운 점이라고 지적했다.

"여가 시간이라고 부르는 자유 시간이 있어요. TC 말고 다른 유니트에서는 그저 '텔레비전, 재밌었지.'라거나 '오늘 밥 맛있더라.'라고 쓸데없는 이야기만 하는데, TC에서는 반드시 모두 '교육'에서 했던 걸 돌이켜봐요. 수업 때 했던 걸 이어서 이야기하기도 하고, 고민하기도 하고. 여가 시간이 끝나면 방으로 돌아가서 또 생각하고, 잘 때까지 생각을 계속해요. 상담을 받거나 이야기를 들은 사람도 그 사람의 일을 잘 때까지 계속 생각하고, 다음 날에는 피드백을 해줘요. '어제 했던 얘기 말인데, 역시 ○○였던 거 아닐까?' 하고요."

수업에서 괴로운 이야기를 한 다음이나 불안정한 때에는 자기 방에 틀어박혀서 베개에 얼굴을 묻고 들리지 않도록 소리 지른 날도 있었다고 한다. 큰 소리를 내는 것은 규칙 위반으로 엄벌을 받기 때문이다. 그럴 때 다른 훈련생은 가만히 지켜봐주거나 말을 걸어주기도 했다. 아키라는 어느새 자신도 다른 훈련생을 신경 쓰고 챙겨주게 되었다고 한다.

아키라에게는 여가 시간이 수업의 연장인 동시에 동료들이 지켜봐주고, 돌봐주고, 서로 돌보는 친밀한 시공간이기도 했다는 걸 알 수 있다.

그는 1년 반 동안 TC에서 생활한 다음 직업 훈련 유니트로 옮겨갔는데, 다시 TC를 희망하여 돌아갔고 TC에서 출소했다. 장기 수용된 사람은 출소 전에 이처럼 '복귀'가 허용되고, 다시금 TC에서 마음을 정리하고 출소할 수 있다. 아키라는 마침 '복귀' 기간이 촬영과 겹쳤다.

아키라에 관해서는 힘들어하면서 가해 체험을 이야기하던 모습과 재판에서 검사가 "마구 욕했다."라고 말했던 아버지에 관해 이야기하며 축 처진 어깨 등이 지금도 인상에 남아 있다. 그는 그처럼 무거운 이야기를 한 다음에는 며칠 동안 방에 틀어박혀 있었다고 했다. 수업 전후에도 여가 시간이라는 연습의 기회가 존재했다는 사실을 아키라와 이야기하며 처음 알았다.

절도 및 주거 침입으로 2년 2개월 형을 받은 유야 역시 여가 시간의 의미를 내게 알려준 사람이다. 자기 자신과 정면으로 맞선 아키라와 달리 유야는 성실한 훈련생이 아니었다. 유야는 촬영 전에 TC에서 나가버렸는데, 나는 로케이션 헌팅 때 우연히 유야가 수업 태도 때문에 다른 사람들의 비난을 받는 장면을 목격해서 그를 기억하고 있었다.

"어중간하게 나간 탈락자"라고 스스로를 표현한 유야는 애초에 '나라면 할 수 있다.'라는 게임 감각으로 TC에 지원했다. 유야는 수업 내용과 TC 뒤에 이동한 직업 훈련 유니트는 전혀 기억에 남지 않았다고 단언했다. 단, TC의 여가 시간만은 잊을 수 없다고 힘주어 말했다.

"자유 시간이라고 할지, 식후의 여가 시간, 그 두 시간은 정말 꽉 차 있었어요. 뭐랄까, 서로 자기를 전부 드러내잖아요…. 그리고 매일 웃으면서 지냈다는 느낌이 있어요. TC에서는요…."
"여가 시간에 특정한 사람들과 함께 있었고, 다들 수다를 떨었고, 엄청 웃었다는 건 선명하게 기억해요."

유야에게 'TC=여가 시간'이었으며, 여가 시간은 안심하고 자신을 전부 드러낼 수 있는 생크추어리였다. 유야에게 아키라와 쇼는 매일 테이블에 함께 앉는 동료이자, 생크추어리를 구성하는 멤버였던 것이다. TC 수업에 전혀 흥미를 느끼지 못한 유야가 다른 유니트로 이동했다가 다시금 TC에 지원한 이유는 동료들이 그리웠기 때문이었다. 결국 TC 복귀는 허가되지 않았는데, 유야는 출소 후에야 생크추어리의 의미를 진정으로 알게 되었다. 그에 관해서는 다음에 다루겠다.

'특별한 장소'의 준비

교도소 내에 생크추어리를 만든다는 대담한 발상은 1장에서 언급했듯이 민간이 관여하지 않았다면 태어나지 않았을 것이다. 특히 '시마네 아사히'의 설립에 관여했던 초창기 사람들의 역할이 중요했던 듯싶다. 그중 한 명인 전 지원사 모리 마유미의 이야기를 들어보았다.

모리는 '시마네 아사히' 설립 전부터 핵심 인물 중 한 명이었다. 미국의 아미티에서도 여러 차례 연수를 받았다. 첫 방문은 '시마네 아사히'가 기획되기 전으로 변호사와 대학 교수 등 지인들이 기획한 사적인 여행이었다. 아미티의 멤버가 성장 과정부터 가해까지 '진실된 말'로 이야기하는 장면에 깜짝 놀랐고, 진심으로 감동했다. 일본인 참가자도 자신에 대해 이야기해야 했는데, 모리는 강한 저항감을 느끼면서도 도전해보았다.

"다른 사람들 앞에 서니까 말이 콸콸 쏟아지고, 눈물이 펑펑 나오더라고요. 그때 왠지 엄청 속이 시원했어요. 모두가 말해주었으니, 나도 말해야 한다는 마음이 들더라고요. 그런 걸 직접 체험하며 알게 되었어요."

또한 아미티의 멤버가 이야기하는 모습을 보면서 자신의 일에 관해 생각하게 되었다. 사실 모리는 법무성 출신으로 당시에는 소년감별소[*]에서 비행 소년을 면접하는 심리 전문 공무원이었다. 처음 채용된 2002년에는 비행 소년이 무척 많아서 "매일 벨트컨베이어처럼 아이들을 만나고, 비참한 이야기를 잔뜩 들었다"고 했다. 모리는 그때를 이렇게 돌이켰다.

"제가 감별소에서 했던 면접은 그저 말을 시킬 뿐이었지, 아이들에게 진짜 자기 이야기를 들려달라고 한 게 아니었어요. 그 차이가 얼마나 큰지 직접 느꼈기 때문에 아, 그동안 나는 얼마나 오만하게 일했나 싶었죠."

비슷한 시기에 '시마네 아사히'의 개설이 발표되었고, 아미티의 프로그램을 도입한다는 소식을 들은 모리는 한계를 느끼고 있었던 공무원을 그만두고 '시마네 아사히'의 민간 지원사로 이직했다.

모리 일행이 아미티에서 배운 것 중에는 교도소 내에 특별한 장소(생크추어리)를 만든다는 것이 있었다. 원을 이뤄 대화하는 공간은 특히 편안하게 느껴져야 한다고, 모리는 교실의 비품과 배치에 대해서까지 의견을 냈다. 처음 기획안에서는 평범한 바닥에 금속 파이프 의자를 둔 살풍경한 교실이었지만, 모리는 "꽤나 불평을 들었죠."라고 쓴웃음을 지으며 편안한 공간이 되도록

---

[*] 법원이 위탁한 소년들을 일시적으로 수용하여 신변을 보호하는 동시에 상담과 심리 검사 등을 통해 성장 배경, 성향, 재범 가능성 등을 조사하고 법원의 참고 자료를 작성하는 기관이다. 한국도 오랫동안 소년감별소라고 했지만, 1999년 '소년분류심사원'으로 명칭을 변경했다.

세심하게 노력했다고 밝혔다.

교실 바닥에는 밝은 색 카펫을 깔고, 의자는 목제에 오렌지색 천을 두른 것을 골랐다. 그리고 일본인은 신발을 벗으면 긴장을 푼다는 특징을 살려서 교실에서는 신발을 벗도록 했다. 그 때문에 신발장도 필요해졌다.

"물론 일본의 교도소에서는 할 수 없는 게 많았지만, 아미티에 이미 시행착오를 겪으며 쌓은 노하우가 있었기 때문에 조언을 받으면서 환경을 정비했어요. 회사는 아미티 사람들을 초빙해서 실제로 (나야 아비터와 로드 멀린에게) '교육' 현장을 보여주고, 슈퍼비전(전문가가 의견을 주고 지도해주는 것)을 요청했죠. 회사에서 TC가 시작되기 전부터 정말 많은 일을 백업해주었다고 생각해요."

TC가 있다고 해서 자연스레 생크추어리가 만들어지는 것이 아니다. 이처럼 세심하게 환경을 정비하는 과정이 쌓여서 일군 성과인 것이다.

6

집단 괴롭힘에
사로잡혀서

친절하게 해주는 건
저에게 공포였어요.
뒤로는 다른 속셈이
있나 싶어서요.
— 겐타로

교도소의 마을로 알려진 하마다시 아사히정은 계절에 따라 변하는 경치가 무척이나 아름답다.

봄에는 휘파람새들의 맑은 소리가 합창처럼 사방에서 울리고, 눈부신 신록과 벚꽃의 진한 분홍색에 뒤덮인 마을 광경이 꼭 그림책 같다. 여름에는 개구리들의 합창이 한없이 이어지는 전원 풍경이 펼쳐진다. 가을의 기억에는 파스텔컬러의 코스모스와 주황색부터 보라색까지 그러데이션이 몇 겹씩 뒤얽힌 저물녘의 하늘이 선명히 남아 있다. 겨울이 되면 옅은 먹빛 하늘 아래, 붉은 벽돌집들이 눈으로 뒤덮인 은빛 세계가 찾아든다.

앞서 이야기했듯이 2014년 여름부터 2년 동안 나는 매달 사흘에서 일주일 정도 이 마을을 방문했다. 영화에는 기본적으로 교도소 내에서 펼쳐지는 생동감 없는 '말의 세계'를 담기에 일부러 중간중간 교도소 담장 밖에 펼쳐지는 사계절의 풍경을 삽입했다. 시설 내에서 하는 촬영은 신체적으로도 정신적으로도 힘들고 숨이 막히는 일이었다. 교도소 밖으로 나올 때마다 호흡을 정돈해주고 기분을 전환해주었던 것이 눈앞에 있는 자연의 풍경이었다.

보통 교도소는 두껍고 높은 벽으로 둘러싸여 있고 창문도 적다. 수용자에게 자연 경관이란 없는 셈이나 마찬가지다. 그에 비해 '시마네 아사히'의 건물은 창문이 많고, 자연 경관도 훌륭하다. 훈련생이 이동할 때 쓰는 1층의 복도에는 유리창이 없어서 폭넓은 나무틀 사이로 운동장을 비롯해 시설을 둘러싼 산의 경치를 직접 볼 수 있다.

TC에서 생활한 지 1년 반이 된 겐타로는 온화한 미소를 지으며 말했다.

"언제부터 그랬는지 모르겠는데, 나무랑 풀을 무척 좋아하게 되었어요. 창문이나 운동장에서 잘 보이잖아요. 이파리 색이 변하고, 잎이 떨어지고, 싹이 돋고. 전에는 전혀 신경 쓰지 않던 거에 눈이 가기 시작했어요. 그러면 아아, 나도 살아 있구나, 하는 생각이 들어요."

27세인 겐타로는 돈에 쪼들린 끝에 친척의 집에 숨어들었다가 숙부를 다치게 했다. 강도상해죄로 형기 5년. TC에 참가하고 얼마 지나지 않았을 때는 철가면처럼 표정이 변하지 않았고, 엉뚱한 발언으로 다른 사람들을 철렁하게 하거나 실소를 사기도 했다. 첫 번째 분기 때 지원사와 나눈 대화가 당시의 겐타로를 잘 보여준다.

"다른 분들 이야기를 들으면 폭력이랑 싸움이 싫다고 무섭다고 하는데, 저는 반대로 그런 얘기를 들으면 '즐거웠겠다.' '좋았겠다.' '부럽다.'라는 생각이 들어요. 폭력을 없애거나 막아야 한다는 생각을 저는 이해할 수 없어서…."

겐타로의 발언에 '제정신이야?'라는 듯한 표정을 짓거나 웃음으로 얼버무리는 훈련생도 있었지만, 지원사는 침착하게 물어보았다.

"응, 뭐랄까, 가와데 씨는 어느 쪽이냐고 하면, 누구도 상관해주지 않았던 편일까요?"

"그렇죠. 그런 일은 별로 없었고요. 누가 저랑 놀아주거나 한 기억이 없어요."

"그럼, 얻어맞았어도 누가 상대해주긴 했네, 이런 부러움이 있는 거군요."

"맞아요."

'때려도 상관해주면 좋겠다'는 생각의 배경에는 무엇이 있을까. 겐타로가 첫 번째 분기에서 "가족이었지만, 타인 같은 환경

이었다"라고 어린 시절의 가족관계에 대해 이야기한 단편들을
이어보면 다음과 같다.

택시 운전사인 아버지와 전업주부인 어머니의 관계는 좋았다
고 할 수 없고, 그들과 즐거웠던 기억도 없다. 아버지는 겐타로가
고등학생 때 병으로 죽었다. 아버지에 대한 인상은 흐린데, 그나
마 기억하는 것은 담배와 술. 술 한됫병을 들고 옆집에 고함치러
가는 장면, 만취한 아버지를 데리러 파친코 가게에 갔던 경험 정
도다. 아버지가 그에게 폭력을 휘두른 기억도, 꾸짖은 기억도 없
다. 남동생과 여동생이 있는데, 두 사람이 혼나는 걸 보며 부럽다
고 생각한 적은 있다. 어머니와는 데면데면해서 부딪칠 일도 없
었다. 어머니는 친할머니와 사이가 나빴고, 옆에서 보면 기분이
불쾌해졌다. 겐타로에게는 지병으로 천식이 있는데, 병원에 데
려가주거나 옆에서 돌봐준 것은 할머니였던 기억이 있다.

돈보다 중요한 건 없다

2015년 7월, 펜스 주위가 노란색으로 가득했다. 복도에서도,
홀에서도, 방에서도, 좋든 싫든 눈으로 뛰어드는 민들레들. 하지
만 그 무렵 TC에서 두 번째 분기를 지내고 있던 겐타로는 민들
레를 신경 쓰지 않았을지도 모른다.

그날 1층의 교실에서는 훈련생이 커리큘럼 당번을 맡아 워크숍 형식의 수업을 진행했다. '범죄 당시, 소중히 여기던 것'이라고 쓰인 화이트보드 옆에 연한 초록색 작업복을 입은 두 사람이 서 있었다. 그중 한 사람, 사회자인 40대 중반의 야나기하라가 네다섯 명씩 작은 그룹으로 나뉘어 앉아 있는 20여 명의 훈련생들 앞에서 수업 방식을 척척 설명했다. 개요는 다음과 같았다.

각 그룹에서 발언자를 두세 명 정한다. 각 발언자에게 주어진 시간은 약 30분. 발언자는 범행으로 치달았던 당시에 자신이 무엇을 중시했는지 기억해내서 이야기한다. 그건 스스로에게 부과한 규칙이나 고집일 수도 있고, 무의식적인 행동 패턴일 수도 있다. 듣는 사람은 똑바로 경청한다. 단, 듣는 사람도 질문을 하는 것이 중요하다.

야나기하라는 질문하는 방법을 구체적으로 설명했다.

"예를 들어 말이죠. 모르겠는 것이 있으면 '○○ 씨, 그건 이런 뜻인가요?'라든지 '혹시 이런 것도 관계가 있지 않았을까요?'라고 물어봐주세요. 그리고 이게 어려운데, 자신의 견해를 상대방에게 밀어붙이지 않을 것. 상대가 깨닫지 못한 걸 깨달을 수 있게 해주는 질문이 중요합니다."

"어렵네." "못 해." 하는 소리가 여기저기서 새어 나왔지만, 그룹별로 교과서를 펼쳐보거나 차례를 정하는 논의를 시작하기도 했다.

겐타로의 그룹에서는 제일 먼저 겐타로가 "저 할게요."라고 손을 들었다.

"범행 당시에는 돈이 전부, 가장 중요했어요. 어머니와 전 여자친구는 항상 따뜻하게 대해주었고, 저를 이래저래 생각해주었는데, 그런 사람들에게 제 빚 문제를 밝히고 상담을 하는 게 너무 부끄러웠어요. 그게 이번 사건으로 이어졌어요. 이상."

서둘러 끝맺으려는 겐타로를 보고 다른 네 사람이 모두 실소를 참지 못했는데, 놀라운 점은 겐타로 자신도 웃고 있었다는 것이다. 저번 분기에서는 그의 웃음을 본 기억이 없었다.

같은 그룹에는 앞서 4장에서 등장하여 DV와 학대 경험을 이야기한 30대 후반의 나가타도 있었는데, 그가 겐타로에게 모친과 전 여자친구와 맺었던 관계에 대해 좀더 구체적으로 알려달라고 말했다.

"어머니는 저한테 '맘대로 해도 돼.'라고 말하는데, 예를 들면 (자위대원이었던 시절에는) 월급 통장을 어머니한테 맡겼는데… '맘대로 해도 돼.'라고 할 정도면 '필요 없어.'라고 통장을 돌려주면 될 걸 '고마워.'라면서 받아요. 그런데도 기름값 좀 빌려달라고 할 때도 있고요. 그렇게 말하는 거랑 행동하는 거랑 다르면 어머니를, 뭐라고 하면 좋을까… 어떻게 신용할 수 있을까 하는 생각이 드는 거죠. 그래서 아마 그 연장선에서 이번 같은 사건이…. 제가 돈이 없는 것도 월급이 적은 것도 알면서 어머니는 사건 전날 메신저로 '돈 빌려줘.'라고 했어요. 왜 그런 말을 하는 거지, 왜 내 사정은 알아주지 않는 거지 하는 생각이….”

"어머니한테 돈을 전부 넘긴 거예요?”

나가타가 놀라면서 겐타로에게 재차 확인하자 겐타로는 고개를 끄덕였다.

"왜 그런 거예요?" 나가타가 뒤이어 질문하자 겐타로는 이렇게 답했다.

겐타로가 중학생 때 병으로 쓰러진 아버지는 2년 동안 누워 있기만 하다 결국 병사했다. 그 후 고등학생인 겐타로와 가족은 유족연금만으로 먹고살게 되었다. 연금이 얼마인지도 모른 채 장남으로서 아버지 대신 돈을 벌어야 한다고 생각한 겐타로는 고등학교를 졸업하자마자 자위대에 입대했다. 통장째로 어머니에게 맡긴 것은 장남으로서 의무감도 있었지만, 부대에서 생활하여 돈이 별로 필요하지 않았기 때문이었다.

나가타는 그래도 납득하지 못하겠는지 다시 질문했다.

"어머니라면 통장을 거절할 거라고 마음속으로 생각한 거죠?”

"거절할 거라고 생각했지만 막상 '고마워.'라고 하니까요.”

"그래서 '뭐야, 이건.'이라고 어머니한테 열이 받았고요?”

겐타로는 "맞아, 맞아, 맞아."라고 연달아 고개를 끄덕였다. 다른 훈련생들은 '뭐?'라는 듯한 표정을 짓거나 고개를 갸웃거렸다. 나가타는 기가 막혀서 말했다.

"근데 어머니는 고맙다고 할 수밖에 없다고 생각하는데요. 아들이 주는 거니까. 그래도 보통은 '나도 생활해야 하니까 이것밖에 못 쥐요.'라고 어느 정도만 줄 거라고 나는 생각하는데."

겐타로는 "변명일지 모르는데요."라면서 말을 이었다.

"미움받기 싫었다는 게 컸어요. 그, 저는 돈을 버는데, 저 외에는 누구도 돈을 벌지 않잖아요. 어머니는 저만 계속 돈을 버는 걸 아는데, 제가 돈을 주지 않으면 걔는 돈을 안 주니까, 하고 미워할 게 무서워서요. 그래서 돈을 넘겨주면 미워하지 않을 거라고요. 당시에는 아무튼 장남으로서 한심하다고 할지, 부끄럽다고 할지, 그런 맘이 있었어요."

나가타는 지적했다. 겐타로는 모친에게서 미움받기 싫다고 하지만, 실은 모친에게 이용당하는 것을 원망하고 있지 않은가. 그리고 겐타로의 뒤죽박죽 혼란스러운 마음은 어디에서 비롯되었는지 질문했다. 겐타로는 무슨 질문인지 이해하지 못하는 듯이 고개를 갸웃거렸다.

어머니에게는 말 못 했다

"돈은 왜 빌렸어요?"

다른 젊은 훈련생이 질문하자 겐타로는 손짓과 몸짓을 섞어가며 답했다.

"가족에게도 여자친구에게도 마찬가지였는데, 돈이나 선물을 줬어요. 뭐, 허세였죠. 그러지 않으면 멀어질 거라고, 미워할 거라고 무서워했거든요. 어떻게 해야 사람과 관계를 유지할 수 있는지 모르니까요."

양손을 내밀고 무언가를 붙잡으려 했다. 하지만 붙잡지 못하고, 힘없이 손을 거두어들였다. 겐타로의 제스처는 그의 딜레마를 상징하는 것 같았다.

나가타가 다시 겐타로에게 질문했다.

"그러면 어머님한테는 아무것도 말하지 않은 거네요? 언제부터 그랬어요?"

"제가 학교에서 괴롭힘을 당하면서부터 그랬네요. 초등학교 3학년 때."

그 전에는 소풍을 갔던 일 등을 모친에게 이야기한 기억이 있다고 했다.

결정적인 계기는 3학년 때 교사 면담에서 공부를 못한다고 심하게 질책하는 담임에게 모친이 고개 숙이는 모습을 코앞에서 본 것이었다. 그 뒤로 모친의 기분이 나빠지지 않도록 학교에 관한 이야기는 하지 않았다.

괴롭힘을 모친이 알고 있었느냐는 질문에는 곧장 알았다고 답했다. 나가타가 다시 질문했다.

"그때 어머니는 뭔가 말하지 않았나요? 괴롭힘에 관해."

"아뇨, 아무 말도 안 했어요."

"도와주지도 않았고요?"

겐타로는 말없이 고개를 꾸벅 끄덕였다. 입을 꾹 다물고 얼굴을 찡그린 채 고개를 숙였다. 나가타를 비롯한 다른 멤버들은 당장이라도 울 듯한 겐타로 앞에서 말없이 고개를 끄덕였다.

겐타로는 미간에 주름을 잡은 채 "어머니를 때려버린 사건"이라고 다시 입을 열었다. 하지만 말은 이어지지 않았다. 억지로 웃음을 짓고 작게 고개를 끄덕이며 "중학생 때… 제가 갈등을 제공했나 싶긴 한데."라고 말했지만, 다시 말을 삼켰다. 그러다 주머니에서 손수건을 꺼내고는 "좀 힘드네."라고 쓴웃음을 지으며 볼에 흐른 땀을 닦았다.

그날은 누구도 그 이상 추궁하지 않았다. 겐타로는 아직 이야기할 수 있는 단계가 아니었다. 그 사실이 그룹 전체에 공유되고 있는 것 같았다.

찾아온 계기

전 여자친구는 어떤 존재였는가. 나가타가 물어보았다.

"여자친구는 항상 따뜻했다고 했잖아요. 그런데 제 쪽에 싫다고 말하지 못하는 구석이 있었어요. 여자친구가 어딘가 가고 싶다고 하면, 저는 그럼 가자고 했고, 뭔가 먹고 싶다고 하면, 저는 그럼 먹자고. 간신히 처음으로 따뜻하게 대해주는 사람을 만났는데, 그 따뜻함이 없어진다고 생각하면 너무 슬펐거든요. 부끄러운 얘기지만, 태어나서 지금까지 20년 넘게 저한테 그만큼 잘해준 사람은 없었어요. 그런 사람한테 내가 돈 때문에 힘들다고 알리고, 상담하고, 미움받거나 떠나버리는 건 어떡해서든 피해야 한다고요."

나가타가 고개를 갸웃거리며 질문을 던졌다.

"따뜻하게 대해준 건 여자친구밖에 없다고 했는데, 20년 넘게 살면서 그렇지는 않았을 거라고 봐요. 부정하는 건 아닌데요. 따뜻하게 해주었지만, 눈치채지 못했을 뿐이고, 오히려 내가 거부했다고 할 만한 일은 없었나요?"

"뭐랄까, 친절하게 해주는 건 저에게 공포였어요. 뒤로는 다른 속셈이 있나 싶어서요. 이 사람은 내 약점을 잡기 위해서, 나를 괴롭힐 계기를 만들기 위해 상냥하게 해주는 것 아닐까 하고요."

겐타로는 그렇게 말한 다음 여자친구에 대해 설명했다.

"그런데 그 사람은 다른 게 없었어요. 겉과 속이. 완전히 똑같은 표정에, 계속 같은 태도였어요. 뭐, 제 과거를 모르는 사람이니까요. 그래서 이 사람이라면 괜찮겠다 싶어서 그렇게 생각했지만요."

겉과 속이 다른 기준을 물어보자 겐타로는 다음처럼 답했다.

"갑자기, 불쑥 저한테 끼어든다고 할까요, 저를 감싸거나 하면 이 사람은 뭔가 속셈이 있지 않을까 의심이 들어요. 조금 거리를 두고 계속 저를 지켜보기만 한다면 이 사람은 겉과 속이 같다고 생각하고요. 말로 하기 힘든데, 가까이 있는 사람이 무서워요."

그러던 겐타로에게 일종의 전환점처럼 보이는 일이 그다음 달, 세 번째 분기에서 일어났다. '시마네 아사히'에서 교육 고문을 맡고 있는 후지오카 준코는 집중 강의라는 명목으로 1년에 수차례 TC 유니트를 방문하는데, 그날의 첫 번째 수업은 트라우마에 관한 강의였다. 뇌의 구조와 트라우마의 관계, 재해 등 일과성 사건으로 발생하는 '단발성 트라우마'와 장기적인 학대 등이 원인인 '복잡성 트라우마'의 차이 같은 전문적인 내용을 화이트보드에 그림을 그려가며 알기 쉽게 해설해주었다. 훈련생들에게는 평소의 의문에 답해주는 내용이었을 것이다. 필기하는 사람이 눈에 띄었고, 질문도 많이 나왔다.

일부밖에 생각나지 않는 학대의 기억도 언젠가 돌아오느냐는 질문에 후지오카는 이렇게 답했다. 트라우마 때문에 사건 전체를 잊어버릴 수는 있지만, 단편이라도 기억이 있다면 그에 관한 이야기를 반복하는 과정에서 전후의 기억이 되살아날 확률이 높다고. TC에서 같은 주제를 반복해서 다루는 이유는 그 때문이기도 하다고.

두 번째 수업은 앞선 강의에 이어서 자신의 과거 경험과 그 경험 때문에 자신이 어떻게 생각하고 행동하게 되었는지 서로 이야기해보는 시간이었다. 교실 내를 한 바퀴 빙글 도는 20여 명의 원 속에 후지오카도 앉았다.

20대 초반인 이무라가 단호히 결심한 듯이 손을 힘차게 들고는 "학교 폭력에 관한 이야기인데요."라고 입을 열었다.

초등학생 시절에는 괴롭히는 아이에게 웃으면서 "그만해."라는 말밖에 못 했다. 괴롭히는 아이는 재미있어하며 더 기회를 엿봤다. 괴롭힘의 강도는 점점 높아졌다. 어느 날, 교실에서 가재를 기르던 수조의 물을 끼얹었더니 "이 자식, 진짜 냄새 구려."라고 다른 아이들 앞에서 놀렸다. 집에 돌아와서도 학교에서 겪은 일이 머리에서 떨어지지 않았고, 슬픔에 짓눌릴 것 같았다.

"천천히 부엌에 가서 식칼을 꺼내 들고, 초등학생이었던 제가 저를 향해 식칼을 겨누면서 한참을 '죽고 싶어, 죽고 싶어.'라고 생각했어요."

이무라는 양손으로 식칼을 잡는 동작을 하고는 그걸 자신에게 향하게 했다. 그러다 결국 죽지 못했다면서 손에 힘을 풀었다. 그 모습을 보며 가슴이 꽉 막히는 듯했다.

"얘기해줘서 고마워." 후지오카가 말하자, 곧장 다른 사람이 손을 들었다.

"저도 괴롭힘에 대한 이야기인데, 초등학교 3, 4학년 때 선생님과 애들이, 부모님까지 저를 괴롭혀서…."

겐타로였다. 집단 괴롭힘은 5학년이 끝날 때까지 계속되었고, 중학교, 고등학교 때도 있었다. 공부도 스포츠도 못했는데, 그 때문에 아이들에게 놀림감이 되거나 선생님으로부터 차별적인 취급을 받았다. 부모는 괴롭힘에 전혀 상관하지 않고 방치했다. 그런 이야기를 띄엄띄엄 중단하면서도 이어갔다. "중학생 때는" 이라고 하다가 도로 말을 삼켰다. 몇 번이나 눈을 깜박거리고, 바닥을 보고, 입술을 깨물고, "죄송합니다."라면서 여러 번 고개를 숙였다.

잠시 기다리던 후지오카가 끼어들었다. 부모가 지켜주지 않은 것이 무엇보다 괴롭지 않았냐고.

겐타로는 다시 이야기하기 시작했다. 중학생 때는 삥을 뜯겼는데, 집에서 돈을 몰래 가지고 나가거나 가게에서 도둑질을 했다고. 경찰까지 얽히는 소동이 일어났을 때, 부모는 경찰에게 사죄할 뿐 자기에게는 한 번도 추궁하지 않았다고. 딱 한 번 모친이 "공부 좀 해."라고 했을 때 "짜증이 확 나서" 모친을 때려버렸다고. 그 일 때문에 더욱 두 사람 사이가 멀어져버렸다고….

겐타로는 다시 말문이 막혔고, 눈을 깜빡이며 "죄송합니다."라고 반복했다. 그날 이야기는 그렇게 도중에 끝났다.

가해자의 이야기를 듣고

이튿날, 남성 지원사가 전날 후지오카가 했던 수업의 연장선에서 수업을 진행했다. 현재의 자신을 만들어냈다고 생각하는 인생의 사건임에도 지금까지 제대로 해소하지 못한 것을 다른 사람들 앞에서 이야기해보라고 했다.

앞선 분기에서 수업 사회를 맡았던 야나기하라가 손을 들었다. 본가가 장사를 했고 어린 시절부터 학대를 당했다는 사실은 지금까지 여러 번 이야기했는데, 그날 야나기하라는 "차가운 눈초리로 볼 걸 각오하고 말한다"면서 집단 괴롭힘의 가해 경험을 말하기 시작했다.

중학생 시절 방과 후의 교실에서 한 동급생을 홀딱 발가벗기고는 대여섯 명이 둘러싸고 주먹으로 때리거나 발로 찼다. 그 폭행의 끝에 발가벗은 동급생을 다른 반으로 밀어넣는 짓을 했다. 여자나 저학년이 노는 앞에서 때리고 걷어차길 반복했다.

야나기하라에게는 초등학생 때부터 마음대로 되지 않으면 바로 주먹이 나가는 버릇이 있었다. 중학생이 된 뒤에는 반에서 얌전한 남자아이를 골라 표적으로 삼았다. 교사의 체벌이 당연하던 시대라 문제가 발각될 때마다 생활지도 교사가 코피가 터질 만큼 때렸지만, 괴롭힘을 멈추기는커녕 점점 강도를 높였다. 고등학생 때 모친이 슬퍼하는 걸 보기 싫어서 폭력은 그만두었다.

하지만 사소한 일에 이성을 잃고 폭발하는 등 자신의 공격성이 근본적으로 해결되지는 않았다고 했다. 말하는 내내 죄송스러워하는 야나기하라의 마음이 전해졌다.

야나기하라의 경험담은 또 다른 가해 이야기를 이끌어냈다. 한 훈련생은 초등학교 5학년 때 연필 깎는 데 쓰던 칼로 동급생에게 상처를 냈는데, 아직도 잊지 못하는 것은 그 일을 학교 탓이라고 하던 자기 부모의 태도라고 했다. 또 다른 훈련생은 초등학교 6학년 때 시각장애가 있는 여학생을 철저하게 괴롭혔는데, 10년 넘게 지난 지금도 일주일에 한두 번은 자신의 가해 행위가 "갑자기 번쩍 떠올라서 괴롭다."라고 고백했다. 앞사람은 좀 흥분 섞인 상태로 이야기했고, 뒷사람은 어깨를 움츠리고 얼굴을 찡그린 채 여러 차례 한숨을 내쉬면서 이야기했다.

흥미로운 점은 이야기를 듣는 훈련생들의 신체 반응이었다. 몸이 딱딱하게 굳은 사람, 주위를 두리번거리는 사람, 주먹을 꽉 쥐는 사람, 배를 누르는 사람. 다들 잠자코 듣고 있었지만, 마음의 움직임이 몸으로 드러났다. 특히 두드러진 것은 겐타로였다. 나는 겐타로의 신체적 반응을 집중적으로 촬영했다.

겐타로는 턱을 당기고, 바닥의 한 점만 바라보며, 어깨부터 팔까지 꽁꽁 묶인 듯이 굳어 있었다. 잠시 뒤에는 눈을 이리저리 굴리면서 바닥에 찰싹 붙어 있는 양발의 발가락 끝을 위로 들었다 내렸다 했다. 허벅지 위에 올린 양손도 그에 맞춰서 위아래로 움직였다. 몇 번씩 의자에서 자세를 바로잡고, 발가락 끝을 위아래로 움직이며, 깍지 긴 두 손의 손가락들을 비볐다. 그와 같은 격렬한 동요가 영상에 담겼다.

"이 얘기는 누구한테도 한 적이 없는데요."

겐타로가 주위를 살피듯이 눈을 치뜨고 이야기하기 시작했다. 고등학생 시절 자신을 괴롭힌 선배가 콘크리트로 된 커다란 파이프로 밀어서 떨어뜨렸던 것, 그때 생긴 상처가 아직도 등에 남아 있는 것, 흉터를 볼 때마다 당시의 광경이 떠오른다는 것을 자신의 등에 손을 돌리면서 이야기했다.

"예를 들어, 누가 여기 서기만 해도 실은 무서워요. 또 떨어뜨릴까 봐."

겐타로는 얼굴을 잔뜩 찡그린 채 흠칫흠칫 놀라는 것처럼 뒤를 몇 차례 돌아보았다. 거기 누군가 있는 듯이.

"뒤에서 말을 걸거나 할 때도 간신히 아무렇지 않은 척하지만, 실은 무서워요. 그 일 때문에 사람을 신뢰할 수 없게 된 걸까… 지금 여러 사람들의 이야기를 들으면서 왜 나는 사람을 신뢰하지 못하게 되었을까 생각해보니까 그런 경험이 있었던 게…."

그동안 억눌렀던 것을 말했기 때문인지 그는 조금 안도한 듯이 몸을 흔들었다.

그로부터 반년 후의 인터뷰에서 겐타로는 집단 괴롭힘에 관해 거듭거듭 이야기함으로써 가슴을 답답하게 하던 것이 사라

지고 타인과 관계를 맺는 방식이 변했다고 말했다. 여전히 나를 이용하는지도 모른다고 타인을 의심부터 하는 나쁜 버릇이 도질 때가 있지만, 여가 시간에 적극적으로 여러 사람들과 함께하며 말을 걸어본다고 했다.

"태어나서 처음이라고 할 정도로, 사는 게 재미있다는 생각이 드는 일이 여기에는 많아요."

겐타로가 그렇게 말했을 때는 나도 모르게 눈시울이 뜨거워졌다.

정신과 전문의 베셀 반 데어 콜크는 동료의 힘을 빌리면서 자신의 이야기(기억)와 신체를 통합시키면 감각과 가치관을 회복할 수 있다고 했다. TC는 바로 그러기 위한 장소라 할 수 있다.

겐타로는 트라우마에 관해 배워서 자신의 집단 괴롭힘 피해 경험을 바라볼 수 있었다. 그리고 예전에 집단 괴롭힘 피해를 입었던 다른 사람의 이야기를 들으면서 자기도 이야기해보자고 마음먹을 수 있었던 것 아닐까. 가해자였던 사람들의 이야기도 영향을 미쳤을 것이다. 자기에게 직접 가해한 사람은 아닐지언정 가해자의 입장이 자신이 당했던 괴롭힘을 선명히 드러내고, 나아가 후회하고 있다는 가해자들의 현재 심정을 들은 것이 겐타로가 이야기하도록 밀어주었을 게 틀림없다. 우리는 겐타로의 뿔뿔이 흩어졌던 사건과 마음이 하나로 통합되어 그의 집단 괴롭힘 이야기가 성립되는 순간을 목격한 것이다.

집단 괴롭힘의 그림자

수용자 중 많은 수가 과거에 집단 괴롭힘을 경험했다는 사실은 아동 학대와 범죄의 관련성에 주목하여 최근 이뤄진 일본 내의 대규모 조사에서도 밝혀낸 바 있다.

조사 대상인 청년(20~39세) 수용자 500명 중 절반이 가족에게서 학대를 받았던 게 확인되었다고 언론에서 보도했다. 그건 이 책의 내용과도 일치한다. 하지만 더욱 주목해야 하는 것은 가족 외 제3자에게서 피해를 입은 수용자의 수가 가족의 학대를 웃돌아 60퍼센트 이상이라는 사실이다. 피해 중 가장 많은 것은 '집단 괴롭힘'(이 조사에서는 험담과 무시만 해당한다)이었고, '신체적 폭력'과 '폭력 현장 목격'이 뒤를 이었다. 그 모든 항목이 초등학교 고학년부터 급증한다는 사실도 밝혀졌다.

한편, TC에서 이뤄지는 활동을 보면 집단 괴롭힘 피해·가해 경험이 수용자들의 현재에 얼마나 그림자를 드리우고 있는지가 드러난다.

일본의 문부과학성은 집단 괴롭힘을 다음처럼 정의한다. "일정한 인간관계가 있는 다른 아동 학생이 행하는 심리적 및 물리적 영향을 미치는 행위(인터넷에서 이뤄지는 것도 포함)이며, 해당 행위의 대상인 아동 학생이 심신에 고통을 느끼는 것." 집단 괴롭힘이 끝나도 그 영향은 계속된다. 그리고 이야기되지 않은 흉터는 사람을 계속 사로잡고 놓아주지 않는다. TC에서 이뤄지는 활동들이 바로 그런 사실을 가르쳐주었다. 사람은 집단 괴롭힘의 파괴력은 물론 그 지속력에도 쓰러져버린다. TC에 연결된 훈련생들은 그나마 행운아다. 대부분의 수용자는 그런 기회조차 얻지 못할 테니까.

이것은 교도소 안에 한정된 이야기가 아니다. 대학 강의와 강연회 등을 하다 보면 이 사회에 집단 괴롭힘의 영향을 전혀 받지 않은 사람이 과연 존재할까 통감하게 된다. 설문 조사에 쓰인 필사적인 고백을 읽고 수업 후에 직접 상담을 하며, 집단 괴롭힘이 목격자까지 포함해 얼마나 넓은 범위에 영향을 미치는지, 그리고 그 문제에 학교가 얼마나 반응하지 않는지를 알았다. 또한 그동안 누구도 상처를 돌봐주지 않은 그들의 모습은 이 사회에 그런 경험을 이야기할 수 있는 자리가 없음을 적나라하게 보여주었다.

이렇게 말하는 나 역시 중학생 시절 일상적인 괴롭힘에 더해 집단 폭행을 경험했다. 방과 후에 계단참에서 열다섯 명 정도의 불량서클이 때리고 걷어차고, 무릎을 꿇린 다음 머리카락을 잡고 이리저리 끌고 다니고, 팔에 담배빵(담뱃불로 지지는 것)을 놓고, 면도날을 얼굴에 대는 등 처참한 짓을 했다. 게다가 현장을 지나치던 교사는 보고도 못 본 척을 했고, 학교 측은 사건이 없었던 것으로 쳐서 2차 가해를 했다.

나는 학교를 단 하루 쉬고 사건 다다음 날부터 등교해서 아무 일도 없었다는 양 행동했다. 그러는 한편으로는 가게에서 도둑질을 하거나 남동생에게 폭력을 휘두르는 등 가해와 일탈 행위를 저질렀다. 가정 역시 생크추어리와는 거리가 멀었다. 내가 현재 교도소에 있지 않은 것은 '그 뒤'에 운이 좋았기 때문이라고밖에 설명할 수 없다. 이른 시점에 '도피처'를 찾아 해외로 유학을 가지 못했다면, 혹은 영화라는 표현 수단을 찾지 못했다면, 아니면 복수 외에 다른 가치관과 그걸 가르쳐준 사람들을 만나지 못했다면, 나는 과연 어떻게 되었을까.

나 자신의 과거 경험을 밝히는 것은 20대 후반부터 여러 차례 했기에 저항감은 없다. 하지만 사건 직후부터 30대까지는 생각할 때마다 플래시백이 일어났다. 처음 다른 사람들 앞에서 이야기했을 무렵에는 치욕스러운 기분에 휩싸여 며칠 동안 누워 지내거나 무력감 때문에 우울한 감정에 빠지기도 했다. 그러다 어느새 그런 증상과 괴로움이 사라졌는데, 2019년 말부터 영화 개봉과 함께 언론 취재를 받을 기회가 급증하여 나의 피해·가해 경험을 들려달라는 요청을 받으면서 다 아문 줄 알았던 상처가 갑자기 다시 벌어져 동요하기도 했다.

사람이 집단 괴롭힘이라는 쇠사슬에서 자유로워지는 것은 과연 가능한 일일까? 자유로워졌다는 것은 어떤 상태를 가리킬까? 어떡해야 그 상태가 가능해지고, 어떡해야 우리 모두의 문제로 폭넓게 공유될 수 있을까?

나 자신에게 질문하면서 앞마당에 핀 노란 목향장미를 바라본다.

7

성폭력,
아직 빛이 닿지 않는
장소

무시당하는 건 죽은 거랑 마찬가지
아냐? 이 정도로 생각하거든요.
주위 사람이 모두 나를 무시하고
상대해주지 않으면, 나는 존재하지
않는 거야. 그런 느낌이죠.
― 요시미네

2004년 도쿄에서 영화 「라이퍼즈」의 시사회를 했을 때, 자조
모임에 소속된 사람들이 관람하러 와주었다. 상영 중에 바쁘게
들락날락하는 사람이나 도중에 나가서 끝까지 돌아오지 않은
사람이 적지 않았다. 나중에 그중 몇 사람이 "너무 힘들어서 똑
바로 볼 수 없었다"고 말해주었다. 그들 중 몇 사람은 그 뒤로도
몇 차례 상영회 등에 와주었는데, 어떤 사람은 영화를 처음부터
끝까지 보게 되는 데 3년이 걸리기도 했다.

한번은 약물 의존증 회복시설의 구성원들이 상영회 진행을
도와준 적이 있었다. 상영을 마치고 정리하는데 한 남성이 "따먹
힌 놈(성폭력을 당한 사람)을 알아."라고 말했다. 같이 있던 여

러 남성이 잇달아 "나도 알아."라고 말해서 나는 전율을 느꼈다. 하지만 "알아"라고 했던 그들은 그 뒤를 이야기하지는 않았다. 모두들 허둥지둥 아무 일도 없었다는 듯이 떠나갔기 때문이다.

그때 일이 내 기억에 선명히 남아 있다. 그들 중 몇 명은 성폭력 피해 당사자가 아니었을까. 영화를 보면서 무언가 떠올렸을지도 모른다. 굳이 "알아"라고 입 밖에 낸 것은 무언가 속내를 토해내고 싶었기 때문이 아닐까. 하지만 그들은 그건 내 피해 경험이었다, 그건 성 피해였다, 하고 제대로 이름을 붙이지 못한 채 떠나간 것이 아닐까.

이 사회에는 남성 성폭력 피해자도 숨어 있지만, 그 경험을 안전하게 이야기할 자리가 없다. 그런 현실이 적나라하게 드러난 듯한 순간이었다.

스코티의 고백

그로부터 10년을 거슬러오른 1995년, 나는 처음으로 아미티에 발을 들였다. 그곳에서 안내를 맡아준 사람은 온몸이 문신으로 가득한 30대 백인 남성 스코티였다. 스코티는 교도소를 여러 번 들락날락했는데, 아미티가 운영한 교도소 내의 TC에 2년 동안 소속되어 있었다. 출소 후에는 애리조나주 투손에 있는 아미티의 사후 지원시설에서 1년 반 동안 지냈고, 그곳에서 스태프를 목표하며 인턴으로 일하는 중이라고 했다. 전직 갱이었기에 겉보기는 우락부락하지만 배려와 상냥함이 넘치는 사람이었는데, 처음에는 성격과 외견의 큰 차이에 당황했다. 당시의 취재 노트에는 다음처럼 쓰여 있다.

로스앤젤레스에서 태어났고, 부모는 모두 약물 의존증. 태어나기 전부터 부친은 교도소에서 복역 중이었고, 모친은 아기였던 그를 버렸다. 조부모가 그를 거두었는데, 13세에 수양아들로 내보냈다. 그 무렵부터 헤로인 의존증이었고, 14세에는 자살 미수. 17세 때 소년원에 들어갔고, 그 후에는 교도소가 '홈'이 되었다.

스코티는 줄곧 "어릴 때는 좋았다."라고 우겼다. 조부모가 '훈육'이라는 명목으로 무시무시한 학대를 했다는 기억이 되살아난 것은 아미티에 들어온 다음이었다. "부모랑 똑같은 인생을 살 거야."라는 조모의 저주 같은 입버릇대로 자신이 약물 의존증이 되었고 교도소에 복역하여 아들 셋과 딸 둘을 버렸다는 사실을 깨달았다.

취재 노트에는 '성폭력 피해'라는 글자와 항목별로 쓴 내용이 이어진다. 첫 항목은 '조모의 성적 학대'로 그 옆에 '유아기부터'라고 덧붙여 쓰여 있다. 두 번째 항목은 '장기간에 걸친 사촌 형제의 외설 행위', 세 번째는 '교도소에서 강간 피해', 네 번째는 '다른 수용자가 성적 학대의 피해를 많은 사람 앞에서 이야기하는 걸 보고 불쾌해서 폭발한 것'. 다섯 번째가 '아미티에서 이야기를 하면 할수록 기억이 떠오르는 것'이었다.

스코티는 어린 시절에 감정을 느끼기를 그만둬버렸다. 11세에 술, 13세에 약물을 시작했고, 10대부터 고통이 동반된 섹스에 빠졌다. 감정을 다시 느끼기 시작한 건 아미티에 들어오고 2개월 뒤. 하지만 아직도 운다는 감각은 모른다.

그런 내용이 네 페이지에 걸쳐서 노트를 채우고 있었다.

남성의 성폭력 피해

사실 남성의 성폭력 피해에 관한 실태 조사는 여성에 대한 것보다 조금 느리게 진행되고 있어서 1990년대 이후 이런저런 조사가 이뤄지고 있다. 유럽과 미국에는 여성 세 명 중 한 명이 어린 시절에 직접 접촉이 동반된 성적 피해를 겪었다는 조사 결과가 여럿 있다. 하지만 남성의 성적 학대 피해 비율은 4~76퍼센트로 조사에 따라 큰 차이가 있다. 어째서일까.

아미티의 창설자 나야 아비터는 40년에 이르는 활동 기간 동안 약물 의존증인 비행 소년부터 살인을 저지른 종신형 수용자까지 수많은 사람들의 이야기를 들어왔다. 아비터는 남녀 상관없이 수용자들에게서 어린 시절의 심각한 학대가 보인다고 지적한다. 2011년에 했던 인터뷰에서 아비터는 성적 피해를 언급하며 다음처럼 말했다.

"어린 시절의 성적 학대는 일반 사람들이 인지하는 것보다 훨씬 많습니다. 심지어 남자아이들에게도 빈발하고 있지요. 아미티에서 활동하며 받은 인상으로는 어린 시절 성적 학대를 겪은 비율에 남녀 차이는 없습니다. 남자아이의 경우에는 남성뿐 아니라 여성도 가해를 하는 데다 가정에서도, 밖에서도, 장소를 불문하고 성폭력에 노출되기 쉽습니다. 일반적인 인식(남자아이는 성적 학대와 무관하다)과 현실 사이에는 큰 차이가 있는 것입니다."

게다가 남성에게는 '피해=나약함'이라는 각인이 찍힌다. 가해자는 남성, 피해자는 여성이라는 구도가 사회에 굳게 자리 잡고 있기 때문에 그 구도에서 벗어난 남성 성 피해자는—그 자신도 '있을 수 없는 일'이라고 믿는 것인지—수치심에 피해를 계속 부인하는 경우가 많다. 신체적 반응(발기와 사정)과 성적 흥분이 있었다는 이유로 자기도 원한 일이었다고 착각하거나 치욕과 자책을 느끼는 사람 또한 적지 않다고 한다.

"아미티에 참가하는 사람은 죄를 저지른 사람이나 의존증 환자입니다. 그들이 성장 과정을 돌이켜보면서, 가령 신부나 교사에게 성적 학대를 당했다고 솔선해서 말할까요? 사회적 신용이 있는 건 어느 쪽일까요?"

피해를 이야기하기까지 10년, 수십 년이 걸리는 이유는 이런 저런 사정 때문에 누구도 나를 믿어주지 않을 것이라는 생각에 피해 당사자가 계속 사로잡혀 있기 때문이다. 아미티는 당사자 모임에서 이야기하기를 비롯해 이런저런 연습으로 회복 과정을 가속한다고 아비터는 말한다.

'갈등의 편지'를 읽다

교도소에서 촬영할 날이 반년 조금 넘게 남았을 무렵, 취재에 응해준 신입 훈련생 중에 성범죄를 저지른 21세의 요시미네가 있었다. 안경을 끼고 성실하기 그지없어 보이는 분위기의 청년은 사건 때문에 지방의 국립대학에서 퇴학 처분을 받았다. TC에는 성범죄자가 비교적 많은데, 촬영에 '부동의'를 희망한 사람이 대부분으로 요시미네처럼 인터뷰까지 응해주는 사람은 드물었다.

요시미네의 첫 번째 분기 종반에 마침 '갈등의 편지'를 읽는 활동이 있었다. '갈등의 편지'란 나 때문에 갈등을 겪은 사람, 혹은 나를 갈등하게 만든 사람을 수신인으로 상정하여 편지를 쓰고 더 깊게 고찰해보는 수업 과정이다.

편지라고 했지만, 실제로 수신인에게 부치지는 않는다. 소년원에서는 롤 레터링role lettering(역할 교환 서간법)이라는 기법이 오랫동안 이뤄져왔는데, 수용자들이 피해자 대응이라는 것을 지나치게 의식한 나머지, 천편일률적으로 반성만 하여 형식밖에 남지 않았다는 비판도 있다.

그에 비해 TC에서 하는 '갈등의 편지'는 반성을 목적으로 하지 않는다. 교과서에 갈등을 주제로 하는 단원이 있는데, 대체로 그 단원을 배울 때 '갈등의 편지'를 실시한다. '내가 겪은 갈등'과 '내가 겪게 한 갈등'이라는 두 가지 항목이 있고, 어떤 분기에서는 둘 중 하나를 선택하여 쓰는가 하면, 다른 분기에서는 두 가지를 모두 다루기도 한다. 수업에서는 자신이 고민하는 갈등을 정직하게 표현하고, 그룹 내에서 공유하여, 서로 의견을 주고받으며, 자신과 수신인의 마음을 깊이 생각해본다. 수신인을 범죄 피해자로 한정하지 않는 점과 여러 분기에 걸쳐 반복하는 점이 '갈등의 편지'의 특징이다.

요시미네가 쓴 편지는 자기 때문에 갈등을 겪은 사람에게 쓴 것으로 사건이 되지 않았던 과거의 피해자가 수신인이었다. 나는 요시미네가 속한 그룹을 촬영하기로 했다.

N 님에게

당신은 저의 두 번째 피해자입니다. 저는 오랫동안 당신의 속옷과 옷을 많이 훔쳤습니다. 동급생이었던 당신은 당연히 꽤

심한 공포와 혐오감을 느끼지 않았을까요. 특히 한번은 훔치러 갔다가 당신과 한순간 눈이 마주친 적이 있었습니다. 저는 깜짝 놀라서 도망쳤기에 그때 당신이 어떻게 반응했는지 모르지만, 큰 충격을 받았을 것이라고 생각합니다. 당신이 이사를 가서 당신에 대한 가해를 멈추게 되었습니다만, 요즘도 가끔씩 저 때문에 당신이 이사한 걸까 생각해봅니다.

또한 당신은 모를 수 있겠는데, 당신의 트위터와 인스타그램 계정을 찾아서 몰래 보았습니다. 벌써 몇 년 전인데, 당신이 트위터에 남긴 글이 인상에 강하게 남아 있습니다. 가끔씩 강간을 당하는 꿈을 꾼다고, 꿈에 나오는 남자의 얼굴은 언제나 같다고, 그런 내용이었습니다. 그 남자의 얼굴이란, 혹시 내 얼굴이 아닐까 싶습니다. 그 트윗을 보았을 때는 당신 속에 제 흔적이 진하게 남아 있는 것 같아서, 솔직히, 기뻤습니다.

그렇지만 지금은 다르게 생각합니다. 그만큼 제가 했던 일은 당신에게 중대한 상처를 남겼고, 오랫동안 당신을 계속 괴롭혀왔다고 생각합니다. 솔직히 말하면, 저는 아직 진심으로 죄송하다는 생각을 하지는 않는 것 같습니다. 다만, 당신과 다른 피해자들의 괴로움을 이해하고 싶다고 바라기 시작했습니다. 앞으로 다시 당신과 만날 일은 없겠지만, 언젠가 진심으로 사죄할 수 있는 사람이 되고 싶습니다.

왜 피해자에게 썼는가

요시미네는 편지를 담담하게 낭독한 후 "제가 무슨 죄를 저질 렀는지 아직 이야기하지 않았죠."라고 말을 꺼냈다.

"성범죄인데, 죄상은 절도 및 강제추행죄입니다. 절도 쪽은 여 자 옷이나 구두나, 그런 걸 훔쳤고, 강제추행은 흔히 말하는 치 한 같은 걸 했는데요. 훔치는 건 초등학생 때부터 했어요. 잠깐 그만둬도 또 훔치는 걸 반복했고, 그 원인 같은 건 저도 확실히 몰라서…."

일반 유니트나 다른 교도소에서 성범죄자가 자신의 죄상을 밝히는 건 드문 일이다. 다른 수용자들에게 모욕을 당하고 공격 이나 놀림을 받는 걸 두려워하기 때문이라고 한다. 실제로 뒤에 서 성범죄자들을 '핑크'라고 부르며 무시하는 수용자와 출소자 가 있다고 한다. 자신이 저지른 죄를 정직하게 이야기하길 장려 하는 TC에서도 처음에는 자신의 죄를 전혀 밝히지 않거나 축소 해서 말하는 사람이 많다. 요시미네도 나와 인터뷰할 때 "기분 나빠하지 않으면 좋겠다"고 하면서 신중하게 발언했다.

그룹 내에서 요시미네에게 차례차례 질문을 던졌다. 왜 "두 번째 피해자"라고 불렀는가. 왜 그 여성에게 편지를 썼는가.

요시미네는 편지의 수신인보다 앞서 다른 여성의 속옷을 훔 친 적이 있다고 망설임 없이 답했다. 모두 자신이 호의를 품은 동급생이었는데, 두 번째 여성은 피해를 끼친 기간이 긴 데다 이사할 정도로 몰아붙인 셈이니 자기 때문에 가장 심한 갈등을 겪은 사람 같다고 설명했다.

지금까지 들킨 적이 없느냐는 질문에는 몇 번인가 발각되었고 가족회의도 했지만, 구체적인 대응이 이뤄진 적은 없다고 답했다.

요시미네의 그룹에는 또 다른 취재 대상자로 앞서 5장에 등장했던 박도 있었다. 박은 50대 전반으로 요시미네의 부친과 동년배다. 사기죄로 2년이 조금 넘는 형기를 받았고, 이미 그중 절반 이상을 TC에서 보냈다. 박은 돌연 울컥한 표정으로 입을 열었다.

"자기 때문에 그 아이가 이사했다고 얘기했죠. 그런데 그 뒤로도 속옷 도둑질이나 스토커 같은 짓을 했다는 걸 저는 좀 이해할 수 없네요. 그만둘 수도 있었잖아요."

짜증을 숨기지 않는 박에게 요시미네는 웃음을 지으며 답했다.

"사람들이 저를 잊지 않길 바라는 마음이 강해요. 무시당하는 건 죽은 거랑 마찬가지 아냐? 이 정도로 생각하거든요. 주위 사람이 모두 나를 무시하고 상대해주지 않으면, 나는 존재하지 않는 거야. 그런 느낌이죠. 그래서 반대로 내 인상을 강하게 남기고 싶어서… 그래서 아마 그런 마음이 부정적인 방향으로 작용했을 때, 여자아이를 상처 입히고 이사할 수밖에 없는 상황까지 제가 몰아붙인 것 같아요. 지금은 다른데, 아마 사회에서 계속했을 때에는 이렇게 생각한 것 같아요. 딱히 메리트는 아닌데. 아, 저 아이는 나를 못 잊었다고, 저 아이 속에 내가 만든 흉터가 남아 있다고…. 강하게 의식하지는 않았어도, 그 트윗을 보고 기뻐해버린 거죠, 당시에는."

"기쁘다고?" 눈을 크게 뜨는 박.

"기뻐요." 고개를 끄덕이는 요시미네.

"슬프지는 않고?" 박이 연달아 물었다.

"물론 죄악감 같은 건 있죠. 아, 또 저질렀어. 나 때문인가. 처음에는 그렇게 생각해요. 하지만 역시 조금은 기뻐요."

"무언가 남긴 느낌?"

"맞아요, 남긴 느낌 같은 게 있으니까 그만두지 못했다고 할까요. 그만둘 이유는 되지 않았어요. 죄악감도 있었지만… 그래도 역시 처음만 그래요. 이제 그만두자고 생각하는 건. 시간이 지나면 다시 하고 싶어져요."

"발산인가?"

"발산은 아니에요. 그 애를 대신할 물건을 훔친 거니까 그 애를 손에 넣고 싶다는 욕구가 너무 강했다고 할까요. 아마 그 아이의 실물을 연인으로든 친구로든 여사친으로든 손에 넣고 싶으니까, 손에 넣고 싶지만 그럴 수 없으니까, 그럼 대신 물건을 훔치자, 옷을 훔치자, 속옷을 훔치자, 사진을 찍자, 그렇게 된 거예요. 그래서 스트레스 발산은 아니었다고 생각해요. 분신? 그런 느낌이죠. 뭐, 사이좋게 될 수 없는 게 스트레스라면, 스트레스지만."

그 후 성범죄를 저지른 다른 훈련생이 "내게도 비슷한 마음이 있어서 알 것 같다."라고 공감하는 의견을 말했지만, 박을 비롯해 "모르겠어." "피해자는 불쾌할 뿐이야."라는 등 불편함을 드러내거나 부정적인 의견을 내는 사람이 많았다.

솔직히 말하면, 나 역시 촬영하면서 마음이 편하지는 않았다. 편지의 내용에는 소름이 돋았다. 그 편지를 담담하게 낭독하고 때로 엷은 웃음을 지으며 대화하는 요시미네의 모습에 받아들이기 힘든 무언가를 느꼈다. 그리고 내가 그렇게 반응한 건 그때가 처음이 아니었다.

다른 20대 남성이 현관문이 잠기지 않은 아파트에 강제로 들어가 모르는 여성을 강간한 체험을 이야기했을 때. 30대 남성이 SNS에서 알게 된 소녀를 협박하여 속옷 차림이나 나체 사진을 보내게 했다고 이야기했을 때. 40대 기혼 남성이 오랫동안 치한 행위와 불법 촬영을 했다고 고백했을 때. 그럴 때 나는—그들의 생애와 배경을 깊게 알 기회가 없었다는 것과도 관계가 있겠지만—그들이 한 일은 전부 끔찍한 성범죄라 여겼고 사람을 사람이라 여기지 않는 그들의 감각에 소름이 끼쳤다.

찢어버린 편지

그다음 분기 때 있었던 일이다. 다시금 '갈등의 편지'를 쓸 차례가 되었다. 나를 갈등하게 만든 상대(내게 피해를 입힌 가해자)에게 편지를 쓰고 작은 그룹으로 나뉘어 서로 낭독하기로 했다. 훈련생들은 미리 편지를 써둔 교과서나 종이를 투명한 비닐백에서 꺼냈다.

"실은 숙모에게 편지를 썼는데, 너무 어두운 내용이라 읽는 건 그만둘래요."

박이 농치듯이 말했다. 조금 떨어져서 지켜보던 남성 지원사가 박에게 다가가 말을 걸었다.

"읽어도 괜찮지 않을까요?"

"아니, 그게 정말 너무 우울한 내용이라 찢어버렸어요."

박은 웃으면서 상반신을 크게 옆으로 굽혔다. 무릎 위에 놓여 있던 교과서의 편지를 쓰는 칸에는 작은 글씨들이 빼곡했다. 박도 1년 넘게 TC에서 생활했으니 예전에 쓴 편지 같았다.

지원사가 박의 옆에서 허리를 구부리고 "그래도 애써서 썼잖아요. 편지가 없어도 이야기할 수는 있죠?"라고 작게 속삭이며 어깨를 가볍게 도닥이고는 그곳에서 떠나갔다.

박은 단념한 듯이 "그럼 숙모 얘기로."라며 자세를 바로잡고 편지를 읽는 대신 자신의 경험을 이야기하겠다고 말했다.

숙모는 박을 지나치게 귀여워했다. 자신의 세 딸과 비교할 수 없을 만큼 박을 예뻐했다. 어릴 적에는 숙모가 멀리서 택시를 타고 박을 보러 오거나, 박이 숙모의 집에 놀러 가서 잠도 자는 친밀한 관계였다. 숙모와는 초등학교 3학년 무렵부터 소원해졌는데, 6학년 때 오랜만에 세뱃돈을 받으러 찾아갔다. 숙모는 자고 가라면서 이불을 깔아주었다.

"목욕을 하는데 숙모가 함께 씻자고 들어왔어요. 등에 물을 끼얹어주거나 몸을 닦아주었는데… 저는 6학년이라 부끄러웠죠. 그만했으면 좋겠어서 이제 싫다면서 금방 나왔어요. 그랬는데 잘 시간이 되니까 숙모가 제 이불 속으로 들어오는 거예요. 부끄럽다고 해도 듣지 않고. (숙모는) 항상 유카타 같은 걸 입었는데 옷을 확 펼치고 알몸으로 저를 안고 잠들었어요."

박은 양손으로 옷을 펼치는 동작을 하고는 다리를 벌렸다가 다시 꽉 닫고 말했다.

"그리고 항상 이렇게 넓적다리로 조이는 거예요, 저를. 어릴 때는 그게 기분 좋았는데, 6학년이 되니까 아무래도 부끄럽죠. 그래도 숙모가 오랜만이라고 해서요. 그날은 그걸로 끝났지만, 그 후에도 비슷한 식이었어요. 욕실에도 들어오고, 잠자리에도 들어오고…."

박은 숙모가 자신의 성기를 만지거나 숙모의 성기를 만지게 한 성적 학대에 대해서도 자세히 이야기했다. 그동안 박은 마주 앉은 젊은 훈련생을 바라보며 그에게 집중하여 이야기를 건넸다. 젊은 훈련생은 박의 눈을 똑바로 마주 보며 온몸으로 박의 이야기를 받아내려 했다. 한편, 박의 왼쪽에 앉은 젊은 신입은 얼굴을 붉히며 이따금씩 어색한 웃음을 지었고, 오른쪽에 앉은 박의 동기는 단단히 굳은 듯이 바닥의 한 점을 바라보았다. 두 사람 모두 박의 이야기를 어떻게 들으면 될지 모르는 듯했다.

결국, 박은 숙모가 했던 일을 한 번도 '성적 학대'나 '성폭력'이라고 하지 않았다. 몇 번인가 "그 일"이라고 했고, 누군가 슬퍼하는 게 싫어서 부모에게도, 형제에게도, 조부모에게도 이야기하지 않았다고 했다. '그 일'은 중학교 3학년까지 계속되었다. 박은 "누구에게도 말 못 하는, 나만의 비밀로, 계속 지금까지 숨겨 왔다."라면서 큰 한숨을 내쉬었다.

성적 학대 뒤에는

"트라우마는 아니지만, 저 자신이 가족을 무서워하게 되었다고 할지…. 그래서 왠지 부모도 엄청 싫어졌고, 누나조차 왠지 믿을 수 없고. 여성 공포증까지는 아니지만, 누나가 얇은 옷차림으로 집 안을 왔다 갔다 하면, 진짜 너무 더럽다고, 그렇게 느꼈죠. 그만큼 여자가 추잡해 보였다고 할까."

박은 성행위를 제대로 할 수 없었던 것도 밝혔다. 친구가 첫 경험에 관해 들려줘도 '역겨워.'라는 생각밖에 들지 않았다. 자기는 이상하지 않다고 믿으며, 필사적으로 야한 책과 비디오를 봤다. 박은 약을 써서 흥분시키지 않으면 성행위가 불가능했다며 "아내에게 미안한 짓을 했다"고 중얼거렸다.

"태어나서 지금까지 살면서, 그만큼 수치스러운 일은 없었어요. 숙모니까 저항할 수 없고. 남이 아니니까 들이받을 수도 없었고, 거부할 수도 없었고, 당시에는 몸집이 작아서 힘으로도 이길 수 없었고."

지금까지 굳어 있었던, 박과 비슷한 연령의 동기 훈련생이 천천히 고개를 들고 물어보았다.

"중학교 3학년까지 계속되었다고 했죠. 숙모의 집에 갈 수밖에 없을 때는 어떤 기분이 들었나요? 이제 도망치고 싶다든가…."

"실은 일부러 다쳐서 숙모에게 안 가도 되게 하고 싶었어요. 부모에게도 부탁할 수 없었거든요. '숙모가 놀러 오래.'라면서 내쫓는 듯한 집안이라. 왜 갑자기 안 가려고 하나 의심을 받는 게… 엄청 무서웠어요. 들킬까 봐."

"그러면 여기서 성범죄 이야기를 들으면, 뭔가 반응해버리지 않나요? 따지고 보면 피해자잖아요. 제가 그런 입장이었다면 성범죄 이야기를 듣기만 해도 열받을 것 같은데요."

그룹의 모든 사람들이 고개를 끄덕이며 박에게 주목했다.

"남자니까 성범죄는 왠지 알 것 같아요. 그러고 싶은 마음이 들 수도 있겠구나 하고. 하지만 비열한 느낌이죠. 예를 들면 강간처럼 평생 지워지지 않는 상처를 남기는 짓에는 정말로 열받아요. 내가 그렇게 상처를 갖고 있으니까. 성범죄를 저지른 사람에게는 마구 욕하고 싶기도 해요." 박은 성난 목소리를 냈다.

"우리보다 피해자의 마음을 실제로 이해할 수 있겠죠."라는 동기 훈련생.

"아마도요. 그, 뭐랄까, 피해자가 혼자 웅크리고 벌벌 떠는 모습 같은 게 확 떠올라요. 아마 평생 잊지 못할 테고…. 가장 열받는 건 '상처를 남겨주었다' 같은 말을 쓰는 놈인데. '잊지 못할 상처를 남겨서 기뻤다'고 성범죄자가 말했을 때는 이 새끼가 진짜, 싫었어요."

명백하게 요시미네를 가리키는 말이었다. 동기 훈련생은 쓴웃음을 지었다.

한 달 뒤, 개별 인터뷰에서 박은 그때 일을 돌이키며 다음처럼 말했다.

"편지는 숙모에 대한 원한 때문에 실컷 원망하는 내용으로 썼는데, 그걸 다시 읽어보니 결국에는 저 자신에게 화가 났어요. 그래서 찢어버리기도 했죠. 설마 이야기할 줄은 전혀 몰랐는데. 그래도 다른 사람들이 들어주니까 기분이 좋고 엄청 속이 시원하더라고요. 이제 나이도 지긋하고 같은 인간이니까… 용서해줄까 싶던데요. 세상에 용서 같은 건 존재하지 않는다고 여태 믿었지만요."

1군 콤플렉스

한편, 요시미네는 TC에 들어와 두 번째 분기를 맞이하면서 비밀을 조금씩 밝히기 시작했다.

중고등학교 때 두 차례 체포되었던 것. 소년감별소로 이송되어 치료기관과도 연결되었지만 카운슬링은 그저 형식적으로 한두 번 짧게 받았을 뿐이라 효과는 없었던 것. 사건화는 안 되었지만 고등학교 1학년 때 여자 탈의실에 숨어들었다가 들켜서 퇴학당했던 것. 그 뒤로도 동급생이었던 여자의 집에 불법 침입하여 속옷과 옷을 계속 훔쳤던 것.

요시미네의 성장 과정은 대체 어땠을까. 취재의 단편을 모아서 정리하면 다음과 같다.

지방 도시에 거주하는 중산층 4인 가정. 어린 시절부터 공부에 매달렸고, 부모가 시키는 대로 명문 사립학교에 진학했다. 모친은 간섭이 지나친 편으로 성적이 좋으면 게임기를 사주거나 어딘가에 함께 놀러 갔지만, 기대에 부응하지 못하면 가시 돋친

듯 신경이 예민해졌다. 부친은 혼자 먼 곳으로 부임하여 1년에 몇 차례밖에 돌아오지 않았고, 집안 문제에 관해서는 전부 모친에게 맡겼다. 문무를 겸비한 남동생이 있어서 늘 비교당했다. 항상 부모가 나를 버리지 않을까 두려워서 말대답을 한 적이 없다. 이렇게 쓰고 보면 전형적인 '착한 아이'다.

요시미네가 처음 속옷을 훔친 건 초등학교 5학년 11세 때 일이다. 부친의 컴퓨터에서 포르노 영상을 본 것을 시작으로 부모의 눈을 피해 몰래 성인 사이트에 접속했다. 자위행위를 익힌 것도 그 무렵이다. 성인 사이트를 참고해서 좋아하는 여자아이를 미행한 다음 정원의 건조대에서 속옷을 훔쳤다. 그 후 남의 집에 무단으로 들어가 물건을 훔치는 게 버릇이 되었다. 그리고 훔친 '분신'을 써서 자위를 했다. 개별 인터뷰에서 요시미네에게 성피해를 입은 적이 있는지 두 차례 물어봤지만 "없다"고 답했다.

어느 날, 요시미네가 화이트보드 옆에 서서 모두의 질문을 받는 형식으로 수업을 진행했는데, 그의 가치관이 분명히 밝혀졌다. 요시미네는 사건화하지 않은 것도 포함하여 초등학교 5학년부터 일으킨 문제행동과 당시의 감정을 화이트보드에 시간 순서대로 적어두었다. 10여 명이 요시미네를 반원 모양으로 둘러싸며 자리에 앉았다. 그중에는 박도 있었다. 여성 지원사가 서기를 맡아 누군가 의견을 내면 받아 적었다.

일단 요시미네는 자신이 친해지고 싶은 사람과 실제로 친해진 사람 사이에는 차이가 있다고 했다. 그는 전자를 "1군", 후자를 "2군"이라고 불렀다.

훈련생의 질문으로 1군과 2군의 특징이 밝혀졌다. 이를테면 '1군'은 화려하고 남녀 모두 용모가 수려하며 구김살도 없는 반짝반짝 빛나는 사람들이다. 대학에서는 '1군'이 자기를 봐주지도 않았다고 요시미네는 말했다. 그가 소속된 '2군'은 오타쿠다운 대화만 하는 '변변찮은' 팀이다. 요시미네는 자기도 오타쿠인 주제에 친구들에게 짜증만 냈다고 스스로를 비웃었다.

교우 관계에 관한 질문이 이어졌다. 대학생 때는 자기에 대해 아무것도 말하지 않았다. 검정고시를 치르고 1년 재수하여 지방의 국립대학교에 입학한 것은 오점이었다. 그게 들키면 성범죄역시 들통날 것이라고 생각했다. 아르바이트를 하다가 연인이생겼지만, 진짜 마음이 가는 사람은 따로 있었다. 이번 복역으로이어진 사건의 피해자는 대학교의 같은 세미나에 속한, 자기를봐주지도 않은 '1군 여자'였다.

"1군 콤플렉스"라고 누군가 말했다. 요시미네는 그렇구나 하며 고개를 끄덕였다. 여기저기에서 박수가 일었다. 박도 그중 한명이었다.

많은 것을 모른다

성폭력이란 성적 행동을 통하여 타인에게 힘을 행사하는 것이며, 피해자가 동의하지 않은, 혹은 거부할 수 없는, 바라지 않은 성적 행위를 가리킨다. 그 범위는 직접적인 접촉 없이 언어만으로 하는 것부터 강간 등 직접 접촉이 이뤄지는 것까지 폭넓다. 동기는 여러 가지 있는데, 성욕의 문제보다는 성에 대한 왜곡된 가치관, 자신의 대인관계에 대한 그릇된 인식에 기초한 성적 문제행동이라 여겨지고 있다.

가해자에게 반드시 성폭력 피해 경험이 있지는 않다. 오히려 강한 지배와 함께 이뤄진 학대를 경험한 사람이 많다. 그런 사실들을 TC에서 배우며 요시미네는 자신과 타인의 관계에 대해 깊이 생각해보았다.

"타인을 대등하게 보지 않는다고 할까요. 일부 사람들만 제 안에 받아들이고, 나머지는 배제라고 할까, 제 진정한 내면까지는 들이지 않아요. 저를 있는 그대로 드러내지 않고, 상대방의 말도 웃으면서 듣는 척하지만, 대체로 듣지 않고요. 차별이랄지 편견이랄지, 사람을 내려다보고, 무시하고, 대등하게 보지 않아요. 아마 여성도 그런 시선으로 바라보기 때문에 상처를 입혔던 걸지도 모른다고, 최근 들어 생각하는데… 저는 그게 제일 문제일지도 모르겠네요."

다만, 요시미네의 이런 인식이 무엇에서 비롯되었는지는 아쉽게도 마지막까지 지켜볼 수 없었다. 요시미네가 "흔히 말하는 치한 같은 것"이라며 항상 얼버무렸던 강제추행죄에 관해서도 촬영 기간 중에는 자세한 이야기를 들을 수 없었다. 영화 「프리즌 서클」에서 성범죄를 다루지 않은 것은 촬영이 이른 시점에 끝나버려 나 자신의 이해가 미치는 단계까지 다다르지 못했기 때문이다. 어중간한 방식으로 성 가해를 다루었다가 피해자를 상처 입히는 것은 무엇보다 피하고 싶었다.

　3장에서 소개했던 감정 수업에서 "다른 사람들이 저를 잊는 것이나 완전히 부정하는 게 저에게는 죽음이나 마찬가지라고 할까요. 죽음 그 자체처럼 느껴질 때가 있어요…."라고 발언한 사람은 요시미네였다. 요시미네가 '잊히는 것=죽음'이라고 생각하거나 타인을 괴롭혀서라도 자신의 흔적을 남기고 싶다고 바라게 된 계기는 무엇일까. 사람을 상하 관계나 승패만으로 바라보는 가치관은 무엇에서 비롯되었을까. 그는 모친의 지나친 간섭을 이야기하기 시작했는데, 그것이 그의 성폭력에 어떤 영향을 얼마나 미쳤을까. 시간이 좀더 있었다면, 나의 이해도 좀더 깊어졌을까. TC라는 장소가 성폭력 가해자에게 효과적이라고 하는 해외의 조사 및 연구 결과가 적지 않은데, 가해자가 자신을 속속들이 드러낼 수 있는 생크추어리를 만들기 위해 필요한 조건은 무엇일까.

어쨌든 우리는 그들에 대해 아직 많은 것을 모른다. 아는 것이라면 성범죄는 일반적으로 재범률이 높다는 것. 요시미네를 봐도 알 수 있듯이 많은 이들이 체포되기 전까지 사건화가 되지 않은 성적 문제행동을 일으킨다는 것. 그런 사실은 통계에 잡히지 않는 피해자가 많다는 것을 시사한다. 성범죄 가해자 치료는 단기간 해서는 효과가 없다고 하는 해외의 조사 결과도 여럿 있다. 그러니 TC에서 두세 분기를 경험하는 것만으로는 불충분하다. 그들이 출소하여 돌아갈 사회에도 배움 지우기를 위한 자리가 필요하다는 것은 의심할 여지가 없다.

또한 성적 학대와 성폭력을 당했다고 모두 성 가해자가 되는 것은 아니라는 점도 적어두고 싶다. 이 역시 조사마다 결과에 차이가 큰데, 미국에서는 성 가해자 중 40~80퍼센트가 성 피해를 입은 적이 있지만, 성적 학대의 피해자 중 성 가해를 하는 사람은 약 20퍼센트다. 또한 성적 학대 경험에 동반되는 병적 증상을 보이지 않는 피해자가 20퍼센트 정도 있다는 조사 결과도 있다. 병적 증상이 없는 이들의 공통점은 일상 속에 비밀을 털어놓을 친구나 자신의 고통에 다가와 돌봐주는 어른이 있었다는 것이다.

4장에서 DV 문제를 언급했는데, 젠더와 섹슈얼리티에 대한 사회의 시선과 태도가 성범죄 및 성폭력에 영향을 미친다는 사실을 잊어서는 안 된다. 요시미네가 성적으로 부적절한 행동을 시작한 계기도 온라인에서 포르노 영상을 본 것이었는데, TC에서 비슷한 이야기를 여러 번 들었다.

우리 주위에는 남성 관점의 일방적이고 폭력적인 성인 영화, 실제로 경험하는 듯한 아동 포르노, 여성 차별을 조장하는 방송과 웹사이트 등이 넘쳐나고 아이들도 손쉽게 접근할 수 있다. 심지어 일본에서는 지방자치단체와 자위대까지도 성적으로 과잉되면서 어린아이 같은 외견을 한 가상의 여성 캐릭터를 선전에 써서 비판을 받았는데, 그런 감성이 어른의 세계에 만연하고 있다는 증거가 아닐까? 그에 비해 성교육과 미디어 리터러시는 불충분하거나 아예 이뤄지지 않고 있다. 가해자의 가치관과 섹슈얼리티는 이런 환경에서 어린 시절부터 형성되었다고도 할 수 있으니 결코 가볍게 봐서는 안 된다.

요시미네는 한 분기 정도 남겨두고 가석방 예정이었다. 그리고 그때로부터 벌써 5년이 지났다. 요시미네는 담장 바깥에서도 지원을 받고 있을까?. 그에게는 다른 사람과 서로 이야기할 수 있는 장소가 있을까? 그는 권력적인 사고방식에서 좀더 자유로워졌을까?

8

배제보다는 포섭

현재 상태는 교도소와
바깥 사이에 벽을 세우고,
거기서 끝내버린 거예요.
— 다카쿠라

2014년 9월 말, 오사카부 도요나카시에 있는 핫토리 녹지는 아이를 데려온 가족들로 떠들썩했다.

여기저기서 피어오르는 바비큐의 길고 가느다란 연기. 초록색 나무들로 둘러싸인 드넓은 잔디밭 이곳저곳에 흩어져 있는 텐트와 천막. 피크닉 테이블을 펴고 접이식 의자에 앉아 있는 사람들. 아이들은 새된 소리를 지르며 미끄럼틀을 비롯한 놀이 기구들 사이를 달렸다.

그런 풍경 속에 연령도 복장도 제각각인 스무 명 정도의 남녀가 종이컵을 손에 들고 커다란 원을 그리며 서 있었다.

"1년에 한 번뿐인 모임에, 건배!"

한 남성이 긴장한 기색으로 건배하자, 뒤이어 다른 사람들도 목소리를 높이고 웃으면서 컵을 위로 들었다.

영화 「프리즌 서클」에도 담긴 장면이다. 옆에서 봐서는 그들이 교도소 출소자나 관계자라는 걸 알 수 없을 것이다. 나 역시 그날 철석같이 출소자인 줄 알고 촬영했더니 자원봉사를 나온 학생인 경우가 있었고, 그 반대도 있었다.

그들의 접점은 '시마네 아사히'의 TC다. 소풍을 주최한 건 '쿠마의 모임くまの会'이라는 임의 그룹으로 TC 수료생끼리 평온하게 서로 지지해주는 것이 목적이라고 한다. TC의 교육 고문인 후지오카 준코와 당시 TC에서 지원사로 일했던 모리 마유미가 설립했다. 설립의 계기는 '시마네 아사히'에서 출소하여 후쿠오카에서 생활하던 전 TC 훈련생이 SNS로 모리에게 연락하여 "출소 후에 지원을 해주는 기구는 없나요?"라고 물어본 것이었다. 모리는 이렇게 말했다.

"누구에게도 말 못 하는 이야기, 얼핏 쓸데없어 보이는 상담, 그런 걸 누군가 들어주어서 도움이 되는 경우도 있구나 싶더라고요. 그곳에서 쌓은 관계를 갑자기 잘라버리는 것도 무책임하다고 생각했어요."

일단 모리는 네트워크를 만들기 위해 페이스북에 비공개 페이지를 만들고 출소자에게 연락이 올 때마다 그곳으로 연결했다. 이윽고 그들 속에서 직접 생각을 나눌 수 있는 자리도 있으

면 좋겠다는 바람이 생겨나 다 함께 원을 만들어 이야기하거나 소풍을 가게 되었다.

주된 참가자는 TC 출신의 출소자, 지원사 출신 자원봉사자, 후지오카와 그가 가르치는 심리학 전공 대학원생들이다. 먼 지역에서 달려오는 단골도 있는데, 속마음을 아는 동료들과 이야기할 수 있는 자리가 고맙다고 입을 모은다. 촬영 당시에는 대학원생으로 '쿠마의 모임'의 자원봉사자이기도 했던 반도 노조미(현 오사카대학교 특임강사)는 석 달에 한 번 정도 모인다 해도 모임의 존재 자체가 모두에게 생크추어리의 역할을 한다고 보았다.

그날, 좀 늦게 소풍에 도착한 고령의 남성이 있었다. 나고야에서 온 참가자였다. 그는 모리를 보자마자 표정이 확 밝아지더니 예의 바르게 "늘 신세를 지고 있습니다."라고 여러 번 고개를 숙이며 명함을 건넸다. 모리는 "와, 명함을 받다니 기쁜데요." 라고 크게 기뻐하고는 복역할 때부터 앓던 병은 어떤지 안부를 물었다.

조금 떨어진 곳에는 티셔츠나 알로하셔츠에 반바지를 입은 편한 옷차림의 남성들이 철판 위에서 지글지글 소리를 내며 구워지는 고기와 어패류를 이따금씩 뒤집으면서 수다에 빠져 있었다. 그들은 출소한 지 이미 3, 4년이 지난 고참이다. 그 옆에서는 학생과 출소자가 뒤섞여 채소를 썰었다. 후지오카가 마늘을 까면서 한 남성에게 최근 어떠냐고 말을 걸자 그는 띄엄띄엄 근황을 이야기했다. 출소하고 1년 가까이 지났고, 이제야 방수 공사 일에도 익숙해졌다, 장래의 꿈은 딱히 없지만 아침에 일어나 출근하는 평범한 일상에서 행복을 느낀다.

TC의 멤버였던 시절, 그들은 '숨기기보다는 드러낼 것'을 권장받았다. 하지만 일반 세상은 엄혹하다. 새로운 현실에서 생활을 다시 꾸려야 하는 그들에게는 '범죄자'라는 편견이 달라붙는다. 복역 경험을 감추지 않고 살아가는 사람이 있는 반면, 차별과 해고가 두려워 직장에 밝히지 못한 사람도 있다. 뜻하지 않게 복역 경험이 들켜서 알아서 퇴직하길 강요당하거나 어쩔 수 없이 사업을 접은 사람도 있다.

그런데 그런 차별이 특별히 새로운 문제는 아니라고 하는 사람들도 있다. '쿠마의 모임'을 취재하다 한 남성이 범죄를 저지르기 전 반생 동안 차별과 편견에 시달렸노라 이야기하는 장면을 목격하기도 했다.

결의 표명과 커밍 아웃

소풍 마무리를 앞두고 출소한 지 4년이 된 40대 중반 다카쿠라가 일어서서는 모두에게 보고할 게 있다고 말했다.

"붙을지 떨어질지는 모르지만, 저는 내년부터 대학에 진학해 보려고 하는데…."

박수가 터졌고 "대단해!" "진짜로?" 하는 목소리가 들렸다. 다카쿠라는 말을 이었다. 출소 후 이런저런 자리에 나가면서 자극을 받았고, 그 덕에 자신을 있는 그대로 받아들이게 되었다. 내가 살아갈 수 있는 것은 주위 사람들 덕분이라는 사실을 깨달았고, 사회복지사를 목표하게 되었다. 자기는 정신적으로 약하니까 가끔은 불평해도 들어달라고 덧붙이면서 그는 결의 표명을 마쳤다.

내가 다카쿠라와 처음 만난 것은 후지오카가 주최한 출소자 지원 관련 공개 심포지엄으로 그 소풍보다 약 2년 앞선 일이었다. 객석에 있던 다카쿠라는 심포지엄이 끝난 뒤 후지오카에게 인사를 하러 왔다. 각성제에 다시 손대지는 않았고, 가업인 부동산업을 돕고 있다는 등 근황을 보고했는데, "고졸이라 가방끈이 짧으니까"라고 입버릇처럼 자신을 비하했다.

그렇지만 그는 많은 사람들이 모이는 이번 소풍을 훌륭하게 총괄했다. 식자재와 음료를 조달한 것도, 준비와 뒷정리를 이끈 것도 다카쿠라였다. 너무 긴장한 탓인지 마지막에는 많이 지쳐 보였지만, 참가자들이 감사 인사를 해서 기쁜 듯했다.

"저, 부락部落* 출신이에요."

다카쿠라가 나에게 커밍 아웃을 한 것은 그 소풍에서 약 1년 후의 일이었다. 그는 대학교에 무사히 합격하여 학교생활을 시작했다. 희망대로 전공은 사회복지였고, 자식뻘이나 다름없는 어린 학생들과 나란히 앉아 공부하는 것 자체에 흥분했다. 비행 소년과 빈곤 가정 아이들을 대상으로 하는 자원봉사 활동에도 참여했다. 나는 그의 근황을 영화에 담고 싶어서 고베의 카페에서 만나 취재를 제안했다.

우선 다카쿠라는 자택에서 촬영은 어렵다고 했다. 왜냐하면 부모 형제와 함께 본가에서 살고 있기 때문에. 얼굴과 이름도 감추길 원한다고 했다. 본심을 말하면 나는 영화에 얼굴을 내보내

* 일본에 봉건적 신분제가 있던 시기에 가축 도살, 시체 매장 등 특정 직업군에 속한 최하층 사람들을 중심으로 형성된 지역. 인간도 아닌 자들이 사는 곳이라 여겨지며 극심한 차별을 받았다. 19세기 후반 신분제가 철폐되어 법적 차별은 해소되었지만 아직도 부락 출신자에 대한 사회적 차별과 편견, 인권 침해가 끊이지 않으며 심각한 사회문제가 되고 있다.

는 것만은 포기할 수 없었다. 범죄자의 흉악한 이미지가 고착되는 와중에 출소자가 관객과 다르지 않은 한 사람의 인간이라는 점을 전하기 위해서는 표정이 관건이라고 생각했기 때문이다. 복역 중인 훈련생들의 얼굴 공개는 교정 당국이 금지했기 때문에 출소자의 얼굴 공개는 더더욱 의미가 클 것이었다. 그런 이야기를 다카쿠라에게 하며 다시 한 번 검토해주지 않겠느냐고 부탁해보았다.

"도와드리고는 싶지만…." 이 말 다음에 다카쿠라의 입에서 나온 게 앞선 커밍 아웃이었다.

'뭔가 모두와 다르다'는 느낌

그날로부터 5년이 지난 2020년 5월, 코로나 팬데믹의 한복판에 다카쿠라는 화상 인터뷰에 응해주었다.

1970년, 다카쿠라는 효고현의 한 마을에서 부유한 지주 일가의 차남인 부친과 피차별 부락* 출신인 모친 사이에서 태어났다. 단, 다카쿠라 자신은 부락에서 자라지 않았고 그 옆인 부친의 고장에서 태어나고 자랐다.

---

* 202면의 '부락'과 같은 곳을 가리키는 말로 '차별을 받는 부락'이라는 뜻이다.

부락민에 대한 정의는 다음과 같다. 역사적·사회적으로 형성된 피차별 부락에 현재 거주하고 있거나 과거에 거주했다는 사실 등으로 차별을 받을 가능성이 있는 사람.

부락해방운동 등이 등장하면서 타인이 붙인 부락민이라는 낙인을 자의식으로 자각하고, 대외적으로 드러내며, 긍정적으로 받아들이려 하는 '부락민'이 있다. 하지만 현실에는 다카쿠라의 부모처럼 타인이 만들어낸 부정적인 인식을 스스로 자신에 대한 인식으로 내면화·신체화하여 부담감을 느끼며 생활하는 사람들도 적지 않다.

다카쿠라의 부친 일가는 처음에 부락 출신 며느리를 맞이하는 데 반대했지만, 이미 장남이 집안을 이었기 때문에 결과적으로 차남(다카쿠라의 부친)의 결혼을 인정했다. 하지만 분가한 다카쿠라 가족은 본가에서 사는 장남 가족과 조부모에게 노골적으로 다른 대우를 받았다.

"본가에 저랑 같은 세대인 사촌이 있을 거 아녜요? 대우가 전혀 달라요. 엄청 비교당하면서 자랐어요. 뭔 일만 일어나면 '저 애가, 저 애가' 하는 말을 들었고, 하인처럼 일을 시킨 적도 있고요. 본가의 장남은 무슨 말을 해도 '아, 그렇구나, 그렇구나.' 하고 다들 칭찬했고 말하는 건 전부 옳다는 분위기였어요. 우리는 무슨 말을 해도 뭔 소리냐고 했고요. 제가 나쁜 짓을 하면 혼나는 건 엄마. 제가 아니라요. 엄마가 본가에 불려가서 혼났죠."

어린 시절에는 부락에 관해 뚜렷한 인식이 없었다. 일가 사람들이 모친을 항상 괴롭히는 듯한 인상과 '일부러 비꼬는 듯한, 에둘러 말하는 듯한' 관계 속에서 '뭔가 모두와 다르다'는 느낌을 품었다. 모친의 일가 사람들도 그 차이를 느끼게 하는 존재였다. 모친의 형제 집에 놀러 가면 '등에 그림을 그린 사람'밖에 없어 어린 다카쿠라는 신기해했다. 머지않아 그들이 '반사회 집단(야쿠자)'이라는 것을 알았다.

"피해자라고 하면 이상하지만, 저희 아버지도 일할 곳이 없어서요. 회사는 어디서도 뽑아주지 않았어요. 가족이 그러니까 경찰인가 블랙리스트에 올랐기 때문에 돈을 쥐꼬리만큼 주는 운송회사에서 일할 수밖에 없었죠. 운송회사에도 대우가 좋은 곳이 있고 나쁜 곳이 있는데, 좋은 곳은 엄격해서 집안을 조사하고는 안 돼, 안 돼, 한다고요. 계속 빈곤 가정이었어요."

다카쿠라가 말한 '블랙리스트'란 『부락지명총감部落地名総鑑』을 가리키는 듯했다. 『부락지명총감』은 흥신소 등이 발행했던 일종의 리스트로 전국 부락의 소재지, 지명, 가구 수, 직업 등이 기재되어 있었고, 기업과 개인이 신원 조회를 위해 비싸게 구입했다. 1975년 공적으로 문제가 되었고 법무성이 회수에 힘썼지만, 여전히 디지털 데이터로 나돌고 있다. 대형 식품회사에서 일하던 다카쿠라의 부친이 대우가 열악한 곳으로 이직할 수밖에 없었던 배경에는 그런 사정이 있었다고 추측할 수 있다.

어머니의 두 이름

다카쿠라에게 어린 시절 기억을 물어보면, 가난과 파친코와 부모의 싸움을 언급한다.

"아버지는 파친코 의존증 같았어요. 돈을 거의 파친코에 써버렸거든요. 집 안에서는 계속 싸우기만 했죠. 아주 어릴 때부터요. '돈 없어, 돈 없어.'라고요. 그런 분위기에서 자라니까 더 이상 공부 안 해도 되겠다 싶었어요. 고등학교에 가면 생계에 엄청 부담이 될 테니까. 그러니까 하지 못할 이유부터 찾는 인간이 돼버린 거예요, 제가. 실은 하고 싶지만, 하지 못할 이유, 이런 이유가 있으니까 나는 안 해도 돼."

초등학생 시절, 다카쿠라는 학원에 다니는 친구들을 대단히 부러워했다. 부락의 아이들을 대상으로 하는 무료 학원이 있다는 걸 알고 모친에게 그곳에 다니겠다고 졸랐다. 하지만 "너는 성이 아버지랑 같으니까 부락이 아냐. 그러니까 못 가." 같은 말을 하며 완고하게 막았던 일이 기억에 남아 있다고 했다.

모친에게는 계속 반발했지만, 한편으로는 존경하는 마음도 있었다. 중졸이었던 모친은 청소부나 신문 배달원 같은 일로 거의 집에 없었고, 자는 모습도 식사하는 모습도 본 적이 없다. 40세에 공인중개사 자격을 취득한 모친에게 다카쿠라는 "엄청 노력했다." "그런 모습을 보았기에 어머니에게는 은혜를 느낀다."라고 감사했다. 다카쿠라는 자신이 45세가 넘어 대학교에 들어가 자격 취득을 목표하는 것도 어린 시절부터 본 어머니의 모습에 큰 영향을 받았기 때문이라고 인정했다.

"어머니에게는 이름이 두 개 있어요. 본명이랑 동네에서 사용하는 이름. 그 지역에서 실명을 쓰면 부락인 게 들키니까 안 된다면서요."

모친은 결혼하고 호적을 부친 쪽으로 옮겼기에 부친의 성을 사용했다. 여기까지는 흔한 일이다. 놀라운 점은 성이 아닌 이름까지 실명과 다른 것이 존재했고, 두 이름을 그때그때 가려서 썼다는 것이다. 즉, 호적과 다른 이름으로 살아왔다는 뜻이다. 그건 지금도 계속되고 있다.

흔히 부락 출신 여성을 한데 뭉뚱그려 비슷하다고 여기곤 하지만, 부락 내에서 차별을 느끼지 않고 생활하는 여성, 차별을 강하게 의식하여 부락해방운동을 하는 여성, 부락 밖에서 살아가며 '자나 깨나 불조심'을 하듯이 숨기는 여성 등 결코 모두 같지 않다. 부락 출신 여성을 전문으로 연구하는 구마모토 리사(긴다이대학교 인권문제연구소 교수)는 '여성인 데다 부락 출신'이라고 덧셈하듯이 차별을 파악해서는 알 수 없는 복잡함이 있다고 지적한다.

그 지적은 다카쿠라 모자에게도 해당한다. 부락과 인접한 외부의 부유한 집안에 시집가서 가명을 쓰며 출신을 필사적으로 숨기지만, 그럼에도 빈곤과 일상적인 차별에 시달리고, 거기에 남편에게조차 "부락년"이라고 매도를 당하며 살아온 여성. 다카쿠라 역시 그런 환경에서 자아가 형성되었고, 자신이 불우하다는 인식과 체념이 심해져 중학생 때부터 비행에 빠졌다. 그렇게 체포되길 반복하는 생활 방식을 만들어왔다고 할 수 있다.

다카쿠라는 20대 중반부터 결혼 차별을 당했다. 결혼을 마음먹은 것은 네 차례. 전부 출신을 이유로 성사되지 않았다. 첫 파혼에 관해 다카쿠라는 다음처럼 말했다.

"(연인에게) 요즘 시대에 문제없을 거라고 생각하지만, 절반은 부락의 피가 흐른다고, 어머니가 부락 출신이라고 했어요. 틀림없이 부모님이 반대할 거라고 했는데…. 부모끼리 만나서 결혼 얘기를 해보기로 되었는데, (연인의 부모가) 누군가한테서 들은 거예요. 어머니가 부락 출신에 어머니의 형제랑 친척이랑 야쿠자라고. 그래서 (연인의 부친이) 할 말이 있다고 불러내더니 '너, 이렇게 중요한 걸 숨긴 거냐! 이 비겁한 놈!'이라고요. '아니에요. 얘기했어요. 못 들으셨어요?'라고 하니까 '미안한데, 너한테 앙심은 없다. 원망할 거면 네 피를 원망해. 우리는 이런 결혼 못 하니까.'라더라고요. (저는) 학력도 없고 어중간하니까 저 때문이라고 하는 건 상관없는데, 제 어머니한테, 심지어 '인간도 아니다' 같은 취급을 하고 '같은 피가 흐르니까'라고 하니까요. 엄청 열받았죠."

다카쿠라에게서 결혼이 깨졌다는 이야기를 들은 모친은 혼자서 연인의 집에 찾아가 사죄했다. 그걸 안 다카쿠라는 더더욱 격노했다.

"어머니한테 '사과를 왜 해? 어디까지 나를 깔보는 거야?'라고 하니까 눈물을 뚝뚝 흘려요. '사과 안 해도 되는데 말이다.'라면서요. 완전히 뚜껑이 열려서 식칼을 들고 박스테이프로 둘둘 감고는 죽여버린다고, 그 집 앞에 가서 '야, 나와!'라고 했어요. 그러니까 부모가 나오고, 그 뒤에 여자친구가 나오고요. '나를 죽여!'라고도 하고. 힘들었는데 말이죠. '아니잖아. 왜 우리 어머니가 사과해야 하는데.'라고… 물러날 수밖에 없더라고요. 세상이란 이런 건가 하고."

다카쿠라는 고등학생 시절 어머니의 친척에게 권유를 받아 각성제에 손대기 시작했다. 그리고 차별 때문에 여러 차례 결혼이 좌절되면서 더욱 각성제에 의존하게 되었다. 첫 파혼에서 연인의 부친이 입에 담았던 차별 발언을 그 뒤에는 교제 상대에게 직접 듣기도 했다. 그렇게 여성에 대한 증오심이 깊어졌고, 정이 얽히지 않는 성적 관계에 의존하게 되었다. 그런 상황이 두 차례에 걸친 체포와 교도소 복역으로 이어졌다.

부정적 반응

다카쿠라는 TC의 제1기생이다. 죄상은 절도에 형기는 3년이 었지만, 앞서 살펴봤듯이 각성제 의존과 각성제 매매 등의 문제도 있었다. 간사이 지방의 두 교도소를 거쳐서 '시마네 아사히'로 옮겨왔을 때, 너무나 달라서 당황했다고 한다. 지원사는 물론 담당 교도관까지 훈련생을 평등하게 대해주었다는 긍정적인 기억이 있다고 했다. 그에 비해 TC의 수업 내용에 관해 물어보니 "전혀 이해하지 못했다." "범죄자 주제에 다들 뭘 폼 잡으면서 말하나 생각했다."라며 차가운 시선으로 바라봤다고 밝혔다. 지원사였던 모리도 일부러 원에서 벗어나 앉던 다카쿠라의 반항적인 태도가 기억에 선명하다고 했다.

출신과 차별을 밝힌 적이 있냐는 질문에는 TC가 처음 시작되었을 때 결혼 차별에 관해 이야기한 적이 있다고 했다. 하지만 그 일은 다카쿠라에게 '부정적 반응'으로 기억에 남아 있다. 다른 훈련생들은 다카쿠라의 이야기에 "요즘 그런 놈이 어디 있어." "내 딸이 결혼한다고 하면 절대로 그렇게 말 안 해."라는 등 그의 경험 자체를 부정했다. 그래서 다카쿠라는 '이 녀석들이랑 얘기해봤자 소용없어.'라고 체념하는 마음을 품게 되었다. 하지만 당시는 TC 유니트 전체가 충분히 성장하지 않은, 생크추어리가 형성되기 전 단계였다. 그런 상황에서 갑자기 무거운 경험을 들었으니 당연한 반응이라고, 지금은 그렇게 생각한다고 다카쿠라는 말했다.

모리에게 확인해보니 결혼 차별에 관한 이야기를 잘 기억하고 있었다. 모리에게는 매우 충격적인 이야기로 "이를 꽉 깨물면서 들었다"고 했다. 당시 TC에는 피차별 부락 출신자 외에도 재일 조선인 등 소수자가 많았는데, 차별 경험도 받아들이는 방식도 다들 달랐기에 다카쿠라에 대한 부정적 반응은 이해할 수 있다고 했다. 다만, '부정적 반응'을 해석하는 방식은 다카쿠라와 달랐다. 모리는 다른 훈련생들이 말로 표현하지 못했거나 다카쿠라가 말하려 하는 걸 이해하지 못한 채 당황하고 동요했던 것이 아닐까 싶다고 했다.

그 당시 모리를 비롯한 전문가들은 TC 훈련생들의 배경을 고려하여 차별에 관해 생각할 기회를 많이 마련하려 했다. 당시 TC에는 외부 강사로 연구자 등 다양한 사람들이 관여하고 있었고, 앞서 언급한 반도 노조미가 전에 '반차별국제운동IMADA'의 직원이었던 덕분에 인종 차별에 관한 영화를 관람하고 서로 이야기하는 기회를 자주 마련했다.

반도는 당시를 이렇게 기억했다. 초기에는 TC 참가자가 스무 명 미만으로 적었는데, 그중 파악한 것만 부락 출신자가 네 명에, 재일 조선인이 한 명이었다. 결혼과 관련한 차별은 수업 중에 60대 부락 출신자가 자기 경험을 밝혔던 게 기억난다. 반도 자신도 와카야마 지역의 피차별 부락에서 해방운동을 하는 부모님과 주위 활동가들 사이에서 자랐기에 개인적인 경험을 이야기한 적이 있다. 그 직후의 여가 시간에 다카쿠라가 말을 걸어서 그의 출신에 관해 잠시 듣기도 했다.

다카쿠라에게는 '부정적 반응'으로 마음을 닫게 된 자리였다고 해도, 모리와 반도 등 관계자의 이야기를 들어보면 당시의 TC에는 훈련생의 마음을 흔들 기회가 준비되어 있었던 것 같다.

서로 마음을 열어주는 장소

TC에 소속된 재일 조선인의 이야기를 들으며 그들 역시 차별에서 살아남은 생존자라는 사실을 통감했다. 교도소에서는 자신의 뿌리 역시 낱낱이 밝혀진다. 그들 대부분이 가명을 쓰며 살아왔지만, 교도소에서는 호적의 이름대로 불리기 때문이다. 심지어 한국식 이름을 일본식으로 발음한다. 자신에게도 익숙하지 않은 이름으로 불리며, 새삼 출신과 차별에 관해 생각하는 이들도 있다. 5장과 7장에 등장한 박도 그런 사람으로 체포 전에는 가명을 쓰며 생활했다.

TC에서 '기본적 전제' 중 하나로 삼고 있는 '배제보다는 포섭' 수업에서는 차별과 편견에 관한 경험담을 이야기하는 경우가 많다. 교과서에는 배제와 포섭이 다음처럼 정의되어 있다.

배제: 그 자리에서 밀어내어 제거하는 것. 내쫓는 것. 참가하여 즐기는 것을 거부하는 것.

포섭: 어떤 사정을 일정 범위 내로 받아들이는 것. 어떤 개념이 더욱 일반적인 개념에 포괄되는 종속 관계.

'처음 배제되었다고 느낀 때'를 묻는 질문에 박은 5세에 자신이 재일 조선인이라는 사실을 알게 되었던 때라고 했다.

"그걸 알았던 날은 지금도 잘 기억해. 충격이었지. 선언을 당했다고 할까, 사형 선고라고 할까. 부모가 갑자기 말했는데, 한동안 유치원도 못 갔나 봐. 나는 이 세상의 장해물이라고 생각하게… 아이덴티티가 없어진 것 같았어. '일본인이 아냐? 어, 그럼 난 뭐야?' 하는 식으로. 내 존재 가치가 없어진 것 같았어…."

자신이 '존チョン'*이라고 불리며 괴롭힘을 당한 이유가 명백해진 순간이었다. 그렇다 치더라도 다섯 살 아동이 자신의 뿌리를 알고 사형 선고라고 느낄 수밖에 없는 사회란 대체 무엇이란 말인가. 박과 동년배지만 다수파에 속한 나는 가슴이 미어지는 것 같았다.

---

* 일본에서 '보잘것없는 인물'을 가리키는 멸칭이었으나 일제 강점기를 거치며 조선인을 경멸하며 가리키는 말로도 쓰이게 되었다.

중고등학교 시절을 돌이키며 배제되었던 느낌과 그 영향에 관해 이야기해보았다. 박은 중학생 때부터 6년 동안 다닌 한국 학교를 "군대나 조직폭력배 같은 곳"이라고 불렀다. 갓 중학교에 입학한 박에게 선배들은 매주 10만 엔 단위의 돈을 모아오라고 명령했다. 열리지도 않는 가짜 파티 입장권을 수제로 만들고, 번화가에 나가 입장권을 강매하기 위해 공갈하는 법을 배우고, 타깃을 찾아내는 법부터 말하는 법과 겁주는 법까지 실전 훈련을 받았다.

"학교를 빠지면 부모가 아니라 선배들이 때렸어. 돈을 적게 내도 두들겨 맞았고. 멍이 가실 날이 없었어. 새카매져서 엉덩이부터 등까지 세계지도였다니까. 부모는 목욕탕에서 봐도 '그게 뭐야?'라면서 웃을 뿐. '선배한테 좀 당했어.'라고 해봤자 부모도 그런 학교를 다녔으니까 '고생이네.' 하고 끝이야. 그래서 경찰한테 잡히면 안심했어. 핑계가 생겼다고. (선배한테) '하룻밤 유치장에 있어서 돈을 못 모았습니다.'라고 할 수 있으니까. 그러면 선배도 그렇게 때리지 않고 넘어가니까."

그런 일은 고등학교 2학년까지 이어졌다. 고등학교 3학년이 되어 해방되었을 때는 안도했지만, 그것은 동시에 그가 후배에게 똑같은 짓을 한다는 뜻이었다. 그야말로 시스템화된 폭력의 연쇄다.

박이 숙모에게서 성폭력을 당했다고 앞서 7장에 적었는데, 실은 박보다 세 살 많은 누나도 18세 때 강간 피해를 당했다. 다른 수업에서 박은 그 일을 '피해 연표'에 적었다.

"인간을 원망한다고 할까, 일본인을 증오한다고 할까. 재일 조선인이라서 당했다고 멋대로 믿었어요. 조선인이라서 무시당하고, 누나도 강간당했다고요. 중학교 2학년쯤부터는 선배들 말도 전부 틀린 건 아니구나, 해버려도 되는구나, 돈 뜯어도 되는구나, 때려도 되는구나 생각하게 되어서 몸을 단련했어요. 권투 체육관에 다니기도 했어요. 지지 않으려고."

힘으로 타인을 굴복시키며 살아온 박은 TC에 들어온 뒤에도 젊은 훈련생에게 설교를 늘어놓거나 막무가내로 지론을 펼쳐서 주위 훈련생들과 충돌했다. 그러던 그가 변하기 시작한 계기는 상해치사죄로 수용된 쇼와 같은 그룹이 되었던 것이라고 박 자신이 출소 후 진행한 인터뷰에서 말해주었다.

"그(쇼)는 오키나와 출신으로 그야말로 소수파예요. 최선을 다해 주류 속으로 들어가려다 폭발해서 사람을 해쳤다는 이야기를 들었을 때, 정말로 정신이 번쩍해서 '아, 어떤 건지 알겠다.'고 생각했어요. 그때 그림을 그렸는데, 쇼는 엄청 살벌한 그림을 그렸어요. 빨갛고 살벌했는데, 병 속에 피가 고여 있고 거기에 사람의 해골 같은 게 들어가 있었어요. 인간은 죽은 다음 그저 물체가 된다는 느낌의 그림이었는데, 충격적이었어요. 평소에는 세상사에 초연해 보이는데, 병들었구나 생각했죠. 쇼와 패

오래 이야기를 하면서 TC의 본질이라고 할까요, 그런 걸 알았던 것 같아요. 아아, 그렇구나. 이렇게 뿌리에 있는 걸 서로 이야기하는 곳이구나. 그때부터였어요. 확 빨려 들어가듯이 다른 사람의 이야기를 집중해서 듣고, 다른 사람의 마음속으로 들어가보기 시작한 게."

그곳에서는 소수자끼리 만나서 서로 마음을 여는 경험이 거듭거듭 쌓여간다. 차별과 편견은 눈에 잘 띄지 않고, 누군가 이야기하지 않으면 알 수 없는 경우가 많다. 마찰과 충돌을 겪으면서 다수파 쪽에도 깨달음이 싹트기 시작한다. 촬영했던 나도 마찬가지다. 나는 그들이 TC에서 경험했던 일들의 의미를 담장 바깥에 그런 경험이 부재하다는 사실로부터 깨달았다.

지워질 뻔한 장면

다시 서두의 소풍으로 돌아가겠다. 영화 「프리즌 서클」의 소풍 장면에는 출소한 사람들 대부분이 얼굴을 숨기지 않고 등장한다. 다카쿠라도 그중 한 명이다. 당초에 거부했던 다카쿠라는 4년 후의 시사회에서 영상을 보고 얼굴 공개를 결정했다. 세간의 편견과 차별이 없어진 것은 아니니까 위험성이 있었다. 하지만 위험성보다 중요한 무언가를 발견한 모양이었다.

한편, 완성 직전에 교도소 측과 교정국 간부를 대상으로 실시한 시사회에서는 반복해서 이 장면을 삭제하라고 요구했다. '교도관의 직무 집행에 관한 훈령' 제10조의 신고 사항에 삭제 요구의 근거가 있다. 그 조항에 따르면 친족이나 지인이 입소한 경우 혹은 출소자 등이 금품을 보내왔을 경우, 교도관은 그 사실을 시설장에게 신고할 의무가 있다. 그리고 엄정한 직무 집행을 이유로 그 규정은 외부에서 접촉 자체를 금지하는 것으로 확대 해석되고 있다. 그 때문에 비록 민간 기업 소속이라고 해도 교도소 직원이 출소자와 교류하는 것 자체를 문제시하여 소풍 장면 삭제를 요구한 것이다. 모리와 후지오카가 얼마나 위험을 감수하고 그런 자리를 운영해왔는지 그때 새삼 통감했다.

모리는 영화 공개 후에 진행한 인터뷰에서 출소자와 접촉이 금지된 경위를 알고 있다고 하면서 다음처럼 말했다.

"우리 지원사는 이런저런 프로그램을 진행하고 '힘내요!'라면서 훈련생을 배웅하고 만족해온 셈인데, 그것만으로는 훈련생들이 넘어설 수 없는 국면도 있을 테고⋯. 그럴 때 도움이 되는 자원은 무엇일지, 반드시 경험을 해봐야 알 수 있는 게 있다고 생각해요. 애초에 교도소에서 나간 사람의 이야기를 들어보지 않으면 그 안에서 뭘 해야 좋을지 알 수 없어요."

사실 형을 마친 출소자와 지원사의 교류를 금지하거나 제한하는 것 자체가 사회적 배제 아닌가. 금품 수수 등이 없이 대등한 관계를 맺을 수 있다면, 이해관계는 생겨나지 않을 것이다. 접촉을 금지하기보다는 TC가 실현하고 있는 대등한 관계, 그리고 외부와 하는 교류를 교도소에 있는 동안 준비해두는 것이야말로 모리가 말했던 출소 후의 지속적 지원으로 연결되지 않을까.

TC의 효과를 검증한 조사 결과가 있다. '시마네 아사히'의 TC 수료생 148명과 TC 이외 일반 수용자 2517명을 대상으로 실시한 조사인데, TC 수료생의 '재입소율(다시 죄를 저질러 교도소에 수용되는 비율)'은 약 9.5퍼센트로 놀라울 만큼 낮고, 일반 수용자의 재입소율 19.6퍼센트와 비교하면 절반 이하에 불과하다. 그리고 재입소를 한다 해도, TC 수료생이 더욱 오랜 기간 사회에서 생활하는 경향이 있다고 판명되었다. 우리는 재범의 유무에만 주목하기 십상인데, '사회에서 생활하는 기간'을 어떻게 해야 늘릴 수 있을지 발상을 전환해보면 어떨까.

2019년, TC와 만나고 10년째 되던 해에 다카쿠라는 훌륭히 대학교를 졸업했다. 심지어 사회복지사와 더불어 정신보건복지사 자격까지 취득했다. 눈부실 만큼 성장한 그는 가업을 이으면서 전문가로서도 출소자 지원에 힘쓰려고 한다.

"현재 상태는 교도소와 바깥 사이에 벽을 세우고, 거기서 끝내버린 거예요. 이야기하는 사람은 있지만, 할 수 없는 거예요, 자기의 곤란한 일 같은 건. 보호관찰관이 있다느니 없다느니 하는데, 어제 오늘 만난 사람한테 상담 같은 건 할 수 없어요. 제 경우에는 1년 동안 TC에서 함께 생활한 사람들과 바깥에서도 연결되어 진심으로 이야기할 수 있는 관계를 유지했던 게 가장 중요했어요."

다행히 영화에서 소풍 장면은 삭제하지 않고 사수해냈다. 배제의 정체는 대체 무엇일까? '사회적 포섭'이 그저 구호에 그치지 않으려면 어떻게 해야 할까? 배제될 뻔했던 소풍 장면에서 우리는 무엇을 배울 수 있을까?

9

구조를 포기하게
하는 사회

돌아갈 장소가 있다는 느낌은,
실은 없을 거예요.
어렸을 때도 돌아갈 곳 같은 건
없었고….
— 다쿠야

대부분의 범죄는 갑자기 일어나지 않는다. TC에서는 범죄 행위에 이르기까지 그 사람 특유의 왜곡된 사고와 행동 패턴이 존재하며 '범행 사이클'이라고 부르는 여러 단계의 전조가 반복된다고 여긴다. 이 범행 사이클을 다루는 수업에서 있었던 일이다.

다섯 명씩 나뉘어서 각자 저지른 죄에 관해 적은 메모를 보며 이야기를 나눴다. 네 번째 분기였던 마사토는 다음처럼 발언했다.

"강도 쪽은 피해자에게 상처를 입혔다고, 공포를 느끼게 했다고, 저도 생각하는데요, 절도에 관해서는 피해자에게 아무것도 끼치지 않았다고 생각해요. 그저 (상대가) 도둑맞았을 뿐이지,

딱히 곤란한 일은 없지 않나 하고. 그래서 절도에 관해서는 내가 미친 영향이 뭔지 모르겠어요."

마사토는 촬영을 시작했을 때 이미 세 번째 분기였기 때문에 절도에 관해 이야기한 건 처음이 아니었다. 하지만 절도에 대한 죄악감이 없다는 사실이 이 수업에서 새삼 드러났다.

"파친코 가게에서 파친코를 하잖아요? 딱히 뭘 훔치려고 파친코 가게에 간 건 아니고, 그냥 평소대로 하는데 '아, 지갑이네.' 하면서 슬쩍하고 그대로 자리로 돌아가요."

마사토가 말을 마치자마자 30대 남성이 끼어들었다.

"지갑을 봤을 때, 어떻게 생각해? 대박?"

"그런 생각도 안 하고 먼저 손이 움직여요. 나도 모르게 하는 거야."

마사토는 그렇게 답하더니 조금 생각하고 비유해서 설명했다.

"식탁에 음식이 차려져 있어서 먹을게요, 하는 느낌? 잘 먹었습니다."

어린 시절의 마사토는 배고픔을 달래기 위해 절도를 했다. 마사토의 집에는 아침식사 자체가 존재하지 않았다. 저녁식사 역시 "초등학교 3학년 이후에는 줬던 것 같은데…."라며 말을 머뭇거렸다. 학령기에는 학교 급식이 유일한 식사인 날이 드물지 않았고, 밥을 한 공기 더 먹고 이튿날 급식까지 배고픔을 견디는 날도 있었다. 급식이 없는 주말이나 연휴에는 친구 집에 막무가

내로 찾아가 점심부터 저녁까지 얻어먹는 경우가 적지 않았다고 한다.

여섯 살에 처음 가게에서 훔친 물건은 도시락이었다. 그 후로 먹을거리를 훔치는 게 일과가 되었다. 하지만 5장에 언급했던 마사토의 피해·가해 연표에는 '4~5세 동네를 돌아다니며 과일을 훔침'이라고 쓰여 있었으니 실제로는 더욱 일찍 절도를 시작했을 것이다. 그에 덧붙여서 어린 여동생이 슈퍼마켓에서 물건을 훔치다 발각되어 한동안 시설에 보호된 적도 있었다고 하는데, 빈곤과 양육 문제가 있는 가정에서 성장했다는 사실은 분명하다.

한 훈련생이 지갑을 처음 훔치게 된 시기와 그때 무슨 생각을 했는지 질문했다. 마사토는 이렇게 답했다.

"지갑을 처음 훔친 건 초등학교 1학년인가, 2학년… 딱히 아무 생각 없었던 것 같은데…."

그 뒤 마사토는 성인이 된 후에 물건을 훔친 수법을 이야기했다. 다른 40대 훈련생이 그의 이야기를 듣고 짜증 난 모습을 보였다.

"자기 돈을 도둑맞아도요? 도둑맞은 건 자기 때문이라고 생각해요?"

마사토도 울컥하면서 손짓 몸짓을 섞으며 답했다.

"도둑맞은 건 내 탓이라고 생각하고, 도둑맞았으니까 훔쳐도 돼. 그게 자전거도 꽤 그랬기 때문에. 자전거 도둑맞았으니까 훔쳐도 별로…. 그걸로 이 세상이 돌아간다면 상관없지 않나."

"그렇구나!" 공감하는 목소리가 들렸고, 중년의 훈련생이 "돈이 없으니까 훔치는 거죠?"라고 물었다.

"돈이 있어도 할걸요. 30만 엔 정도 갖고 있어도 아무렇지 않게 500엔 정도는…."

마사토가 말을 마치기 전에 40대 훈련생이 비난하는 감정을 담아 말했다.

"그러면 일하는 의미가 없지 않아요? 옆에서 돈을 훔치면 되니까."

다쿠야와 같은 세대인 젊은 훈련생이 곧장 도와주러 끼어들었다.

"그래도 저는 알겠는데요, 준비랑 순서랑. 저도 들치기를 한 적이 있거든요. 파파팍 하고 머리가 돌아가요. '아, 가방이다. 훔쳐야지.' 하고."

그 훈련생은 사기죄로 복역 중이었으니 여죄를 커밍 아웃한 것이었다. 그리고 자신의 심정을 이입하듯이 "들키지 않으면 그만이지?"라고 물었다.

그렇지만 마사토는 그 질문을 부정하며 "나는 들켜도 상관없어."라고 했다. 어이없다는 듯한 웃음이 일어나는 와중에 다른 훈련생이 "그때그때 상황 봐서?"라고 묻자 마사토는 "그렇죠. 죄악감이 없다고 생각해요."라고 했다.

차례차례 "훔치면 안 되잖아." "저래서야 위험하네… 죄악감이 있다면 변할 수도 있겠지만." 하는 목소리가 들리며 그룹이 술렁거렸다.

"죄악감 전혀 없죠?"라고 묻는 중년의 훈련생.

"절도에 관해서는 전혀 없어요."

주눅 들지도 않고 태연하게 말하는 마사토.

요즘은 어떻게 생각하느냐는 질문에는 이렇게 답했다.

"솔직히 지금도 절도가 안 된다는 생각은… 조금씩 생겨나고는 있는데, 아직 완전히 범죄라서 안 된다는 건…."

다들 실소를 흘려보냈지만 마사토는 고개를 갸웃했다.

소셜 아톰

TC 유니트의 홀에 나란히 놓인 두 개의 화이트보드. 그걸 둘러싸며 스무 명 정도의 훈련생들이 자리에 앉았다. 여성 지원사가 "오늘의 모델은 기시베 씨죠."라고 부르자 마사토가 자리에서 일어나 앞으로 나섰다. 모델은 롤 모델(본보기)이라는 뜻으로 주어진 주제를 자신의 경험에 기초해 모두의 앞에서 이야기하는 역할을 맡는다.

마사토가 다섯 번째 분기에 돌입한 그날은 '소셜 아톰social atom'을 이용한 수업이 진행될 예정이었다. 소셜 아톰이란 타인과 맺은 인간관계를 돌아보기 위해 이용하는 기법 중 하나다. 일상생활에서 상호 관계를 맺고 정서적으로도 자신에게 무언가 영향을 미친 사람들의 관계성을 표현한 상관도 같은 것으로 이기법의 발안자인 정신의학자 제이컵 레비 모레노는 "개개인의 사회적인 세계" 혹은 "서로 영향을 주고받는 사회적 네트워크"라고 정의했다.

구체적인 방법은 어느 특정한 연령의 자신을 상관도의 가운데에 두고 당시 타인과 맺은 정서적인 관계를 거리나 연결선의 굵기로 나타낸다. 자신에게 가장 중요한 사람을 다섯 명 정도 꼽아 원 속에 한 명씩 이름을 써서 배치하고 자신과 선으로 연결하는 것이다. 애착이 강했거나 밀접하게 소통했다면 굵은 선으로, 애착이 약했거나 소통이 띄엄띄엄했다면 가느다란 선으로 연결한다. 신뢰할 수 있는 동시에 무서운 사람이라면 이름 주위의 원을 톱니바퀴처럼 그린다.

화이트보드에는 이미 그려둔 마사토의 소셜 아톰이 있었다. 시점은 세 가지, 초등학교 1학년, 6학년, 범행 직전이었다.

우선 초등학교 1학년의 그림에는 한가운데 놓인 '나'의 가장 가까운 위치에 '동생', 그다음으로 '친구'가 배치되어 있었다. 동생과 연결한 선은 가늘지만, 친구와는 누구보다 굵은 선으로 이

어두었다. '어머니'와 '세 번째 아버지'는 화이트보드 아래쪽에 있었는데, 관계가 희박했다는 걸 한눈에 알 수 있을 만큼 연결선이 가늘었다. 특히 눈에 띈 건 '세 번째 아버지'로 이름 주위의 원이 톱니바퀴 모양인 데다 마사토에게 향하는 화살표에는 '학대'라고 쓰여 있었다. 어머니의 옆에는 '아버지와 사이가 좋아서 멀어진 느낌'이라고 써두었다.

마사토는 "오랜만에 앞에 나서서 부끄럽네요."라고 쑥스러워하면서도 마커로 그림을 가리키면서 해설했다. 세 번째 아버지 주위가 톱니바퀴인 건 "어떤 표정으로 화냈는지 기억나지 않을 만큼, 아무튼 무서운 존재"였기 때문이라고 했다. 당시에 세 번째 아버지는 도둑질이나 못된 장난을 하는 마사토에게 일상적으로 폭력을 휘둘렀다. 기억나는 건 부친이 때리고 머리를 밀어붙여서 벽에 커다란 구멍이 나고 자신이 피투성이가 되었던 것. 모친도 자기를 지켜주지 않았던 것. "훈육의 의미도 있었을 거라고 생각하는데"라면서 그는 "학대였다고 받아들이고 있다"고 했다.

그다음 초등학교 6학년 때의 그림에는 1학년 때와 대조적으로 '어머니' '동생' '고양이'가 '나'와 밀착되어 있었다. '친구'는 거리도 선 굵기도 똑같았고, '세 번째 아버지'는 멀리 있는 건 같았지만 톱니바퀴가 그냥 원이 되었고 연결선이 굵어졌다. 새롭게 등장한 인물은 '괴롭히는 아이'로 그림의 중앙 아래쪽에 배치

자신의 소설 아톰을 설명하는 마사토. 왼쪽부터 초등학교 1학년, 6학년, 범행 직전의 인간 관계를 나타낸 그림이다.

되어 이름 주위가 톱니바퀴 모양이었다.

마사토는 설명했다. 당시 어머니는 세 번째 아버지의 아이를 낳은 직후로 집안일과 육아 때문에 정신이 없었다. 하지만 항상 집에 있었기 때문에 물리적으로도 정신적으로도 가깝게 느껴졌다. 세 번째 아버지의 학대는 진정되었고, 가끔씩 낚시에 데려가주는 등 애착이 강해졌지만 일이 바빠 거의 집에 거의 없었기 때문에 멀리 떨어진 위치에 배치했다.

'괴롭히는 아이'에 관해서는 "멀리하고 싶은 존재로 엄청 무섭고, 나를 괴롭혔지만 그만두라고 말할 용기도 없고 매일 함께 있는 상황이라 눈치를 보면서 생활했다"고 설명했다. 앞서 5장에서 마사토의 피해 연표에는 '성기를 강제로 물게 했다'는 성폭력이 언급되었는데 그 가해자가 바로 '괴롭히는 아이'였다.

"저를 괴롭힌 놈을 언젠가 죽여버리겠다고, 그런 증오가 항상 있었는데…. 그때 고양이를 길렀는데 학교에서 돌아와 고양이를 쓰다듬으면 마음이 가라앉았어요. 고양이가 없었다면 힘들었을 것 같은데, 고양이한테 엄청 기댄 부분이 있었다고 생각해요."

앞서 이야기했듯이 이 고양이는 나중에 부친이 내버리고 말았는데, 가장 괴로운 시기에 마사토를 지지해준 것은 가까운 어른이 아니라 고양이였다. TC에는 마사토처럼 어린 시절 가장 친밀한 관계였던 존재로 인간이 아니라 반려동물이나 길고양이, 인형, 상상 속의 친구 등을 꼽는 사람이 드물지 않다.

범행 직전의 소셜 아톰에서 '나'와 밀착해 있는 존재는 '나쁜 친구' '친구' '여자친구'. 여자친구 옆에는 '의존'이라는 단어. '세 번째 아버지'가 사라지고 '네 번째 아버지'가 등장했지만, '동생' 및 '어머니'와 마찬가지로 멀리 떨어진 자리에 배치되었고 연결선도 가늘었다. 그 옆에는 '거의 대화하지 않음'이라는 메모.

그 무렵 모친은 세 번째 아버지와 이혼하고 네 번째 아버지와 결혼했는데, 마사토도 함께 살고 있었다. 가족들은 일도 안 하고 빈둥거리는 마사토를 상대해주지 않았기에 "선이 있지만, 실제로는 이미 끊긴 느낌이어서"라며 마사토는 가족과 연결한 선을 손으로 지웠다. 그리고 당시에는 식비도 생활비도 파친코비도 여자친구가 전부 대주었다며 "마음의 거리는 가깝지만, 별로 좋지는 않은 관계"였다고 했다.

또한 '친구'란 중학교 동창으로 강도(아저씨 사냥)와 앞선 범죄(집행유예 중이었던 절도와 불법 침입)에 모두 공범이었다고 했다. 나쁜 친구는 같은 중학교 출신의 두 후배로 그들 역시 '아저씨 사냥'을 함께했다고 설명했다.

"나쁜 짓을 할 때만은 그 친구들도 인정을 해주긴 했는데…. 제가 있을 곳을 원했으니까, 거리적으로는 가까웠다고 믿고 싶을 뿐인지도 모르겠네요."

지원사가 질문했다.

"세 가지 관계도를 보고, 기시베 씨가 타인과 관계를 맺는 방식에 뭔가 버릇이, 패턴이 있다고 생각하시나요?"

"어떤 버릇이…." 마사토는 말을 잇지 못하고 한동안 화이트보드를 살펴보며 멍하니 서 있었다. 그런데 다른 훈련생이 손을 들고 도움을 주려 나섰다.

"얼핏 보고 생각한 건데, 어머니랑 아버지가 사이좋을 때는 굉장히 멀리 떨어진 자리에 그렸네요. 뭐랄까요, 저의 추측이긴 한데요. 저였다면 엄마를 뺏겨서 질투 같은 걸 했을 것 같아요."

"그러게요. 질투, 엄청 했다고 생각해요."

마사토는 고개를 크게 끄덕였다. 그렇게 몇 사람과 대화한 다음 자신 없이 중얼거렸다.

"도움을 구하지 않는 것도 버릇이려나…."

지원사는 웃는 얼굴로 여러 번 고개를 끄덕이면서 "도움을 구하지 않는다."라고 반복했다. 마사토는 화이트보드의 그림을 가리키면서 말했다.

"괴롭힘을 당했을 때도 어머니한테 말하면 되는데 고양이를 쓰다듬으면서 진정했고… 그 전에 아버지의 학대 같은 것도 학교 선생님이나 다른 어른한테 상담하면 좋았을지 모르는데, 그러지 않았고요. 제 마음을 주위 사람들한테 별로 이야기하지 않았네요. 무슨 말을 해도 소용없다고 생각했으니까…."

시설의 안과 밖

다쿠야가 어린 시절 시설에서 생활했던 경험에 관해 처음 이야기한 건 두 번째 분기였다.

"열여섯까지 계속 시설에 갇혀 있었는데, 나오자마자 진짜 대단했어요. 하고 싶었던 일을 전부 해버리겠다고, 완전 날뛰었죠."

그렇게 말하고는 후후후, 하고 웃었다. 다쿠야가 말한 시설이란 현재의 '아동심리치료시설'로 2016년에 아동복지법이 개정되기 전에는 '정신장애아 단기치료시설'이라고 불렸다. 학대 등의 원인으로 가족과 생활해도 상태가 개선되기 어렵고 오히려 악화될 우려가 있는 학령기부터 18세까지 아이들을 입소시키거나 집에서 오가게 하며 치료하는 시설로 아동복지시설(아동양호시설, 유아원, 아동자립지원시설, 모자생활지원시설 등) 중 하나다.* 이런 시설은 사회적 양호(부모가 없는 아이나 부모가 감호하는 것이 적절하지 않은 아이를 공적 책임을 지고 사회적으로 양육하고 보호하며, 그와 더불어 양육이 어려운 상황인 가정을 지원하는 것)라는 사고방식에 기초하여 운영되고 있다.

2016년 말 기준으로 아동심리치료시설의 입소자는 약 1400명으로 그중 약 75퍼센트가 피학대 아동이다. 아동양호시설과 아동자립지원시설에 있는 피학대 아동의 비율은 약 60퍼센트라고 하니, 시설 중에서도 아동심리치료시설의 피학대 경험자 비율이 두드러지게 높다는 것을 알 수 있다. 또한 소아청소년정신과 전문의 스기야마 도시로에 따르면 이런 사회적 양호 아동의 60퍼센트가 애착장애, 70퍼센트 남짓이 해리성 정체장애, 40퍼센트 남짓이 PTSD, 역시 40퍼센트 남짓이 행동장애가 있지만, 시설의 체제는 세계대전 직후 일본의 행정 제도가 세워질 때의 전쟁고아 대책에서 크게 변하지 않았다고 한다.

직원 수가 적은 데다 대부분 시설에 20~100명 정도의 아이들이 함께 생활하기에 세심한 돌봄을 기대할 수 없다. 이런 집단

---

* 한국도 아동복지법에 아동복지시설의 종류와 역할이 정의되어 있다. 일본의 아동심리치료시설과 유사한 기능을 하는 곳으로 아동보호치료시설이 있다.

관리 체제에서는 지배−피지배라는 학대적 인간관계가 아이들 사이에서 많이 만들어지기 때문에 스기야마는 현재 일본에서 이뤄지는 사회적 양호를 두고 "국가 단위의 학대나 다름없다"고 비판한다. 후생노동성은 시설의 소규모화 및 가정적 양호(가정 위탁 제도 등)를 추진하고 있지만, 압도적으로 많은 아이들이 아직도 구시대적인 시설에서 양육되고 있는 것이 현실이다.

다쿠야가 말하기를 중학교 졸업 후에는 "시설이 학비를 내줘서 면접만 보면 입학할 수 있는 사립고교"에 들어갔고, "요즘 애들이랑 친구 먹고, 바깥은 엄청 재밌네 하면서" 생활했지만, 2학년 때 중퇴하고 시설에서도 나왔다. 바깥세상의 자유를 접하면서 시설의 엄격한 규칙을 견딜 수 없었기 때문이다.

시설 출신자의 고등학교 중퇴율이 높은 것에는 이처럼 안과 바깥의 큰 차이도 관계가 있지 않을까. 또한 그들은 애초에 기댈 곳이 없고, 대부분 신원 보증인이 없기 때문에 일자리도 기숙사가 있는 곳으로 한정되게 마련이다. 취직해도 오래 다니지 못하는 경우가 많은데, 실제로 다쿠야 역시 여러 직장을 전전하다 여자친구의 집에 얹혀사는 생활을 반복했다.

'범죄 전의 생활을 돌이켜보기'라는 수업에서 다쿠야는 쇼와 짝을 이뤘다. 쇼는 다쿠야보다 대여섯 살 연상인 데다 TC에서 2년 동안 연습을 거듭한 덕분에 통찰력이 있고 차분했다. 그런 쇼가 가만히 바라보니까 다쿠야는 긴장하는 듯했다.

"열일고여덟 살부터 조금씩 나쁜 짓을 했어요. 그래도 전부 어떻게든 변명해서 도망칠 수 있는 것만 했는데요. 주로 사기였는데. 뭘 하고 다니는지는 전혀 말 안 했어요, 여자친구한테."

다쿠야는 여느 때처럼 힘없이 웃었고, 쇼는 지체 없이 질문을 했다.

"왜 그런 거짓말을 했어?"

"일하고 싶지 않았으니까요."

"나중에 들키잖아? 수입 같은 것 때문에."

"아, 뭐, 아아, 그렇죠. 더 이상은 어렵겠다 싶으면 다른 애 집으로 옮기면서 '일 때문에 한동안 못 돌아와.'라고 속이고, 그런 식으로 했어요. 두세 달 넘게 같은 집에서 산 적이 없고. 몇 군데인가 돈줄이 될 만한 여자가 있는, 그런 장소를 만들어두었어요. 그런 것치고 항상 생각했던 게 있는데, '왠지 나는 돌아갈 곳이 없네.'라고요. 갈 곳이 없다고 할까요."

"돌아갈 장소가 있는 게 뭔가 불편한 거 아냐?"

다쿠야는 오랫동안 고개를 숙인 채 잠자코 있다가 이렇게 말했다.

"돌아갈 장소가 있다는 느낌은, 실은 없을 거예요. 어렸을 때도 돌아갈 곳 같은 건 없었고…. 여기에서 하는 교육처럼 말하면, 생크추어리가 없는 거죠. 마음이 쉴 만한 안전한 장소가 없다고 할까… 그래서 아마 도와달라는 마음이 항상 어딘가에 있는 것 같아요. 그런데 지금 내가 무엇 때문에 힘들어하는지는 몰라서…."

평소의 가벼운 미소는 사라지고, 골똘히 생각하는 표정이 떠올랐다. 처음 보는 표정이었다. 쇼는 말없이 다쿠야를 바라보았다. 다쿠야는 "애정 결핍?"이라며 고개를 갸웃하더니 잠시 뒤 말을 이었다.

"결국 제가 잡히기 전까지 했던 건, 어릴 때 얻지 못했던 걸, 뭐, 어른이 돼서 조금은 가져도 괜찮잖아, 그렇게 생각해서. 반동이라고 할까, 갖지 못했기 때문에 더더욱 원했다고 할까."

추억이 없다

'가족과 맺은 관계'라는 주제로 서너 명씩 나뉘어 이야기하는 수업이 있었다. 남성 지원사가 화이트보드 앞에 서서 설명했다.

"어제에 이어서 여러분의 어린 시절에 가족이 어떤 역할을 했는지 생각해보겠습니다. 가족 안에서 위기 상황에 빠졌을 때, 누가 어떻게 움직였는지 돌이켜보세요. 자신의 경험을 조금씩 발굴하고, 주위와 이야기를 나누고, 교과서에 글로 쓰는 정도로 해주세요. 그리고 한동안은 여가 시간에도 생각난 걸 써주면 좋겠습니다. 질문 있으신 분?"

몸이 탄탄한 20대 후반의 후나다가 손을 들었다.

"어린 시절이라고 하셨는데, 별로 기억이 없습니다. 중학생쯤부터 불량한 짓을 해서 어머니를 힘들게 했으니까 그 정도는 기억하지만요."

그 발언 이후 지원사와 후나다의 대화가 이어졌다.

"후나다 씨는 세 살쯤부터 아버지가 안 계셨죠. 그 뒤에 아버님이 돌아온 적이 있으신가요?"

"아뇨, 없습니다."

"그럼 어머님께 힘든 일이 분명 있었을 것 같은데요. 혹시 할아버지나 할머니가 도와주셨나요?"

"아뇨."

"안 도와줬다고요? 그럼 어머님은 꽤 많은 일을 혼자서 할 수밖에 없었을 겁니다. 후나다 씨도 그저 착한 아이는 아니었을 텐데요."

지원사가 짓궂게 싱긋 웃자 미간에 주름을 잡고 있던 후나다역시 짓궂은 미소로 답했다.

"아뇨, 엄청나게 착했어요, 초등학생 때는."

"알겠습니다. 그러면 그런 두 사람의 관계가 서로의 역할이었을까 싶은데요. 그런 것부터 한번 생각해주세요."

지원사의 제안에 후나다는 "알겠습니다."라며 순순히 고개를 끄덕였다.

후나다의 옆에는 이 대화 내내 눈을 감거나 고개를 갸웃하는 등 동요를 감추지 못하는 다쿠야가 있었다. 지원사가 "시작."이라고 신호하자 다쿠야는 다른 사람들보다 조금 늦게 "잘 부탁드립니다."라고 인사했다.

다쿠야는 여느 때처럼 가볍게 이야기하기 시작했다.

"무슨 말을 해야 하나… 가족으로 생활한 기간이 너무 짧아서요. 그래서 이 주제도 꽤 힘드네."

"확실히 그렇네. 다쿠야에게는 힘들 거라고 생각했어." 후나다가 말했다.

"맞아, 애초에 추억이 없어요. 어린 시절의 추억 같은 게. 크리스마스도, 생일도, 명절도 없고. 세뱃돈 같은 것도 없었고…."

"용돈 같은 건?"

"한 번도 받은 적 없어, 한 번도. 세뱃돈은 부모의 수입 같은 느낌이라서. 할머니가 오사카에 살았는데, 세뱃돈을 보내줬던 것 같아요. 그런데 나는 본 적도 없어요."

"…부모가 싸운 적은?"

"아뇨, 부모가 싸우는 모습 같은 건 별로 기억에 없어서. 유일하게 이혼 직전에 어머니가 빨리 헤어지고 싶어하니까 아버지가 말리는 장면 같은 건 있었죠."

"아버지가 말렸어?"

"아버지가 완전 어머니 껌딱지였거든. 그런데 어머니가 헤어지고 싶어했고, 아버지가 싫어했던 걸 기억해요. 아버지는 속박이 엄청 심해서 전부 자기 맘대로 만들려고 했거든요."

사실 다쿠야는 아동심리치료시설에 들어가기 약 2년 전에 가게에서 절도를 하다 들켜서 보호를 받았다. 초등학교 2학년 때로 "그대로 집에 돌아가면 살해당할지도 모른다는 판단을 어른들이 했다"고 다쿠야는 말했다. 그 뒤로 1년 동안 모친 쪽 조모의 집, 아동상담소의 일시보호소, 모친의 집을 전전했다. 그 사이 부모는 이혼했고, 모친은 같은 학구 내의 아파트로 이사했다. 다쿠야는 가끔씩 모친을 찾아오는 남자가 있었다고 다른 수업에서 이야기한 적이 있다. 그 남성은 장난감을 주는 등 친절했지만, 다쿠야의 눈앞에서 모친과 성행위를 하는 등 성적 학대도 했다. 동거를 시작하고 두 달째가 되자 모친은 갑자기 모습을 감췄다.

"어머니가 뿅 하고 없어져서."

힘없이 웃는 다쿠야. 하지만 그 당시 어린 그는 얼마나 무섭고, 불안하고, 외로웠을까. 심지어 그 뒤 다쿠야는 폭력적인 부친에게 스스로 돌아갔다. 그때껏 몇 번이나 자신을 죽일 뻔한 사람에게. 다쿠야에게는 그것 말고 선택지가 없었다. 결국, 9개월 후에는 앞니가 부러지고 정신을 잃을 만큼 두들겨 맞았고 다시 시설에서 살게 되었다.

폭력의 '세대 내 연쇄'

이야기는 다쿠야의 시설 생활로 옮겨간다. 후나다와 다쿠야의 대화가 이어졌다.

"역시 시설은 빡빡해?"

"빡빡하다고 할까, 건물 부지 내에서는 의외로 자유로워요. 거기서 나가는 걸 허락해주지 않지. 할 수 있는 게 정해져 있어. 구치소나 여기 같은 느낌인데, 거기서 8년 동안."

"다쿠야에게 아빠랑 엄마 역할을 한 건 시설의 선생님이야?"

"아뇨, 여기 공무원 같은 느낌인데. 건물도 드라마에 나오는 것처럼 아담하지 않고, 꽤 커서 애들이 100명 정도 있었죠. 직원은 2교대로 출근하는데, 잠깐 돌아보는 정도만 하고. 애들 한 명당 치료사 한 명이랑 생활지도가 붙는데, 그냥 가끔 만나서 질문 좀 하고 끝, 그런 느낌이라서."

"그렇구나. 내가 생각한 시설의 이미지는 그런 게 아니었는데."

"아니, 진짜 제 말 같다니까요. 복도에 방들이 쫙 늘어서 있고, 네 명이 한 방을 쓰는데, 밤이 되면 자물쇠가 잠겨요. 그리고 밥 시간이 되면 벨이 울리고, 식당으로 가서 다 같이 동시에 먹고. 진짜, 그런 식이라니까요."

"시설에도 괴롭힘 같은 게 있었지?"

"아, 괴롭힘이라고 해도 음험한 건 아니었는데. 어깨를 계속 주먹으로 때리고, 프로레슬링 기술을 시험하고, 목욕탕에서 뜨거운 물을 끼얹는 정도죠. 저쪽은 뜨거운 물이나 차가운 물을 뿌리고, 이쪽은 '뜨거워!'나 '차가워!' 하고, 그걸 보고 저쪽이 즐거워하고. 중고등학생이라 대여섯 살은 많으니까 반항 못 해요. 방도 같고, 목욕탕에도 같이 들어가고. 그래서 도망칠 수 없는…."

자신이 당한 피해를 과소평가하는 것은 부친의 무시무시한 학대와 비교하기 때문인지도 모른다. 그리고 피해를 인정하는 것은 자신의 약함(무력함)을 인정하는 셈이기도 하다. 다쿠야는 예전에 지원사에게도 그랬듯이 자신이 피해자라는 사실을 인정하고 싶지 않았던 것 같다.

그와 더불어 괴롭힘의 현장이 목욕탕이었다는 점도 신경 쓰였다. 어린이 학대 전문가 니시자와 사토루(야마나시현립대학교 교수)는 여러 조사 결과를 인용하면서 시설에서 벌어지는 아이들 간의 성 피해·성 가해가 광범위하고 심각하며, 남성 간 성폭력이 적지 않다는 점을 지적했다.

문제를 복잡하게 하는 것은 폭력을 휘두른 아이들 역시 폭력의 피해자였다는 사실이다. 애초에 아동양호시설에서 생활하는 대부분이 방임을 비롯한 학대의 경험자이며, 안전하게 살아갈 가정이 없었던 아이들이다. 그런 아이들은 시설에서 또 다른 폭력에 노출되어 무력감이 심해질수록 그 무력감을 극복하려는 듯이 자기보다 더욱 무력한 아이에게 폭력을 휘두른다. 니시자와는 이와 같은 폭력의 '세대 내 연쇄'가 일어나는 현실을 지적하며, 사회복지의 패배라고 했다.

실은 다쿠야의 경우에는 딱 한 번, 시설 직원이 괴롭힘을 의심하고 물어본 적이 있었다. 하지만 가해 아동이 함께 있는 자리였기 때문에 다쿠야는 보복이 두려워서 말하지 못했다. 개별 인터뷰에서 다쿠야는 다음처럼 밝혔다.

"뭐가 가장 힘들었냐면, 그때 직원에게도, 아무에게도 상담할 수 없었던 거예요. '어차피 말해봤자 똑같아.' '어차피 누구도 내 편이 되어주지 않아.' 같은 식으로 생각했거든요. 저는 남한테 상담하는 게 서투른데, 누구한테 이야기했다가 부정당하거나 아무 일도 일어나지 않았던 경험이 계속 쌓였기 때문이라고 생각해요."

무력감과 불신감은 다쿠야에게만 해당하는 것이 아니라 시설 경험자의 공통점이라고도 할 수 있다. 또한 다쿠야가 그랬듯이 시설에 있는 아이들 중 많은 수가 자신이 놓인 상황에 대해 적절한 설명도 듣지 못하고, 불안을 해소할 수 있는 조치도 받지 못한 채 있을지 모른다. 니시자와는 집단 관리가 아이들의 무력감을 증폭하여 폭력을 유발할 가능성이 있다고 우려한 바 있다.

「거짓말쟁이 소년」을 쓰다

앞서 프롤로그에서 다쿠야가 「거짓말쟁이 소년」이라는 이야기를 썼다고 소개했다. "옛날 옛날 어느 곳에 거짓말밖에 하지 않는 소년이 있었습니다."로 시작하고 "소년에게는, 거짓말밖에 할 수 없는 이유가 있었습니다."까지 소개한 도입부 뒤에는 다음과 같은 내용이 이어진다.

소년이 아직 갓난아기였을 때, 혼자서 육아를 하던 소년의 어머니는 그 부담 때문에 어느 날 갑자기 병상에 눕게 되었습니다.

마을 의사에게서 살날이 얼마 남지 않았다는 선고를 들은 소년의 어머니는 홀로 남을 아이를 돕기 위해 숲에 사는 마녀에게 매달렸습니다. 마녀는 소년이 정직해질 권리와 맞바꿔 혼자서도 살아갈 수 있는 마법을 걸었습니다.

소년은 혼자서 살아갈 수 있었지만, 누구도 신용해주지 않고 상대해주지 않는 인생 따위 살아갈 의미가 없다고 한탄했습니다.

그런데도 소년의 입에서 나오는 말은 "혼자서도 괜찮아, 나한테 다가오지 마."

사람들은 소년에게서 더욱 멀어졌습니다.

'갈등'이 주제인 수업에서 "옛날 옛날 어느 곳에 ○○한 소년이 있었습니다."라는 문장으로 시작하는 이야기를 써보라는 숙제가 나갔다. 주인공이 어떤 갈등을 겪고 있는지 생각하면서 이야기를 쓰는 것이 목적이었는데, 다쿠야는 수업 시간에 여기까지 글을 썼다.

네 사람씩 작은 그룹을 이뤄 모두 각자의 이야기를 낭독했는데, 다쿠야가 낭독을 마친 직후, 같은 그룹에 있던 쇼가 중얼거렸다.

"자기 어린 시절 얘기인가?"

다쿠야는 고개를 갸웃거리며 "그건 모르겠지만, 거짓말쟁이 소년 말고는 생각나지 않았어요."라고 했다. 당시 다쿠야는 TC에 들어온 지 두 달 정도라 아직 핵심에 닿는 이야기를 시작하기 전이었다. 그 때문에 같은 그룹에 있던 사람들도, 촬영하던 나도, 그때는 「거짓말쟁이 소년」과 다쿠야 사이에 '분명히 무언가 있겠구나.'라고 추측할 뿐 명확한 건 없었다.

다쿠야의 배경을 어느 정도 안 다음에 다시 읽어보면 이런저런 것들이 눈에 띈다. 다쿠야의 어머니는 병에 걸리지 않았지만, 앞서 적었듯이 어느 날 돌연히 모습을 감췄다. 소년이 혼자서 살았다는 내용도 시설에서 지냈던 경험이나 "돌아갈 곳 같은 건 없다"던 다쿠야의 인식과 일치한다. 살아남긴 했지만 무조건적인 사랑을 받은 적이 없는 다쿠야라면 인생의 의미를 모르겠다고 하는 것도 상상할 수 있다. 어느 수업에서 다쿠야는 어린 시절부터 누군가에게 무엇을 받을 때마다 부친이 "반죽음으로 만들었다"고 했고, 정작 중요할 때는 도움을 요청할 수 없었다고 중얼거렸는데, 이야기의 소년이 "혼자서도 괜찮아, 나한테 다가오지 마."라면서 고립되어가는 것과 정확히 겹쳤다.

어린 시절부터 훔치는 것이 말 그대로 생존 수단이었던 마사토는 사회적 양호라는 그물망에서 흘러 나간 아이였다. 그에 비해 다쿠야는 시설이라는 안전망 속에서 살아남았다. 적어도 그곳에 있는 동안 의식주는 보장되었다. 하지만 일상적인 괴롭힘, 규율에 얽매인 생활, 정서적 관계의 결여 등 성장 환경은 행복과 거리가 멀었다. 그 결과, 시설에서 나가 여성들을 이용했다. 마사토는 어린 시절 음식을 훔친 것의 연장선에서 상습 절도와 '아저씨 사냥'에 다다랐고, 다쿠야는 사람에게 빌붙어 살아남는 수법의 연장선에 전화금융사기가 있었던 것 아닐까.

TC는 그들에게 그런 걸 깨달을 수 있도록 해준 장소였다. 일찍이 자신이 피해자였음을 인정하지 않았던 다쿠야는 출소하기까지 10개월 동안 사람들에게 잔뜩 이야기를 들려주면서 자신에게 상처가 있다는 사실을 인식할 수 있게 된 것 같다. 마사토는 절도에 관해 죄악감이 전혀 없다고 했지만, 1년 반이 지나던 무렵부터 변화를 보이기 시작했다. 약물 의존증이었던 한 훈련생이 실은 경영하던 회사가 절도 피해를 입은 것을 계기로 약물에 손대어 추락했다고 이야기하자 마사토는 자신이 20년간 절도를 하며 누군가에게 끼친 영향에 생각이 미쳤고, 눈물을 흘리며 망연자실했다.

"지금까지 절도로, 나를 만들어왔다." 마사토가 그렇게 말한 적도 있다.

여섯 살부터 계속해온 절도는 나에게 성공 경험이고, 실은 유일한 '특기'라고 여겨왔다. 그래서 오로지 절도를 할 때만 자신을 발견할 수 있었는지도 모르겠다. 그간 수업에서 절도는 어쩔 수 없었다고 실컷 변명했는데, 열등감이나 채워지지 않는 욕구를 절도로 메워왔다. 내게는 절도 외에도 좋은 점이 있다는 걸 이곳의 동료들이 일깨워주었다. 앞으로 나를 좋은 방향으로 바꾸고 싶다.

현실에는 마사토가 풀어야 할 숙제가 산더미 같지만, 그때의 이야기에서는 변화를 실감할 수 있었다.

어쨌든 두 사람 모두 어린 시절부터 배웠던 '생존하기 위한 전략'을 TC에서 동료들과 이야기하면서 지워냈다는 것은 분명한 사실이다.

오늘도 언론은 학대 사망 사건으로 떠들썩하다. "피해자가 구조를 바랐다면"이라는 의견을 접하는 일도 늘어났다. 하지만 마사토와 다쿠야의 이야기에서 알 수 있는 사실은 오히려 사회가 구조를 포기하게 만들었다는 것이다. 그들은 구조가 존재한다는 사실조차 몰랐고, 도움을 구해봤자 '소용없다'고 생각할 수밖에 없는 일상을 거듭해왔으니까.

어떻게 해야 그들의 소셜 아톰에 함께 있어주는 어른(증인)을 등장시킬 수 있을까? '거짓말쟁이 소년'에게는 어떤 장소나 관계가 있었어야 했을까?

10

두 개의 의자에서
보이는 것

사람을 죽인 사람은,
반드시 죽어야 해.
그런 생각에 사로잡혀서….
— 쇼

TC에서는 다른 훈련생으로부터 엄격한 지적과 가르침을 받기도 하지만, 그와 동시에 훈련생끼리 의식적으로 좋은 점을 찾아내서 서로 알려주기도 한다.

하루를 마무리하며 진행하는 30분 정도의 유니트 미팅에서는 애퍼메이션affirmation이라고 하여 다른 훈련생을 칭찬하는 시간이 있다. 일상생활이나 수업 때 깨달은 훈련생의 좋은 점을 이야기하는데, 매일 두세 명이 모두의 앞에 나서서 "○○ 씨를 칭찬합니다!"라고 시작한다.

사실 이 칭찬하고, 칭찬받는 것에 서투른 사람이 많다. 발언자가 무뚝뚝해서 실소를 받기도 하고, 칭찬을 듣는 쪽이 노골적으로 어이없다는 표정을 짓기도 한다. 쇼도 그런 사람이었다. 그는 인터뷰에서 다음처럼 말했다.

"50대 아저씨가 다른 50대 아저씨를 칭찬하는 거예요. 그걸 바로 옆에서 봤을 때는 '아저씨가 아저씨를 칭찬하네!'라고… (그 내용은) 자세히 기억나지는 않는데, '친절하게 해줬다, 말을 걸어주어서 용기가 많이 났다.' 같은 거였어요. 그래서 나는 이런 데 못 있어, 올 곳을 잘못 골랐네, 하고 생각했죠."

쇼는 웃었다. 그래도 자신이 처음 칭찬을 받은 때는 잘 기억하고 있다고 했다. 진지하게 수업에 임한다고 칭찬을 받았는데, 기쁘기보다는 자신의 태도가 다른 사람 눈에 '진지'하게 보여서 놀랐다고 했다. 그리고 자신이 칭찬받은 것에 대해 다음처럼 말했다.

"이렇게 당연한 일로 칭찬받는구나. '항상 기운 넘치고, 목소리가 큽니다. 우에하라 씨를 본받고 싶습니다.' 같은 말을 들었는데, 그건 누구나 할 수 있으니까 억지로 칭찬한 게 아닐까 의심하기도 했어요. 그래도 잘 표현은 못 하겠지만, 다른 사람이니까 보이는 것도 있구나, 나니까 (다른 사람의 좋은 점이) 보이기도 하겠구나 하고, 심플하게 기쁘다고 생각하게 되었죠."

사건에 대해 이야기하다

촬영과 관련한 제약 중 하나로 출신지나 사건의 세부 내용에 대해서 누구인지 특정할 수 있는 질문은 하지 말라는 것이 있었다. 하지만 영상에 포함하지 않더라도 사건에 대해 어느 정도는 파악할 필요가 있었다.

자신이 저지른 죄를 주저 없이 이야기하는 사람이 있는가 하면, 거의 언급하지 않는 사람도 있다. 쇼는 후자였다.

촬영을 시작하기 전에 이미 충분히 이야기한 것일까, 촬영 타이밍이 맞지 않았을 뿐일까, 쇼가 자신이 저지른 상해치사 사건의 자세한 내용을 이야기하는 장면과는 조우한 적이 없었다. 첫 인터뷰에서 질문했을 때, 그는 이렇게 답했다.

"죄상 자체는 상해치사입니다. 사람이 한 분 돌아가셨어요… 이 정도로 해두죠."

또 다른 기회에서도 비슷하게 답했는데, 그때는 "피해자가 있으니까"라고 했다. 유족을 고려하여 카메라 앞에서는 사건에 대해 말하지 않기로 정한 듯했다.

그에 비해 죄를 둘러싼 그의 갈등은 여기저기서 눈에 띄었다.

"사람을 죽인 사람은, 반드시 죽어야 해. 그런 생각에 사로잡혀서, 오직 그래야만 속죄할 수 있다는 생각이 들거나…"

이 말은 촬영을 시작했을 때, 스무 명 정도 모인 원에서 쇼가 입에 담은 것이다. '죽였으니 죽어.'라는 것은 궁극의 보복적 발상이며, 사형의 논리이기도 하다. 그런데 쇼 역시 그 논리에 사로잡힌 듯했다. 사람을 죽였는데 사형을 면한 자신. 그걸 용서하지 못하는 자신. 사건에 대해 거의 말하지 않았던 쇼의 본심이 얼핏 보인 듯했다.

또한 쇼는 자신이 저지른 죄와 관련해 떠오르는 생각을 매일 노트에 적었고, 몇 달에 한 번씩 '개인 교회敎誨'*라는 교도소 내의 종교 교회실에서 독경을 하며 피해자의 명복을 빌었다. 그곳의 교회사와 대화하는 시간을 갖기도 했다. 이런 장면을 촬영하는 것을 쇼는 완곡하게 거절했다. "지금은 스스로 죄와 마주하는 시간을 소중히 여기고 싶으니까."라면서.

사건에 대해 이야기한다는 것은 무슨 의미일까. 특히 사람의 생명을 빼앗은, 돌이킬 수 없는 죄를 이야기하는 게 가능할까. 무엇보다 쇼 자신이 사건과 마주하는 과정의 한복판에 있었다. 그런 와중인데 제3자인 내게 억지로 사건에 관한 이야기를 끄집어낼 권리 같은 게 있을까.

쇼가 이야기할 때까지 기다리자. 언젠가부터 나는 그렇게 생각했다.

'10년 후의 나를 상상하기'라는 수업에서 쇼는 띠동갑 이상으

---

* 잘 가르치고 타일러서 지난날의 잘못을 깨우치게 한다는 뜻이다.

로 나이가 많으며 의사법 위반으로 복역 중인 시부카와와 짝이 되었다. 책상 위에 펼쳐진 쇼의 종이는 거의 백지였다. 시부카와가 그 점을 지적하자 쇼는 짧게 중얼거렸다.

"출소하면, 뭐가 켕겨서 사람과 어울리기 싫다는 생각 정도는 있는데요…."

시부카와는 사람에게 기대기 싫은 것인지 물어보았다.

"사람에게 기대기 싫다고 할까, 되도록 더 이상 폐 끼치기 싫은 것 같아요."라고 쇼는 답했다.

시부카와는 예전에 쇼가 자급자족 생활을 동경한다고 말했던 걸 언급했지만, 쇼는 부정했다. 그건 일종의 도피로 진심은 그런 생활은 하기 싫다고 힘없이 웃었다.

"우에하라 씨의 마음은 왜 그런 걸까? 역시 죄의식 때문일까요?"

시부카와의 질문에 쇼는 "그렇죠."라며 고개를 끄덕였다.

"자기는 미래에 꿈을 가져서는 안 된다고?"라고 시부카와가 뒤이어 질문했다.

"그런 게 있죠. 죽였으면 죽어, 그렇게 생각했으니까. 근데 제가 그걸 해버린 거잖아요. 어떻게든 이유를 대고, 변명해서, 살아남은 것 같은 느낌이 있어요, 엄청."

사형의 논리가 다시금 고개를 든 순간이었다.

빈 의자를 향해서

어느 날의 수업, 화이트보드 앞에 쇼와 지원사인 모리가 앉고 두 사람을 둘러싸듯이 지원사 몇 명과 스무 명 정도의 훈련생들이 원을 만들며 앉았다. 분위기가 팽팽히 긴장해 있었다.

"출소하는 건, 솔직히 말해서 좀 무서워요."

쇼는 눈을 감고 약간 위를 향하며 말했다. 형기는 6년이나 남아 있었다.

"그래서 뭐가 무서울까 생각해보면, 피해자의 유족이 저를 어떻게 생각하는지 모르는 게 가장 무섭나 싶어요."

쇼는 눈을 뜨고 고개를 갸웃했다. 자신의 마음에 확신이 없는 듯했다. 모리는 유족이 어떻게 생각하는지가 출소에 대한 두려움으로 이어진 것인지 질문했다.

쇼는 시선을 바닥으로 떨구고 뜻밖에도 이런 말을 했다. "내가 곱게 죽으면, 어떻게 생각할까." 왼손으로 자신의 목 끝을 만지며 위쪽을 바라보는 쇼의 옆에서 모리가 정리했다.

"곱게 죽고 싶다는 마음과 곱게 죽으면 유족이 어떻게 생각할까 하는 불안 같은 것까지 두 가지가 있네요."

쇼는 눈을 감은 채 마음을 확인하듯이 답했다.

"그럴까요… 응, 있네요. 네, 있어요. 그래도 곱게 죽고 싶어요."

쇼는 후후 하고 힘없이 웃었고, 모리도 뒤따라 웃음을 머금으며 확인했다.

"그래도 곱게 죽고 싶다. 두 가지 사이에서 흔들리는 거군요."

쇼는 고개를 끄덕이고, 생각을 입 밖으로 냈다. 그런 욕구 자체가 자기연민으로 여겨지는 것. 유족을 향한 죄책감이 자신에게 있는지 없는지 의문스러운 것. 죄에 관해 생각하지 않는 날이 오는 게 싫은 것. 지금까지 쌓아온 것을 '단숨에 부수는 것'도 가능하니까 그렇게 되는 게 무서운 것.

"곱게 죽기를 바라는 나는 무엇을 생각하고 있나요?" 모리가 질문했다. 쇼는 잠시 고개를 숙였다가 답했다.

"행복을 느끼고 싶다, 그런 걸까요…."

모리는 빈 의자를 방 가운데에 두고, 쇼에게 그 맞은편에 의자를 두고 앉아보라고 했다. 쇼의 갈등을 활용해서 '두 개의 의자'라는 역할 연기를 해보겠다고 설명했다. '엠프티 체어empty chair'(빈 의자)라고 불리는 심리치료 기법인데, 두 의자를 사용해 자신의 내면에 있는 '서로 다른 마음'과 대면·대화해서 각각의 감정과 욕구를 드러내고 나아가 갈등의 해결을 목표하는 것이다.

빈 의자는 '행복해지고 싶은 자신'. 다른 의자는 자신이 곱게 죽는 것을 피해자가 어떻게 생각할지 '의문스러워하는 자신'.

모리는 두 의자의 뒤에 두 개씩 의자를 더 놓았다. 각 입장을 돕는 '조력자'의 자리다. 각각의 입장에 두 사람의 조력자가 있

역할 연기 중인 쇼(가운데)와 지원사.

는데, 그중 한 명은 지원사가 맡고 다른 한 명은 훈련생 중에 모집했다. '행복해지고 싶은 자신'의 조력자는 쇼의 갈등을 잘 아는 시부카와가 자진해서 맡았다. '의문스러워하는 자신' 쪽에는 쇼와 같은 상해치사죄로 자신의 아이를 죽여버린 히로세가 나섰다. 나머지 훈련생들은 그들 주위를 둘러싸고 앉아 상황을 지켜보았다.

'의문스러워하는 자신'의 자리에 앉은 쇼에게 모리가 빈 의자를 가리키며 말했다. '곱게 죽고 싶은 자신'이 여기 있다고 상상하며 마음을 담아 이야기해보라고.

쇼는 "으음…."이라고 신음을 흘리며 양손으로 얼굴을 덮고 아무 말도 하지 못했다. 모리가 도움을 주니 이번에는 마음을 이야기하는 게 아니라 단순한 해설을 해버렸다. 대화를 거듭한 후,

모리가 "대사처럼 말해보세요."라고 조언하자 쇼는 간신히 마음을 담아 말하기 시작했다.

"어떻게 그런 짓을 했으면서 그런 말을 하는지, 무슨 생각인지 모르겠다. 자기를 소중히 여기는 것 같아서 열이 받고, 마음은 알겠지만 그쪽을 선택한 것에 응석이랄까 나약함을 느낀다."

모리가 고개를 끄덕이면서 "더 무슨 얘기를 해주고 싶나요?"라고 부추기자 쇼는 "뭘 말하고 싶을까."라며 망설였다. 긴 침묵 뒤에 쇼가 중얼거린 말은 다음과 같다.

"자기가 한 짓을 알고는 있는 거야. 모른다고 봐, 나는…."

조력자가 계속 고개를 끄덕이거나 말을 걸었지만, 쇼는 "으음." 하며 고개를 숙이고 머리를 감쌀 뿐이었다. 내뱉듯이 "당신을 보면 이쪽이 불안해져."라고 말했지만 이내 다시 입을 다물었다. 뒤에 있는 조력자 역의 지원사가 "자기가 한 일을 좀 가볍게 보고 있다고?"라며 질문하자 그렇다고 짧게 답할 뿐 다시 침묵이 이어졌다.

신체의 느낌을 물어보니 쇼는 안절부절못하겠다고 했다. 모리가 속에 있는 걸 토해내듯이 해보라고 몸짓도 섞어가며 부추기자 쇼는 빈 의자를 향해 조금씩 불만을 드러냈다.

행복해지고 싶다느니, 곱게 죽고 싶다느니, 당치도 않은 소리다. 위기감도 죄의식도 전혀 느껴지지 않는다. 무엇보다 피해자를 생각하지 않고 있다. 나는 매일매일 진심으로 웃는 것조차 못하고 있는데, 어리광 부리지 마라.

행복해지고 싶은 나

모리는 쇼의 상태를 살피면서 이번에는 빈 의자에 앉으라고 지시했다. '의문스러워하는 자신'의 말에 '행복해지고 싶은 자신'은 뭐라 답할까 질문했다.

"너무 생각이 많네. 음, 나 자신을 생각하는 게 뭐가 나쁜데."

그렇게 말하자마자 쇼는 상대방의 마음도 안다고 덧붙였다. 모리가 상대방의 마음을 알 필요는 없다고 하자 쇼는 눈을 감은 채 작은 소리로 '의문스러워하는 자신'에게 "좀더 자기 본심대로 살면 좋겠다."라고 중얼거렸다. 그리고 괴로운 듯 잔뜩 찡그린 얼굴의 절반을 왼손으로 덮고 "자기의 마음을 알면 좋겠다."라고 당장이라도 사라질 듯한 소리로 말했다. 조력자 중 한 사람이 말을 거들었다.

"나도 생각하면서 하고 있다는 말이죠."

"생각하면서 하고 있습니다. 언젠가 단호히 결단해야 한다고 생각하고 있고, 다른 사람들도 생각하고…. 당신의 생각을 따르면, 나는, 또 같은 짓을… 할 거라고 생각합니다. 그럴 거라고 믿습니다."

조력자와 모리의 질문에 반응하는 형식으로 쇼는 다음과 같은 말을 했다.

자기 혼자서 판단하는 게 아니라 모두와 상담하며 결정하는 것을 배웠다. 분명하지 않은 편이 살기 편하다고 생각한다. 흑백 논리에서 벗어났다. '의문스러워하는 자신'은 그 모든 것을 부숴버릴 수 있기 때문에 무섭다.

조력자인 시부카와가 쇼를 들여다보듯이 질문했다.

"이쪽의 자신(행복해지고 싶은 자신)은 아직도 죄악감을 지니고 있지요?

"죄악감은 갖고 있습니다." 쇼는 양손으로 머리를 감싸고 눈을 감은 채 얼굴을 들었다.

"죄악감을 갖고 있지만… 그 판단을 하면, 죄악감이 없어져." 라며 손을 머리에서 떨어뜨렸다.

그 판단이란 곱게 죽으면 유족이 어떻게 생각할까 하는 불편감과 저항감 같은 것임을 모리가 확인했다.

"사라져버릴 것 같아서… 저한테 맡겨주시겠어요?"라며 쇼가 자신 없이 웃고는 다시 왼손으로 얼굴을 가렸다.

"좋네요, 지금. 그 느낌을 음미해주세요. 그 느낌 속에 계속 있으세요."

쇼는 눈을 감고 손으로 얼굴을 가린 채 모리의 말을 들었다. 왼쪽 눈에서 주르륵 눈물방울이 떨어졌다. 한동안 그 상태가 계속되었다. 쇼는 떨리는 목소리로 말했다.

"그쪽의 페이스에는 더 이상 못 따라가."

모리는 다시금 쇼를 '의심스러워하는 자신'의 자리에 앉혔다. 그리고 '행복해지고 싶은 자신'의 생각에 대한 감상을 물었다.

"듣기 좋은 소리만 한다고 할까, 자기밖에 생각하지 않는다고 할까. 프로세스는 달라도 결과는 같지 않냐고."

두 개의 의자에서 역할 연기를 마치고 모두 원래대로 커다란 원을 그리며 앉았다. 쇼는 계속해서 주먹을 쥐었다 폈다 하며 손바닥을 보았다. 모리가 그 모습을 보고 현재 신체의 느낌은 어떤지 질문했다.

"지금 몸의 느낌은, 손이 저리네요. 오랜만인데, 이런 느낌…."

쇼는 불그스레해진 양 손바닥을 앞으로 내밀었다. 모리는 그 저림은 무엇에서 비롯되었는지 물었다.

"저리는 느낌은 지금까지 경험상 동요랑, 무언가 관점이 분명해지는 느낌. 새로운 것을 보았을 때 이랬어요."

훈련생 모두가 감상을 말할 차례가 되었다. '의심스러워하는 자신'의 조력자로 그때까지 굳어 있던 히로세가 손을 들었다. 그는 가느다란 목소리로 "저는 말을 걸지 못했지만"이라며 감상을 이야기하기 시작했다.

"저쪽의 심정이 돼보기도 했고. 나도 피해자를 죽게 했구나 하는, 그… 죽음에 관해, 어떻게 살아갈 것인가 하는 갈등을 알기 때문에 비슷한 마음을 함께 탐색할 수 있었다고 생각합니다."

다음에는 '행복해지고 싶은 나'의 조력자인 시부카와가 손을 들었다.

"제가 붙었던 쪽의 우에하라 씨는 많은 것을 짊어지면서도 앞으로 나아가려 하는 느낌이었어요. 또 다른 우에하라 씨는 그걸 방해하는 것 같고요. '가지 마.'라면서 붙잡는 느낌이 굉장히 강해서 제가 뒤에서 더 지원할 수는 없었을까 싶네요."

훗날 쇼는 개별 인터뷰에서 그날의 역할 연기를 돌이켜보았다.

"모두의 힘을 빌려서 딱 한 번, 용서를 받은 건가 싶어요. 단, 그것뿐이라고 할까요. 하지만 생각해도 괜찮고 성장해도 괜찮다는 걸 선택지 속에 넣을 수 있는, 포함시킬 수 있는 게 피해자에 대해 생각할 때도 도움이 된다고 할지. 이걸 하면 끝장이라는 건 없다고 생각하게 되었어요. 저렇게 해도 괜찮아, 이렇게 하고 싶어 같은 마음을 계속 갖고 싶다고 할까요. 반대로 그런 마음이 없으면 뭘 해도 의미가 없다고 생각합니다."

사형수 A와 나눈 대화

촬영 기간 내내 내 머릿속에 맴돈 것은 사형수 A에 관한 생각이었다. 그는 이야기할 기회도 얻지 못한 채, 영화 「프리즌 서클」의 편집 중반에 사형이 집행되었다.

1990년대 중반, 그의 사건 재판을 방청했다. 이런저런 사정 때문에 영상화는 단념했지만, 사형 집행까지 20여 년간 나는 그와 계속 편지를 주고받았고, 면회도 갔다. 그는 살인이라는 돌이킬 수 없는 죄를 저질렀다. 하지만 내가 아는 한 그의 성정과 사건에 다다른 배경은 언론 보도와 전혀 달랐다. 그는 나보다 나이가 많이 어렸지만, 음악 취향이 비슷했고, 가정환경에 공통점이 많았으며, 교내 폭력이 심한 중학교를 다닌 등 같은 시대를 살아왔다는 인식을 공유할 수 있었다. 어느새 그는 '취재 대상자'가 아니라 친구의 남동생 같은 존재가 되었다.

이름을 A라 하고, 사건의 상세한 내용을 적지 않는 이유는 그의 가족이 바라지 않기 때문이다. 그의 모친은 병원 등에서 성이 불리기만 해도 어쩔 줄을 모르고, 형제는 이름이 공개되는 일은 전부 거절해왔다. 사형수가 저지른 죄 때문에, 그리고 그와 관련한 보도 때문에 피해자와 유족에 더해 사형수의 가족까지 얼마나 많은 영향을 받는지, 그리고 우리는 그에 대해 얼마나 무지한지, 나는 그들의 이야기를 들을 때마다 사무치게 깨닫는다. 또한 표현하는 자로서 딜레마와 책임도 느낀다. 형 집행 직후에는 가족의 고통과 동요도 엿봤다. 그들의 감정과 비교할 수는 없지만, 나 역시 기습 같은 형 집행의 여파로 충격과 무력감을 맛보고 정신적으로 불안정해졌다.

앞서 나 자신은 일본의 교도소에 TC가 도입되는 데 회의적이었다고 적었는데, A는 나보다 더 회의적이었다. 그럴 만도 한 것이 그는 처형 집행까지 사반세기 동안 형사시설에 구금되어 있었던 당사자였다.

"그런 게 정말로 가능한가요?"

내가 '시마네 아사히'를 방문하기 시작해 그곳에서 본 일과 감상을 전할 때마다 A는 도저히 못 믿겠다는 표정을 지으며 머리를 갸웃했다. 면회실에서는 감시를 맡은 교도관이 A의 옆에 조금 떨어져 앉아서 대화 내용을 일일이 메모하는데, 한 중년 교도관은 메모하는 손을 멈춘 채 몸을 앞으로 쑥 내밀고 대화에 참가하기도 했다.

"아저씨(교도관을 이렇게 불렀다), 알고 계셨어요?" "아니, 전혀 몰랐는데. 그런 일이 가능하다니." 두 사람의 대화에서 신뢰관계가 엿보였다. 떠날 때 그처럼 "선생님(왠지 나를 이렇게 불렀다), 취재 힘내세요."라고 가볍게 인사해주는 교도관이 있으면 기분이 살짝 좋았다.

도쿄구치소에서 사형수는 창이 없는 독방에 구금되어 있다. 가족을 비롯해 허가를 받은 아주 적은 사람들과 하는 면회와 편지 외에는 외부와 교류할 수 없다. 심지어 15분 정도인 면회는 감시자가 함께하며 하루에 한 번만 가능하다.

편지에도 제약이 심해서 허가를 받은 사람 말고 다른 사람에게 전하는 말이 있으면 검게 덧칠해서 지운다. A가 내게 보낸 편지도 덧칠된 적이 두 차례 있었는데, 그중 한 번은 당시 어린이집에 다니던 내 아들에게 전하는 아무 의미 없는 말이었다는 것을 나중에 알았다. 검게 덧칠하는 작업은 사형수가 자기 손으로 직접 한다. "말소, ×월 ×일"이라는 손 글씨는 너무나 생생해서 마치 오래전의 사상 검증을 통과했다는 표시 같았다. 사형을 연구하는 하와이대학교의 데이비드 존슨 교수는 자신의 책에서 일본의 사형 제도가 지나치게 사회와 사형수의 교류를 막는다며, 그 때문에 일본의 사형수는 '사형 집행'에 앞서 '사회적 죽음'까지 두 차례 죽임을 당한다고 비판했다.

실제 사건이 보도된 내용과 다르다고 해도, A가 여러 사람을 죽인 것은 틀림없는 사실이다. 그 점만 놓고 봐도 쇼와 비교하면 훨씬 죄가 무겁다. 하지만 젊은 시절에 범행을 저지른 점, 학대와 폭력으로 둘러싸인 채 성장했고, 그 자신도 폭력으로 내몰렸다는 점은 쇼와 공통된다. 다른 사형 사건과 마찬가지로 보도와 다른 진실은 드러나지 않은 채 어둠 속에 묻히고 말았지만, A야말로 TC처럼 대화로 배움 지우기를 하는 장소가 필요했던 사람이라고 나는 확신한다.

다시 태어나기

　역할 연기 수업에서 7개월 뒤―쇼가 TC를 수료하는 여덟 번째 분기의 마지막 주―말과 색을 이용하여 이번 분기를 돌아보는 수업이 진행되었다. B4 용지에 미리 인쇄한 세 송이 꽃이 각각 1개월씩을 뜻했고, 꽃을 채색하여 그 1개월 동안 자신의 심경이 어땠는지 표현했다. 꽃의 가운데 빈 칸에는 그 1개월을 상징하는 말을 써넣은 다음 채색했다.

　일곱 명씩 나뉘어서 각자 발표를 하는데, 쇼가 가장 먼저 나섰다. 첫 번째 꽃의 가운데에는 '피로', 두 번째 꽃에는 '상처', 마지막 꽃에는 '빛'이 쓰여 있었다. 첫 번째 꽃은 파란색과 오렌지색을 이용해 피로와 긴장을 표현했다. 쇼는 TC 수료를 의식하기 시작했고, 다음에 만날 환경에 불안도 흥미도 느끼기 시작한 시기라고 설명했다. '상처'라고 쓴 두 번째 꽃은 좌우를 분리해 빨간색과 파란색으로 칠했는데, 오렌지색이 희미하게 꽃을 둘러싸고 있었다.

　"흉터랄까, 흔적이랄까. 다른 사람의 상처를 느끼면서 공감하기도 했고, 살짝 혼란스럽거나 짜증 나기도 했어요. 요즘 들어 그런 상처가 보이기 시작했구나 싶어요."

　마지막 꽃은 노란색과 오렌지색에 분홍색과 초록색이 뒤섞여 밝은 빛을 냈다. 다만 가운데에 쓴 '빛'이라는 글자는 검게 덧칠해서 지웠고 그 바깥을 노란색으로 둘러쌌다. 쇼는 감정의 중심 축에 분노와 슬픔이 있고, 그걸 가둬두었던 녹이 조금씩 떨어져 서 오렌지색이 퍼져가는 느낌으로 그렸다고 설명했다. 다른 훈 련생들은 쇼의 마지막 분기에 '다시 태어나기'라는 이름을 붙여 주었다.

한편, A는 더 이상 이 세상에 없다. 사형 집행 11일 전 면회가 마지막 만남이 되었다. 기계적으로 반응하던 젊은 교도관은 "슬 슬."이라며 면회 종료를 알릴 때만 입을 열었다. A는 그 교도관 에게 시선조차 주지 않았다. 그 자리에 신뢰관계는 없었다.

마지막 면회의 화제는 중학교 졸업을 앞둔 내 아들의 근황과 영화 「프리즌 서클」이었다. 편집이 진척되지 않아 힘들어하는 내게 A는 "영화, 한번 보고 싶네요."라고 했다. 구치소는 갱생 가 능성이 남아 있지 않은 사형수에게 갱생에 관한 영화를 보여주 지 않을 것이다. 그걸 알면서도 A가 입 밖에 낸 말은 나를 앞으 로 밀어주는 듯했다. 그런 걸 느끼면서 면회실을 뒤로한 기억이 난다.

그게 마지막인 줄 알았다면, 말해주고 싶었다. A와 함께한 시 간은 반드시 영화에 담겠다고.

11

피해자와
가해자 사이

역할 연기라고 하지만,
피해자가 정말
거기 있는 것 같아서….
— 겐타로

재판원 재판*을 거쳐서 5년 징역형을 받은 겐타로가 자신이
당한 학대와 집단 괴롭힘 등 피해 경험에 관해 이야기하며 이모
셔널 리터러시를 습득하는 모습을 주로 3장과 6장에서 다뤘다.
겐타로의 네 번째 분기에 이뤄진 한 수업에서 60세를 눈앞에 둔
마에지마가 그의 변화를 화제에 올렸다.

"가와데 씨, 정말 많이 부드러워졌어. TC에 처음 왔을 때는
'이런 사람도 있네, 로봇인가?' 생각했는데."

주위 사람들도 겐타로도 쓴웃음을 지으며 고개를 끄덕였다.

---

* 국민 중에서 무작위로 뽑은 재판원이 형사재판에 참가하여 판사와 함께 피고인의 유무죄
및 형량을 판단하는 제도로, 한국의 국민참여재판에 해당한다.

누군가 혼나거나 얻어맞은 경험을 말하는데 겐타로가 무표정한 얼굴로 "부럽다"고 해서 모두에게 주목을 받은 일, 어린 시절에 관해 "외롭다고 생각한 적 없다." "가족 같은 건 상관없다."라고 센 척한 일, 그럼에도 외로움이 배어 나온 일, '철가면'이라는 별명이 붙은 일… 갖가지 에피소드가 그룹 내에서 화제에 올랐다.

"그때는 힘들었어. (외로운 걸) 인정해버리면 내가 무너져버릴 것 같았으니까… 그래도 확실히 외롭다는 감정이 있었구나 하고." 겐타로가 인정하자 누군가 "외톨이 팀에 온 걸 환영해!"라고 하여 다들 크게 웃음을 터뜨렸다.

"최근 들어 모두와 함께 있고 싶다는 마음 같은 게 강해졌어요. 전처럼 허세 부리고 계속 딱딱하게 굳어 있지 않으니까 여러 사람들과 함께 있고 싶은 생각이 드는 거죠. 전에는 쓸데없는 참견이라고 무시했던 걸 요즘은 솔직하게 고맙다고 생각해요."

겐타로는 지금까지 본 적 없는 온화한 미소를 지었다.

자기 연민

앞서 언급했듯이 겐타로는 사건에 관해 이야기할 때마다 약혼자도, 약혼자의 배 속에 있던 아기도, 친구도, 일자리도, 전부 잃어버렸다고 자신이 피해자라는 듯이 말했다.

"피해자에 대한 마음이 어떠냐고 해도, 솔직히 정말 아무렇지 않아서…." 이런 말을 입 밖에 낸 적도 있다.

돌이켜보면 나머지 세 주인공도 정도는 다를지언정 모두 비슷했다. 그럼에도 불구하고 그들은 체포당한 순간부터 거듭해서 반성을 요구당하며 '그런 척'을 계속해왔다. 형을 가볍게 하고 형기를 줄이기 위해 머리를 숙이고 반성문을 쓰고 합의금을 주는 등 '형식뿐인 반성'을 했던 것이다.

그래서 계속 반성하는 척해야 했던 것에 대해 피해 의식 같은 감정을 갖고 있는 사람도 적지 않다. TC에서는 그런 감정을 자기 연민이라고 부르며 그 감정과 마주하기 위한 수업도 마련하고 있다.

자기 연민을 다루는 것은 교과서의 마지막 단원인 '인간성 발달'이다. 그 단원의 서두에는 진심으로 죄송해하는 마음과 자신을 가엾게 여기는 마음(자기 연민)은 별개라고 쓰여 있다. 그리고 잘못을 저지른 사람 중 많은 이들이 자기 연민으로 헤매다가 원망하는 마음과 자기 파괴적 행동의 악순환에 빠져들고 만다고 지적한다.

교과서에서는 시를 인용하기도 한다. 시의 앞부분 일부를 소개한다.

사람은 자기 자신을 가엾다고 여길 때

숨고 싶어한다, 자기 자신에게서도.

마음속에서 고통이 신음 소리를 내고,

그 슬픔을 상자에 넣어 숨기려고 한다.

자신이 저지른 일에 대해 자신에게 거짓말을 하려 한다.

그 중요함을 인정하지 않음으로써.

다른 것으로 메우려고 한다.

다른 곳으로 주의를 돌리려고 한다.

자신을 벌하려고 한다.

자신과 타인의 인생에서 무언가를 빼앗아버린다.

강에서 떠낸 물에 독을 타고, 강에 돌려보내,

세계를 상처 입힌다.

— L. 로페스「사람이 자신을 가엾다고 여길 때」

사죄는 과연 진정한 사죄였던가. 그 마음은 자기 연민이 아닐까. TC의 훈련생은 거듭해서 질문을 받는다. 이곳의 목표는 형식뿐인 반성에서 벗어나는 것이다.

시나리오가 다시 쓰인 순간

겐타로가 "정말 많이 부드러워졌어."라는 말을 들었던 무렵

TC에서는 '범행 메커니즘을 알자'는 수업을 진행했다. 커리큘럼 담당인 훈련생 두 사람이 교실 앞에 서서 '자신의 사건을 이야기하기'라는 그날의 주제와 수업 진행 방식을 해설했다. 당번 중 한 사람은 중년의 마에지마로 소그룹들을 둘러보는 역할을 맡았다.

겐타로의 그룹에서는 30대 중반인 후루타부터 시작했다. 몸집이 작고 검정 뿔테를 써서 한눈에도 심약할 듯한 후루타는 첫 번째 분기를 마친 직후로 그때껏 발언에 소극적이었다. "제가 했던 건 택시 강도"라고 "칼과 전기충격기로 기사를 위협"했다고 했을 때는 귀를 의심했는데, 그날 후루타의 이야기를 요약하면 다음과 같다.

자위대원인 부친은 무척 엄격했다. 부모 두 사람이 모두 무조건 금지하는 사람들이라서 '뭘 말해도 소용없어.'라고 생각하며 자랐다. 고등학교 졸업 후, 애니메이션 전문학교에 다녔지만 바로 좌절했다. 파견직을 전전했는데, 직장에서도 인간관계가 잘 풀리지 않아 파친코에 의존하게 되었다. 불법 금융업자에게서 돈을 빌렸다가 다중 채무의 늪에 빠졌다. 막다른 상황에서 뉴스를 보고 택시 강도를 떠올렸다. 일반적으로는 황당무계하게 보이겠지만, 당시의 내게는 합리적인 판단이었고, 계획이 완벽한 줄 알았다. 무기는 위협하는 용도였고, 실제로 쓸 생각은 없었다. 실수로 운전사를 상처 입히는 바람에 동요해서 도망치지 못했다. '붙잡히는 것'은 상정하지 않은 일이었다고 후루타는 단언했다. 겐타로는 고개를 연신 끄덕였다.

겐타로의 차례가 되었다. 그는 지금까지 여러 번 사건 이야기를 했는데, 줄거리는 대개 같았다. 모친과 형제에 당시 동거하던 여자친구까지 두 가족의 생활비를 부담하느라 주머니 사정이 나빴다. 자위대를 그만두고 민간 경비업체에서 일했지만, 수입이 불안정했기 때문에 투잡을 뛰었다. 그런데도 매달 수입보다 지출이 많아서 빚이 점점 늘어났고, 조바심을 견디다 못해 숙부의 집에 강도를 하러 갔다.

"가와데 씨, 사건 때 실은 냉정했을 것 같은데요."

겐타로는 그 질문을 기다렸다는 듯 바로 답했다.

"맞아요. 범행 때를 기억하고 있거든요. 내가 뭘 했는지 똑똑히 기억나요."

"부엌칼을 들었을 때 뭔가 고양되지 않았어?" 후루타의 질문에 겐타로는 들켰다는 듯이 한쪽 입꼬리를 올리며 씨익 웃음을 지었다.

"듣다 보니까 왠지 돈을 훔치는 게 가와데 씨에게 임무가 되어서 그걸 반드시 수행해야 한다는 생각이 강해지지 않았을까 싶어서. 그래서 냉정했을 거라고 생각했어."

후루타의 분석에 겐타로는 고개를 끄덕였다.

"맞아요, 실은 저도 용의주도했어요. 영화를 찾아보고, 휴대폰으로 검색도 해보고…"

겐타로가 그때껏 들려준 사건 이야기는 '빚에 시달리다 저지른 충동범죄'였기 때문에 같은 그룹의 모두가 깜짝 놀랐다.

　더 나아가 겐타로는 인터넷 동영상이나 만화로 범행 수법을 조사한 일을 자세히 이야기했다. 누구나 아는 어린이용 탐정 만화를 참고했다고 해서 웃음을 참지 못하는 사람이나 눈이 휘둥그레진 사람도 있었다. 후루타는 이야기에 완전히 빠져들어서 고개를 끄덕였고, 겐타로도 그에 호응하듯이 이야기했다.

　"실은 사건 전에 다른 집에도 들어갔어요. 그런데 사람이 있어서 그만뒀고요. 그래서 내가 알면서 들어가기 쉬운 곳은 숙부네 집밖에 없다고… 들켜도 상관없다고요. 결국에는 용서해주겠지 하고."

　후루타는 곧바로 "어떤 맘이었는지 알겠어."라고 반응했다. 택시 강도를 할 때 사용한 나이프와 전기충격기는 '위협만 하면 괜찮겠지.'라는 믿음에서 준비한 것이며, 그건 겐타로의 '용서해줄 것'이라는 예상과 비슷하다고 설명했다.

　겐타로는 그 뒤에 "사전 조사는 말 안 했던 건데"라며 그때까지 했던 거짓말을 밝혔다. 사건 전에 빈집 털이를 시도했지만 실패한 일. 흉기를 물색하러 생활용품점에 가본 일. 숙부의 집에 비디오카메라를 가져가서 집 안 구조를 촬영하며 미리 동선을 점검한 일.

　'충동범죄'에서 '계획범죄'로 사건의 시나리오가 다시 쓰이는 순간이었다. 그 시나리오는 비교적 입장이 비슷한 후루타가 끄집어낸 것이었고, 그룹 내의 모두는 그 순간을 지켜보는 증인이 된 듯했다.

야나기하라가 후루타와 겐타로의 대화를 들으며 "그렇구나." 라고 고개를 끄덕였다. 그는 회사가 저지른 조직적 사기에 직원으로 가담하여 복역하는 중이었다.

"지금 이야기를 들으면서 생각한 건데, 가와데 씨와 후루타 씨의 사고방식은 독특하네요. 저라면 전기충격기로 위협해도 괜찮을 거라고 생각하지 않고, 숙부를 기절시켜도 용서해줄 거라고 생각하지 않아요. 하지만 여기 있는 모두가 자기만의 독특한 사고방식을 갖고 있다고 생각해요. 저지른 죄는 모두 다르잖아요. 사기도 있고, 성범죄도 있고, 강도도 있고. 사람들 제각각 지금까지 쌓아온 가치관 같은 게 있고, 그걸 판단 기준으로 삼아서 죄를 짓는다고 생각해요. 그렇다면 지금까지 어떻게 가치관이 쌓여왔을까, 하는 걸 풀어봐야만 하겠네요."

그 뒤 겐타로는 가볍게 웃는가 싶더니 얼굴을 꾹 찌푸리고 고개를 숙였다.

"요즘, 범죄라는 게 힘들어요."

주머니에서 바로 손수건을 꺼내고는 눈에 댔다. 후루타도 조용히 고개를 숙였고, 야나기하라가 말을 걸었다.

"사건과 마주하기 힘들다는 거죠?"

겐타로는 손수건을 눈에 댄 채 고개를 끄덕였다. 한동안 침묵이 이어졌다. 각 그룹을 둘러보다 바닥에 쭈그리고 앉아 상황을 지켜보던 마에지마가 겐타로를 들여다보며 말을 걸었다.

"이해해… 이해하는데 말이지. 우리는 그걸(범죄) 해서 여기 있으니까 마주해야 해."

야나기하라가 그 말에 고개를 끄덕이며 매서운 눈빛으로 겐타로를 바라보았다.

"지금도 현실 도피를 하는 버릇이 나온 거 아냐? 마주하기 싫은 건 이해하지만, 해야지. 조금이라도 한 걸음씩이라도 해야지. 그게 교육이니까."

하지만 야나기하라는 바로 고쳐 말했다.

"꼭 나한테 말하는 것 같네. 나도 그래. 현실이랑 마주해도 결국, 어떻게 해야 뛰어넘을 수 있는지 몰랐으니까…."

회복적 사법과 만나다

범죄와 마주하는 방식 중 하나인 '회복적 사법'을 처음 안 것은 1990년대 중반이었다. 도쿄 지하철 사린 사건*을 비롯한 옴

---

* 1995년 3월, 옴 진리교에 소속된 5명이 도쿄의 지하철에 신경가스인 사린을 살포한 무차별 테러 사건. 14명이 사망하고 5500여 명이 중경상을 입었다.

진리교* 관련 사건과 고베의 '소년 A' 사건** 등 흉악 범죄가 이어지며 피해자를 향한 관심이 급격히 높아지던 무렵이었다. 당시 제작회사에 소속된 텔레비전 디렉터였던 나는 폭력의 연쇄에 관한 프로그램을 만들기 시작하며 엄벌 지향이 점점 심해지는 방송 현장에 위기의식을 품는 동시에 피해자를 방치해두는 상황에도 분개하고 있었다. 그때 해외에서 이뤄지는 여러 시도들을 조사하던 와중에 만난 것이 회복적 사법이다.

회복적 사법이란 'restorative justice'를 번역한 용어로 회복적 정의나 회복적 대화 등으로 옮기기도 한다.*** 간단히 설명하면 범죄를 가해자가 피해자에게 미친 '대미지damage'(손상), 혹은 관계를 무너뜨린 행위로 파악하여 그 손상과 무너진 관계의 '회복'을 대화로 탐색하겠다는 발상이다. 처벌에서 가해자 자신의 회복으로 발상을 전환한 것이 TC라면, 사건 당사자의 관계성을 회복시키겠다고 발상을 전환한 것이 회복적 사법이다.

회복적 사법은 1970년대 캐나다에서 만들어졌다고 하지만,

* 아사하라 쇼코가 1984년 창설한 종교 단체로 종말론 등을 주장해왔다. 신도가 많을 때는 일본을 비롯해 해외까지 수만 명에 달했다. 도쿄 지하철 사린 사건 등이 발생하자 1995년 일본 법원이 해산을 명령했고, 교주 아사하라 쇼코를 비롯한 주요 간부들은 2018년 사형이 집행되었다.
** 1997년 고베에서 초등학생 2명이 잔혹하게 살해되는 사건이 일어났다. 범인이 14세 중학생 소년으로 밝혀져 일본 사회에 큰 충격을 주었으며 당시 소년법을 폐지해야 한다는 여론이 들끓었다.
*** 일본에서는 '회복적(回復的)'보다는 '수복적(修復的)'이라는 단어로 옮긴다. 이 책에서는 한국에서 주로 옮기는 대로 '회복적'이라는 단어를 사용한다.

실은 세계 각지의 선주민들이 오래전부터 활용했던 분쟁 해결법에서 단서를 얻어 목적과 상황에 따라 조금씩 조정되고 있기에 오래되었지만 새로운 접근법이라고 할 수 있다.

나는 1999년, 미국 미네소타주에 있는 레드윙 소년원에서 회복적 사법에 기초한 '피해 회복 프로그램'을 취재하여 방송을 제작했다. 그 방송의 주인공인 에릭은 16세로 절도와 가택 침입 때문에 1년간 소년원에 수용되어 있었다. 에릭은 일반적인 갱생 프로그램에 더해 '콘퍼런스'라고 불리는, 사건 당사자들이 함께하는 대화 프로그램을 희망하여 4개월 동안 준비하고 있었다.

콘퍼런스에 참가한 사람들은 피해자 측(피해자 일가 3명), 가해자 측(에릭의 가족과 소년원 직원), 그리고 지역 사회(교사, 카운슬러, 경찰관 등)까지 총 19명이었다. 촉진자*가 모임의 취지와 규칙을 설명하고 대화를 진행했다. 우선 에릭이 사건과 자신의 관계를 구체적으로 설명하고, 피해자에게 사죄했다. 이야기의 후반에선 눈물 때문에 목이 메었다.

그다음 피해자 일가가 각자의 관점에서 피해를 이야기했다. 에릭과 소꿉친구로 동급생인 소녀가 에릭이 사건에 관여한 걸 알고 충격을 받은 것과 흙투성이 발로 집 안을 침입당한 공포 때문에 정신적으로 불안정해진 것을 눈물 흘리며 이야기하자

---

* 회의나 교육 등이 원활히 진행되도록 돕는 사람.

에릭도 고개를 숙이고 울었다. 그 뒤 다른 참가자가 사건 당시의 에릭과 몰라보게 달라진 현재의 에릭에 관해 의견을 냈고, 부모·친척·소년원 직원은 소년원에서 에릭이 어떻게 생활했는지 들려주었다.

소꿉친구인 피해자가 아르바이트 때문에 콘퍼런스에서 먼저 퇴장하며 "힘내."라고 말을 걸고 스스로 에릭에게 손을 내민 장면, 그리고 경찰관이 변화한 에릭에게 "잘 돌아왔어."라고 말한 장면에서는 촬영자인 나도 절로 눈시울이 뜨거워졌다.

마지막으로 에릭이 어떻게 책임을 져야 하는지 다 함께 대화했다. 무단으로 남의 땅에 들어가지 않는다는 기본 사항부터 자조 모임에 참가할 것, 학교를 빼먹지 않을 것, 아르바이트를 찾을 것 등 15개 항목의 합의서가 대화 끝에 작성되었다. 소년과 피해자를 둘러싸고 모두가 대화하여 합의서를 완성해가는 모습은 평온했다. 두 시간에 걸친 대화를 마친 참가자들이 모두 밝은 얼굴로 돌아가는 모습을 보고 당사자들이 직접 대화하는 자리와 그러기 위한 준비의 필요성을 느꼈다.

당시 미국의 회복적 사법은 주로 범죄와 비행 문제의 대응책으로 이뤄졌지만, 사반세기가 지난 지금은 학교, 직장, 지역 공동체까지 일상에서 벌어지는 분쟁의 해결법으로 폭넓게 활용하고 있다.

나선 계단

회복적 사법은 TC에도 도입되어 있다. 다만, 앞서 소개한 사례처럼 실제로 사건 당사자들이 대화하는 자리를 마련하는 건 아니다. 회복적 사법에 대해 배우거나, 범죄 피해자 및 회복적 사법에 관한 영상을 시청하고 서로 이야기하거나, 피해자 역과 가해자 역을 정해 모의 대화를 시도하는 단계에 머물고 있다. 그래도 사건 피해자에 미친 영향과 그 책임을 감정과 함께 생각할 기회가 있다는 것은 중요하다.

사건 결과 피해자가 사망한 쇼는 촬영 당시 특히 회복적 사법에 깊은 관심을 보였다. 쇼는 인터뷰에서도 외부 강사가 진행한 워크숍이 마음에 와닿았다고 말했다.

"(피해자와 가해자가) 대화할 때는 피해자도 가해자도 같은 눈높이에 있는 게 중요하다고 했어요. (피해자가 가해자를) 오늘은 용서해도 내일은 용서하지 않을지 모른다고. 그런 식으로 오늘 용서해도 내일 용서하지 못하는 게 이어지면서 사건에 관해 계속 생각하는 거예요. 그렇게 나선 계단을 조금씩 올라가는 느낌이라고…."

쇼는 검지를 세우고 나선 모양으로 빙글빙글 원을 그리며 손을 조금씩 위로 올렸다.

"그 위로 올라가는 과정에서 피해자도 가해자도 비슷한 상태가 되지 않으면 대화를 할 수 없다고 했는데, 그게 꽤 신선했어요. 그런 걸 생각하면 저만 이쪽에서 사건을 돌이켜보면서 피해자에 대해 '저렇게 하고 싶다'든가 '나는 이렇게 살고 싶다'고 생각하는 건 그냥 제멋대로인 건데… 그런데 제가 만약 회복적 사법을 하고 싶어도, 솔직히 말해 못 하겠죠. 그런 환경 같은 게 사실 바깥세상에는 없는 것 같아요, 지금 상태로는. 그래요. 그래서 이 나선 계단이라는 표현이나 같은 눈높이에 선다는 말은 제게 자극적이지만… 반대로 어렵다고 느끼기도 했어요. 앞으로 일을 생각하면서요."

쇼의 발언은 이 사회에서 실천되지 않는 회복적 사법, 회복적 사법에 관한 정보 부족, 연계 부족 등의 문제를 드러내는 것이기도 하다.

2년 만의 진실

2년 동안 진행한 교도소 내 촬영이 막바지에 다다를 무렵, TC에서는 사흘 동안 '피해자·가해자 역할 연기'를 진행했다. 커리큘럼 당번이 독자적으로 기획한 프로그램인데, 작은 그룹으로 나뉘어 훈련생의 사건을 다루었다.

첫날은 각자 사건을 돌아보는 것으로 시작했다. 내가 아는 한 일본의 교도소에서 수용자가 일으킨 실제 사건을 소재로 역할 연기를 한 것은 이때밖에 없다.

"오늘로 2년이 되었는데요, 사건에서." 겐타로부터 시작했다. 부엌칼로 숙부의 손바닥과 쇄골 상부에 전치 2주의 상처를 입혔다고 몸짓을 섞으며 해설했다. 그리고 "이건 지금까지 말 안 했는데"라며 사건 당일의 일을 이야기했다.

"나무 막대를 바닥에 살짝 내려놓고 (부엌에서) 부엌칼을 조용히 챙겨서 거실에 들어갔어요. 그때는 이렇게 된 거 '들키면 죽여버리자'고 생각했지."

현장에서 스릴과 흥분을 맛보았다고도 덧붙였다. 사건 후 미리 준비했던 나무 막대는 바다에 버렸다. 그 이야기를 들으며 어떤 사람은 몸을 크게 뒤로 젖혔다가 겐타로를 이해할 수 없어 "무서워."라고 말했다. "잡힐 줄 몰랐어?"라는 질문에 겐타로는 "들킨다는 선택지는 없었다"고 답했다. 그리고 당시에는 돈이 전부였으며, 어릴 때도 돈만 주면 집단 괴롭힘을 피할 수 있었기에 어떻게 해서든 돈이 있어야 한다는 믿음이 있었다고 설명했다.

이튿날, 커리큘럼 당번 두 사람이 화이트보드 앞에 서서 '피해자'라는 글자 아래에 사건 피해자, 유족, 가족 등을 덧붙여 썼다. 드디어 실제 사건의 관계자를 연기하는 것이었다. 보통 회복적 사법의 대화에는 '피해자' '가해자' '지역 사회'라는 세 가지 입장의 관계자들이 참가하고 제3자가 진행을 담당한다. 하지만 이번에는 '피해자의 마음을 이해하는 것'에 초점을 맞추기 위해 가해자와 피해자만 대화에 참가한다고 커리큘럼 담당자 설명했다.

마지막 날, 겐타로는 긴장한 것 같았다. 역할 연기에서 가해자를 맡는 날이었기 때문일 것이다. 그룹 내에서 논의하여 숙부, 숙모, 여자친구, 모친을 '피해자'에 포함하기로 정했고, 각자의 입장과 관계를 복습한 다음 배역을 나눴다.

시작과 동시에 숙부가 분노를 드러냈다.

"왜 우리 집이었어요?"

"들어가기 쉬운 게 제일 큰 이유였는데"라고 겐타토가 말을 마치기도 전에 "들어가기 쉬웠다고?"라며 숙부가 되물었다.

"네, 어떤 동네인지도 알고, 집 안도 알고."라고 답한 겐타로는 공판 때 자신이 한 증언은 현실과 다르다며 "무의식적인 계획이었나 싶네."라고 덧붙였다. 그리고 사건 일주일 전에 영상을 찍으러 방문한 것도 실내 구조와 가구 위치 등을 확인하기 위해서였다고 밝혔다.

숙부 역은 어이없어하며 왜 돈 때문에 힘들다고 이야기하지 않았느냐고 따져 물었다. 겐타로는 지금이라면 상담하겠지만 당시에는 어떻게 하면 좋을지 몰랐다고 우물거렸다.

왜 사람을 죽일 생각까지 하면서 강도에 집착했는가. 이어진 숙부의 질문에 겐타로는 계획이 틀어진 게 원인이라고 했다. 숙부가 밭에 나가 집이 비는 시간을 노렸는데, 그가 거실에서 자는 걸 보고 패닉에 빠졌다. 막대기를 준비했지만, 몸싸움을 피하기 위해 부엌칼에 손댔다. 드라마처럼 잘하면 끝까지 도망칠 수 있을 거라 생각했다. 이런 이유들을 겐타로는 꼽았다.

"너무 염치없지 않나요?" 숙모 역이 끼어들었다.

"계속 돈이 없었다고 하는데, 우리라고 딱히 돈이 있지 않아. 아는 사이인 겐타로가 침입했다고 하니까… 실제로 지금은 교도소에 들어가 있으니까…. 나 그때부터 잠을 전혀 못 자. 가족도 못 믿겠고, 매일매일 계속 무서워."

숙모 역의 말에 겐타로는 표정이 무너졌다. 고개를 숙이고, 몸을 비틀고, 연필을 꽉 쥐었다.

"실제로 지금 교도소에서 교육 같은 걸 받으면서 뭔가 변했나요?"

숙모 역의 질문에 겐타로는 눈물을 닦으면서 "죄송해요, 잠깐."이라며 오른손으로 잠시 멈추자고 신호했다. 겐타로는 상반신을 구부리고 무릎 위에 엎드려 소리 없이 울었다. 그 뒤로 몇 분 동안 왼 손바닥으로 눈구석을 누르거나 눈물을 닦거나 코끝을 잡으면서 오랫동안 침묵했다. 기다리다 못한 숙부 역이 강하게 물었다.

"지금 눈물은 왜 흘리는 겁니까?"

겐타로는 천천히 상반신을 일으키면서 "죄송해서죠."라고 했다. 눈물 때문에 얼굴이 빨갛게 부었고 콧물을 훌쩍였다.

"뭐가 죄송한데?" 다시금 질문하는 숙부 역.

"범죄를 저지르고, 상처 입히고, 뭔가… 정말 제멋대로 했다는 거죠. 평범하게 생활할 수 있었을 텐데… 저한테는 그걸 빼앗을 권리가 없는데…."

오른손으로 연필을 만지작거리고 왼손으로 눈물을 닦으면서 겐타로는 울먹이는 목소리로 더듬더듬 답했다.

모친 역이 몸의 상처는 나아도 마음의 상처는 낫지 않았다고 엄하게 말하자, 겐타로는 "돌이킬 수 없는 짓을 했다"며 고개를 숙였다.

"당신에게 속죄는 무엇입니까?"

숙부 역이 엄한 말투로 질문했다.

"한 가지는 전보다도 안전하고 안정된 생활을 하는 것, 그리고 사죄하고 싶어요. 일단은… 그렇게 생각하는 것부터 시작일까 싶습니다."

중반에는 임신 중이었던 여자친구와 대화하기도 했다.

"사건 때문에 미래도 포기하고 중절한 내 기분을 이해해요?"

여자친구 역의 질문에 겐타로는 입술을 깨물거나 눈을 내리깔며 동요를 내비쳤다. 이윽고 "상상밖에 할 수 없지만… 괴로웠겠다."라고 하자 여자친구 역은 "괴로운 정도가 아니에요."라고 되받았다.

다시 기나긴 침묵 뒤에 겐타로의 입에서 나온 말은 "솔직히,

아이를 지워서 좀 안도했어."라는 한 마디였다. 지금은 어떻게 생각하느냐는 여자친구의 질문에 겐타로는 "낳았다면 좋았을 거라고. 후회하고 있어요."라며 작게 답했다.

여자친구 역이 "나한테는 어쩔 셈이야?"라고 압박하자 잠깐 생각했다가 여자친구의 어머니가 연락을 금지했지만 태어나지 못한 아이의 공양 정도는 하고 싶다고 했다. 예상 밖의 질문을 받고 엉겁결에 공양을 입에 담은 듯했다.

여자친구 역시 작게 "그랬으면 좋겠어."라고 하자 겐타로는 "어?"라고 되물었다. "꼭 그랬으면 좋겠어요."라는 답에 겐타로는 의표를 찔린 듯한 표정을 지었다. 겐타로는 그 뒤에도 여자친구 역을 힐끔거리며 동요를 감추지 못했다.

그러는 동안 여자친구 역은 안경을 벗고 눈가를 닦았다. 울고 있었던 것이다. 머리를 감싸고 몇 번이나 손끝으로 눈가를 문지르는 모습은 단순히 역할에 몰입한 것으로 보이지 않았다. 그 역시 비슷한 경험을 했을지도 모르겠다는 생각이 들었다.

"속죄란 무엇일까?"

범죄 피해자는 회복적 사법을 어떻게 생각할까? 이 의문에 답하는 건 어려운 일이다. 일본에서는 제도로 존재하지 않지만, 실은 경찰이 주도하는 '소년 대 대화'라는 시범 사업이 한동안 이 뤄진 바 있다. 당시 참가자들의 만족도가 대단히 높았지만 아쉽 게도 계속되지는 않았다.* 그 가장 큰 이유가 피해자 단체의 반 대였다는 것을 어느 문헌을 보고 알았다. 일본에서 회복적 사법 은 아직 충분히 알려지지 않은 데다 가해자 우선이라는 오해까 지 있어서 저항감을 느끼는 피해자가 적지 않다고도 한다.

그런데 한편으로는 깊은 관심을 보이는 피해자도 있다. 그런 두 사람의 이야기를 온라인으로 들어보았다. 한 사람은 피해자 유족인 마치다 교코다. 지금으로부터 22년 전, 고등학생이었던 마치다의 아들은 집단 폭행으로 세상을 떠났다. 가해자는 세 명 으로 20세 청년 두 명에 미성년자 한 명이었다. 주범 격은 징역 4년에 소년교도소**로, 공범 중 한 명은 징역 1년 반에 중등소 년원으로, 다른 한 명은 집행유예가 붙은 징역 5년으로 보호관 찰 처분을 받았다. 주범은 출소 직후 딱 한 번 얼굴을 보이고 연 락이 끊겼지만, 공범 두 사람과는 지금도 인연이 이어지고 있다.

보호관찰 처분을 받은 한 사람은 5년 동안 매달 꽃을 들고 부 친과 함께 마치다의 집을 찾아왔다. 이야기를 나누지는 않고, 불

---

* 한국에서도 회복적 사법에 대한 관심이 높아 형사재판 회복적 사법 시범실시사업 등 여 러 시도가 이뤄졌지만, 명확하게 법적·제도적으로 회복적 사법이 자리 잡지는 못했다.
** 일본의 소년교도소는 본래 만 20세 이하의 남성이 수용되는 곳이지만, 실제로는 만 26세 미만의 성인도 수용하고 있고 그보다 나이 많은 수용자를 받아들이는 경우도 있다. 2018년에는 80세 수용자가 소년교도소에서 사망하여 그 실태가 알려지기도 했다.

단 앞에서 경을 읊을 뿐이었다.* 그래도 마치다는 '오늘은 마음이 담기지 않았네. 의무감으로 올 뿐인가.' 하는 등 가해자의 변화를 느낄 수 있었다.

"만나고 싶지 않을 때도 있고, 집 안에 들이는 것도 힘들어요. 하지만 오면 상태를 알 수 있어요. 저쪽도 여기 오려면 각오가 필요해요. 죄와 마주해야 올 수 있으니까요. 그게 저에게도 느껴져요."

그와 동시에 피해자 유족끼리만 대응하기는 무척 부담스러운 일이기도 했다. 보호관찰이 종료될 때, 마치다는 집으로 방문하는 건 "다시 생각해달라"며 일단락을 짓자고 제안했고, 정기 방문은 없어졌다. 하지만 공범은 아직도 아들의 기일마다 성묘를 빠뜨리지 않고 있으며, 마치다도 "1년에 세 번은 찾아뵙고 싶다"는 그의 의향을 받아들였다. 공범 중 다른 한 사람은 납골 이후 모친과 함께 성묘를 계속하고 있다.

지금으로부터 8년 전, '시마네 아사히'를 강사로 출입하던 나는 마치다를 초빙하여 TC 유니트에서 회복적 사법을 주제로 워크숍을 실시했다. 마치다는 아들의 사진을 책상에 두고, 자신의 경험을 들려주었다. 어느 훈련생의 "속죄란 무엇일까?"라는 질문에 마치다가 답했던 내용이 인상에 깊게 남았다.

---

* 일본에는 집 안에 불단을 놓고 세상을 떠난 가족을 기리는 문화가 있다.

주범이었던 남성이 부친의 손에 이끌려 갑자기 나타난 적이 있었다. 마치다와 남편 앞에서 부친은 그를 무릎 꿇리고 납작 엎드리게 했다. 그건 사죄가 아니라 독선이었다. 속죄할 셈이라 해도 그 마음이 피해자에게 전해지지 않으면 속죄가 아니다. 마치다는 단호하게 말했다.

휴식 시간이 되자 먼저 마치다에게 말을 거는 훈련생도 있었다. 훗날 지원사로부터 마치다가 다녀간 후 훈련생들이 잇따라 피해자와 관련한 상담을 요청하며, 수업과 일기의 내용도 한층 깊어졌다는 이야기를 들었다.

설령 다른 사건이라 해도, 동요와 갈등을 불러일으키는 이야기라 해도, 아니, 바로 그런 이야기일수록 실제 피해 당사자의 목소리를 가해자가 듣는 것이 중요하다. 그리고 그 역시 회복적 사법의 일부라 할 수 있다.

마치다는 TC에서 했던 활동을 학교와 소년원에서도 10년 이상 계속하고 있다. 그러는 이유는 '소년원과 교도소에서는 사회적인 죄를 속죄할 뿐이며, 유족과 피해 당사자에게는 아무것도 전해지지 않는다.'라고 생각하기 때문이다. 소년교도소에 4년 복역했을 뿐 한 번도 연락을 하지 않은 주범, 그리고 제도에 대한 원통함과 조바심 역시 영향을 미치지 않았을까 나는 생각한다.

같은 배에 올라탄 사람들

나에게 이야기를 해준 다른 사람은 20년 전 '니시테쓰 고속버스 탈취 사건'*의 피해자 야마구치 유미코다. 그녀는 같은 버스에 탔던 친구 쓰카모토 다쓰코를 눈앞에서 잃었고, 그 자신도 당시 17세 소년이었던 가해자가 휘두른 칼에 맞아 생사의 기로에서 헤매다 살아남았다.

"수술 후가 진짜 힘들어서 차라리 죽었으면 했어. 쓰카모토 씨는 그때 죽어서 다행이라고 생각했다니까."라고 야마구치는 실로 태연하게 말했다. 야마구치는 신체가 회복될수록 '나만 살아남아서 면목이 없다'는 생각이 닥쳐와 고통을 겪었다. '살아도 괜찮다'고 생각하게 된 것은 버팀목이 되어준 가족과 훌륭히 대응해준 병원에 더해 야마구치만이라도 살아남아서 다행이라고 말해준 쓰카모토의 아들 덕분이었다. 사건에서 13년 후, 63세인 야마구치는 등교 거부와 회복적 사법을 연구하기 위해 규슈대학교의 대학원에 진학했다. 그는 회복적 사법을 다음처럼 설명했다.

"피해자와 가해자가 마주 보고 각자의 입장에서 이야기하며

---

* 2000년 5월, 사가현에서 후쿠오카현으로 향하던 니시테쓰(서일본철도)의 고속버스가 17세 소년에 의해 탈취당한 사건으로 15시간 만에 경찰에 진압되었다. 범인의 흉기에 한 명이 사망하고, 두 명이 부상을 입었다.

각자 살기 편한 방향을 모색하는 것. 같은 배에 올라탄 사람들이지, 대립이 아냐. 그 자리에는 중개자가 필요해."

야마구치는 자신이 회복적 사법에 관심을 기울인 이유가 여럿 떠오른다고 했다. 사건으로 목숨을 잃은 교육자 쓰카모토의 가르침, 딸의 등교 거부, 그리고 가해 소년과 직접 만난 시간. 면회를 조정한 사람은 당시 소년이 있던 교토의료소년원의 원장으로 만날 기회를 세 차례 마련해주었다. 야마구치가 소년 및 그 부모와 맺은 합의서에 면회를 요망한다고 했던 것이다.

첫 면회에서 야마구치는 소년의 옆에 앉아 어깨를 쓰다듬으며 "지금까지 아무도 이해해주지 않아서 힘들었겠구나."라고 말을 걸었다. 사건 당시 소년이 휘두른 칼에 얼굴과 손을 베여 자신의 피가 흐르는 버스 통로에 쓰러져 있었던 야마구치. 그의 눈에는 소년이 마음에 상처를 입은 아이로 보였다. 소년이 그토록 막다른 길에 몰렸던 것은 누구도 나를 이해해주지 않는다고 생각했기 때문이 아닐까. 그걸 전하지 않으면 소년은 다시 일어나지 못할 것 같았다.

그와 동시에 야마구치는 소년에게 말했다. "너를 용서한 건 아니야. 용서는 지금부터. 네가 살아가는 모습을 지켜볼 거야."

소년이 보낸 편지에는 "저를 생각해서 울어주셨을 때, 정말 따뜻하다는 생각과 내 죄가 얼마나 무거운지 하는 생각이 동시에 들었습니다."라고 적혀 있었다.

"언론 보도에서는 마음이 없는 인간처럼 그리지만, 실제로 인간 대 인간으로 마주해보면 제대로 진심이 전해지는구나 생각했어."

야마구치는 세 번째 면회 이후 소년의 연락이 끊겼다며 아쉬워했다. 야마구치가 15년 전부터 거주지 인근의 사가소년교도소에 매달 찾아가 '피해자의 목소리'를 들려주기 위해 이야기를 하는 것은 한 사람이라도 더 그 소년 같은 사람의 마음을 어루만지기 위해서다.

물론 모든 피해자가 야마구치나 마치다 같은 생각에 다다르지는 않는다. 하지만 마치다는 피해자도 다양한데 '피해자=엄벌을 바라는 사람'이라고 등식처럼 고정되는 것이 안타깝다고 말했다. 야마구치는 피해자 지원이 아직 불충분하기 때문에 회복적 사법도 이해를 받지 못하는 것이라고 지적했다.

겐타로의 역할 연기가 끝나고 모두 함께 돌이켜보는 자리에서는 여러 깨달음이 공유되었다. 다른 사건의 피해자를 연기하면서 처음으로 내 사건의 피해자에게 생각이 미친 것. 가해자를 연기하기에는 아직 준비가 부족하다고 깨달은 것. 겐타로도 그런 경우였다.

"역할 연기라고 하지만, 피해자가 정말 거기 있는 것 같아서…. 제가 질문을 받아서 괴로운 것 이상으로 피해자는 지금도 계속 괴롭겠다는 생각이 머리에서 떠나질 않았어요. 제 어리광

이겠지만 피해자와 마주하는 게 무서웠어요. 실제로 표면적인 것밖에 생각하지 못했고, 지금까지 내 형편에 좋게만 설명해왔고요. 피해자는 더 알고 싶은 다른 게 있겠구나 생각했어요."

일본에서는 아직 역할 연기에 머무르고 있지만, 수많은 국가 및 지역이 형사시설과 법원에서 가해·피해 당사자 간 대화를 도입하고 있다.

12

생크추어리를
건네주다

내가 계속,
잡히기 전까지
대충 뭉개고 넘겼던 게,
이거였구나.
— 다쿠야

쇼가 2년간 지냈던 TC를 수료하고 직업 훈련 유니트로 이동한다는 소식을 들은 건 촬영 9개월째인 2015년 4월이었다. 솔직히 말하면, 아쉬웠다. 쇼가 떠나는 게 그에게도 다른 훈련생들에게도 손실처럼 여겨졌기 때문이다.

쇼에게 이유를 물어보니 사회 복귀를 의식하며 자격증을 취득하는 등 새로운 일에 도전해보고 싶어졌다고 의욕을 보였다. 사람의 목숨을 빼앗았다며 스스로 미래의 꿈을 금지했던 반년 전과 비교해보면 눈에 띄게 변화한 모습이었다.

"제가 먼저 떠나는 경험을 해본 적이 없어요. 직장이든, 친구든, 고향이든. 왜 떠나지 못할까 생각해봤는데, 어릴 때 어머니랑 둘이 살았고 어머니가 밤마다 일을 나가면서 저랑 떨어졌잖아요. 그때 엄청 외로웠어요. 그래서 내가 떠나면 (상대방을) 외롭게 만드는 것 때문에 죄책감 같은 걸 느껴버려서 떠나지 못했던 부분이 있었다고 여기서 깨달았어요…. 교도소에 있는 동안에는 다양한 곳에서 다양한 사람과 만나며 인간관계의 폭을 넓히고 싶었기 때문에 졸업하기로 했습니다."

그와 더불어 이런 말도 했다.

TC는 많은 점에서 풍족한 곳이다. 개개인의 차이는 있어도 기본적으로 변화를 원하는 사람들이 모인 곳이고, 그걸 뒷받침해주는 조직도, 모두가 서로를 돕는 환경도 있다. 그런 것이 존재하지 않는 일반 유니트에서 지금까지 배운 것을 어떻게 활용할수 있을지 시험해보고 싶다.

마지막 원

쇼가 TC에서 보낸 마지막 날, 다목적 홀에 스무 명의 훈련생이 커다란 원을 그리며 앉았다. 쇼는 사람들을 천천히 둘러보면서 싱글거리는 표정으로 모두에게 말을 걸었다.

"오늘은 자기 자신의 이야기를 가장 중요하게 생각해주세요. 괜찮죠? 뭔가 설명하기보다는 그때 느낀 감정이나 그때의 생각

같은 걸 신경 쓰면서 한 사람 한 사람 자기 이야기를 들려주면 좋겠어요."

며칠 전, 지원사는 쇼에게 마지막 90분을 자유롭게 써도 좋다고 말했다. 고민 끝에 쇼는 가장 간단하게 원에서 하는 대화를 선택했다. 계속 불신감에 빠져 있었던 자신이 진심을 이야기할 수 있게 되면서 회복할 기회를 손에 넣었듯이, 내가 떠난 뒤에도 남아 있을 동료들에게 생크추어리를 건네주고 싶다. 그런 생각에서 마지막 수업을 준비했다는 이야기를 들은 건, 쇼가 출소한 다음이었다.

쇼의 제안에 처음 호응한 사람은 뜻밖에도 다쿠야였다. 손을 허리 부근으로 살짝 들고는 입을 열었다.

"TC에 들어오고 반년이 지났는데… 어릴 때 얘기를 해보려고요."

당시는 다쿠야가 쇼와 대화하다 자신에게 생크추어리가 존재하지 않았다고 인정한 직후였다. 그때껏 다쿠야는 어린 시절이 화제가 되면 입을 다물었는데, 그날은 앞으로 더욱 나아가겠다는 의지가 느껴졌다.

다쿠야는 양손을 배에 대고, 마치 상처를 막는 듯한 자세로 이야기하기 시작했다. 고요한 홀에 다쿠야의 담담한 이야기만이 울렸다.

어린 시절, 낮에는 항상 부친과 둘이서 지냈다. "질 나쁘고 난

폭한 아버지"는 자영업자로 항상 집에 있었는데, 다쿠야는 "눈이 마주치면 당하는" 날들을 보냈다. 어머니는 낮에 집을 비웠다 저녁에 돌아왔는데 아버지의 폭력을 멈추려고 들지 않았다. 부친이 "그럼, 이제 그만"이라며 어영부영 끝낼 뿐. '언제 끝날까.'라고 생각할 만큼 매일매일 잔뜩 긴장했다.

1년간 일시보호소에서 생활하고 돌아온 뒤, 모친이 돌연히 사라졌고 그때부터 모든 집안일을 아홉 살 다쿠야가 맡았다. 사소한 실수를 할 때마다 부친에게 "퍽퍽 얻어맞았다".

한창 놀다가도 저녁 준비를 해야 한다고 빠지다 보니 아무도 상대해주지 않게 되었다. 집에 돌아가는 길에 마주치는 길고양이가 유일한 친구였다.

일주일에 한 번은 창문으로 도망쳤다. 맨발이었다. 역 앞에 노부부가 운영하는 술집이 있었는데, 폐점 직전을 가늠해서 앞을 지나치면 남은 음식을 먹여주었다. 몇 번인가 재워준 적도 있다. 아침이 되면 경찰의 보호를 받았는데 역시 아버지에게 "퍽퍽 얻어맞았다".

차갑게 식은 공원 벤치에서 밤을 새는 일에도 익숙해졌다. 계절과 상관없이 밤의 추위는 힘들었지만, '어떡해서든 살아갈 수 있다'고 확신한 것은 그 무렵이었다.

초등학교 4학년 때, 쌀을 씻다가 몇 알을 흘렸다. 그 쌀알을 물로 씻고 다시 넣었는데, 어느새 아버지가 뒤에 서 있었다.

"그런 걸 보이면 큰일이거든요. 머리를 붙잡혀서 그대로 싱크대 구석에 힘껏 꽝! 앞니가 빠지기도 했어요. 정신을 잃을 만큼 터지고. 그러다 그대로 차에 태우면서 '너는 이제 안 되겠다'는 식으로 말했고, 결국 시설에 들어가게 됐죠."

훈련생 전원이 제각각 다른 자세로 다쿠야의 이야기에 귀를 기울였다. 일일이 맞장구를 치는 사람, 몸을 앞으로 숙이고 몰입하는 사람, 허벅지 위에 둔 손을 움직이는 사람, 양다리 사이에 손을 넣고 온몸이 굳은 사람, 눈가를 문지르는 사람… 한 사람 한 사람이 '증인'이 되어 그야말로 생크추어리 속에서 다쿠야를 지켜보는 듯했다.

이야기의 후반에 다쿠야는 자신의 감정이 움직이지 않는 것도 언급했다. 밖에서 자면서 '춥다'든지 맞아서 '아프다'든지 하는 신체감각은 있었지만, 어떤 경험에서도 "별로 감정이 움직이지는 않았어요."라면서 고개를 갸웃거렸다. 모친이 갑작스레 사라졌을 때도, 부친이 자신을 시설에 방치했을 때도, '아, 그래.'라고 남 일처럼 느꼈다. TC에서 계속 자기를 신경 써준 쇼도 오늘이 마지막이라는데, 솔직히 아무렇지도 않다. 섭섭해하고 싶은데, 감정이 움직이지 않는다. 스스로가 안타까워 울고 싶다. 마지막에는 "그런 얘기였습니다."라고 여느 때처럼 실실거리면서 끝냈지만, 훗날 인터뷰에서 다쿠야는 그때의 경험을 좀 흥분해서 이야기했다.

생크추어리를 건네주다

"이야기하는 데는 에너지가 필요하죠. 말하고 싶지 않은 거나 생각하기 싫은 거나 듣지 않았으면 하는 게 있어서… 그걸 이야기할 때, 행동으로는 그냥 이야기할 뿐이지만, 생각하고 이야기하기까지가 진짜 큰일이라 많은 걸 뛰어넘어야 해요. 이야기하자고 마음먹기까지 이 사람들을 신용할 수 있을까, 이야기하면 어떻게 될까, 나는 어떻게 될까, 어떤 기분이 될까, 그런 걸 전부 받아들여야 해요. 그래서 단순히 이야기하기라지만 실제로는 많은 일을 하는데. 이야기를 해냈다는 건 지금까지 인정하지 않았던 부분을 스스로 인정하고 이야기했다는 경험 같은 거예요… 이야기를 해서 정말 큰 걸 얻었어요. 내가 계속, 잡히기 전까지 대충 뭉개고 넘겼던 게, 이거였구나."

다쿠야는 지금까지 자신을 옭아맨 무언가에서 해방되어 한결 편해진 것 같았다.

가석방과 아버지

주인공 네 명 중 가장 먼저 출소한 사람은 다쿠야였다. 교도소 내 촬영이 절반 정도 지난 2015년 7월, 다쿠야의 세 번째 분기 중에 가석방된 것이다.

TC에 처음 들어왔을 무렵에는 전화금융사기의 현금수거책으로 가담한 일에 대해 "돈을 받은 것도 아니라서 범죄를 저질렀다는 느낌이 없다"고 말했던 다쿠야는 출소 직전의 인터뷰에서 다음처럼 말했다.

"저는 지금까지 어떻게 해야 책임을 회피할 수 있을까 생각하며 살아왔어요. 이제는 피해자 분들이 얼마나 상처를 입었을까, 지금 얼마나 힘들어할까 하는 걸 생각하게…. 변상하려 해도 간단히 갚을 수 없을 만큼 금액이 커서 무책임하게 말할 수는 없어요. 그래도 피해자에게 끼친 상처라는 걸… 결국 제가 어떻게 할 수는 없겠지만, 생각하고 있어요."

쇼가 진행한 '마지막 원'을 계기로 다쿠야가 어린 시절을 받아들이는 방식도 많이 바뀌었다.

"같은 말이라 해도, 부모에게 사랑받지 못했다는 말의 의미가 점점 변한다고 할까요. 최근까지는 그런 경험에 대해 '아무 생각도 없어요.' 같은 식으로 말했는데. 부모에게는 별로 분노도 원망도 없다고요. 어렸을 때 마음이 차갑게 식어가는 느낌이 들었던 걸… 지금까지는 멋대로 감정이 사라졌던 거라고 믿었는데, 그게 아니라 그때 내가 상처 받았던 거라고 감각으로 이해하게 되었어요. 오래전 경험인데 새로운 기억이 제 속에서 생겨나는 느낌이에요."

그랬던 다쿠야가 출소 후 정착할 곳으로 부친의 집을 선택했다는 소식을 들었을 때는 솔직히 놀랐다. 몇 번이나 자기를 "반

죽음"으로 만들었고, 결국에는 시설에 버렸던 부친인데. 이제 와 잘 지낼 리가 없었다. 하지만 그 이유는 단순했다. 그저 가족이 신원 인수를 하면 가석방 허가가 쉽게 나오기 때문이었다.

출소일

출소 당일, 아무도 데리러 오지 않는 다쿠야는 고속버스를 타고 히로시마역까지 가기로 했다. '시마네 아사히'에서는 출소가 일주일에 한 차례로 정해져 있고, 직원이 아사히 인터체인지의 바깥에 있는 버스 정류장까지 함께 간다. 내가 처음 '시마네 아사히'를 방문했을 때 지원사인 모리 마유미가 마중을 나와주었던 버스 정류장이다. 직원은 그곳에서 버스가 보이지 않을 때까지 배웅해준다. 출소에 관한 정보는 비밀이었기에 나는 출소일을 추측한 다음 한 정류장 앞에서 버스를 타고 다쿠야를 기다렸다.

10여 명의 남성이 커다란 가방을 들고 버스에 올라탔다. 거의 마지막으로 빳빳한 하얀 와이셔츠에 회색 바지를 입고 좀 작은 스포츠백을 어깨에 멘 다쿠야가 탔다.

다쿠야는 나를 보고는 깜짝 놀라며 좀 쑥스러운 듯이 웃었다. 감시가 끼어들지 않는 담장 바깥에서 본 자연스러운 다쿠야는 그야말로 어디에나 있을 법한 청년이었다.

다쿠야는 2주 전에 갑자기 TC에서 다른 유니트로 이동했고, 그곳에서 출소일을 전해들었다고 했다. 보통 석방을 앞둔 수용 자는 한 유니트로 모여서 사회 복귀를 준비하는 '석방 전 지도' 를 받는다. 그곳에서는 출소 후 보호관찰소를 갈 때의 절차나 서 류 작성법 등을 배웠고, 그 외에는 주로 과제집이라는 책자를 받 아 반성하고 있는지 등의 질문에 답했다고 했다. 다쿠야는 TC에 서 매일매일 생각하던 걸 진지하게 과제집에 적었지만, 다른 유 니트에서 온 사람들은 모두 대충 하더라며 웃었다.

놀라운 점은 2년 조금 넘게 교도작업을 하고 받은 대가가 겨 우 6000엔 정도였다는 것이다. 거기에 교도소에서 지급한 교통 비 15000엔을 더한 금액이 다쿠야의 소지금 전부였다. 그가 돌 아갈 지역까지 대중교통 할인권을 주긴 했지만, 사용법이나 귀 로에 관해서는 아무 설명이 없어서 다쿠야는 내게 표를 구입하 는 방법과 경로를 물어보았다.

검정 가방 속의 내용물은 체포되기 전에 사용했던 휴대전화 등 소지품과 편지 묶음, 그리고 버스에 타기 전에 직원의 감시를 받으며 10분 정도 들렀던 가게에서 구입한 콜라와 사탕 정도였 다. 편지는 대부분 수용 중에 다쿠야의 버팀목이 되어준 친구가 보낸 것이었다. 부끄러워서 내용은 보여줄 수 없다고 수줍어하 면서 귀여운 캐릭터가 그려진 봉투를 소중하게 만지는 모습이 인상적이었다.

그 묶음과 별도로 갈색 편지봉투가 하나 있었는데, 출소 직전에 부친이 보낸 편지라면서 내게 보여주었다. 편지지에는 요점만 간략하게 워드프로세서로 쓰여 있었다.

소지금이 얼마인지 알릴 것. (주위에는) 이상한 파견회사에 속아서 시마네까지 갔다고 설명할 것. 이번 출소 건으로는 "아무에게도 연락하지 마".

다쿠야는 부친과 "사이좋게 지낼 거라 생각하지 않는다"며 "만기까지 견디면 된다"고 자신을 타이르듯이 중얼거렸다.

사실 법무성에서는 '재범 방지를 위한 통합 정책'의 일환으로 복역 중에 사회복지사가 개입하여 출소 후의 주거지 확보를 비롯한 복귀 지원과 조정을 해주는 제도를 시행하고 있다. 하지만 다쿠야에게 물어보아도 "복귀 지원?"이라며 고개를 갸웃했다. 돌아갈 곳이 문제 많은 부친의 집인데, 그 역시 문제시하지 않은 모양이었다. 신원 인수는 가족이 하는 게 이상적이라 여기는 뿌리 깊은 가족 신앙, 불충분한 지원, 사회 복귀를 담당하는 보호관찰소와 연계 부족을 느낄 수밖에 없었다.

"다들 지나고 보면 눈 깜짝할 사이였다는 식으로 말하는데, 길었어요." 다쿠야는 교도소 생활을 돌아보면서 여느 때처럼 힘없이 웃었다. 그리고 말을 이었다.

"길긴 했지만, 별로 쓸데없는 시간을 보냈다고 생각하지는 않아요. 그런 점에서는 괴롭게 긴 시간은 아니었어요. 빈둥거리면서 2년을 보냈으면 힘들었겠지만… TC에서 많은 도움을 받았어요. 정말로."

다쿠야의 진심이 담긴 말이었다.

버스는 순식간에 종점에 도착했다. 다쿠야는 여러 번 고개를 숙이고는 공사 중인 히로시마역으로 들어갔다.

마지막 교도소 촬영

2016년 7월 말, 우리는 2년에 걸친 교도소 내 촬영을 마쳤다. 마지막 날은 출소한 다쿠야를 제외한 주인공 세 명을 비롯해 TC 멤버와 인터뷰를 했다. 쇼와 마사토는 다른 유니트로 이동한 뒤에도 인터뷰를 계속했는데, 그날은 공장 옆의 넓은 휴게실을 촬영장으로 쓸 수 있었다.

"실례합니다!"

교도관이 문을 열자 그 너머에서 큰 외침이 들렸다. 다른 교도관이 문 근처에서 감시하는 와중에 한 사람 한 사람 양팔을 크게 흔들면서 우리가 있는 곳까지 걸어왔다.

TC에서 1년 반 동안 지낸 겐타로는 지금까지 자신에게 일어난 변화를 이야기했다. 30분에 불과한 짧은 시간이었지만 미소, 진지한 눈빛, 고개 숙이고 생각하는 표정, 놀라면서 휘둥그레진

눈 등 부지런히 표정이 변했다. TC에 처음 참가했던 무렵의 무표정한 겐타로와 완전히 다른 사람이었다.

그날 나는 취재에 응해줘 고맙다는 인사와 더불어 한 사람 한 사람에게 말해주었다. 출소한 뒤의 세상에 편견 어린 시선으로 보는 사람만 있지는 않다. 응원해주는 사람이 존재한다. 우리도 그런 사람이며, 영화를 위해 기부해주거나 기대해주는 사람들이 많은 것도 그 증거다. 포기하지 말고, 문을 계속 두드려주면 좋겠다.

겐타로는 "응원해주는 사람이 있다니 뭔가…"라고 말하다 목이 메었다. 흐르는 눈물을 손으로 닦은 그는 "기쁘네요."라고 애써 미소를 지으며 몇 번이나 고개를 숙였다. 일어나서 인사를 한 다음에도 연신 머리를 숙였다.

그에 비해 마사토는 평소보다 훨씬 많은 미소를 지었다. 쇼와 같은 이발과 미용 직업 훈련 유니트로 옮겨간 그는 TC에서 보낸 시간을 돌아보며 "누군가에게 용기를 받거나 누군가가 모범을 보여주는 것이 앞으로 나아갈 수 있게 등을 꾹 밀어주었다"고 이야기했다. 마지막으로 못다 한 말이 있는지 물어보자 "촬영해주셔서 다행이었어요."라고 지난 시간을 음미하듯이 답했다. 그리고 만면에 미소를 머금고 "감사했습니다."라고 역시 여러 번 나와 카메라맨에게 고개를 숙였다.

쇼는 13장에서 자세히 다룰 처우 문제에 관해 이야기한 다음

"생각해야 할 씨앗을 잔뜩 주셔서 감사합니다."라고 마무리했다. 작은 해프닝이 일어난 것은 자리에서 일어난 쇼가 감사 인사를 한 직후였다.

"악수해도 괜찮습니까?"

쇼가 문 옆에 서 있던 교도관을 향해 직접 말을 건 것이었다. 훈련생은 규정 외의 동작을 할 때 먼저 손을 들어야 한다. 하지만 쇼는 그 규정을 무시했다.

쇼는 우리를 돌아보면서 "흐흐흐." 하고 장난스럽게 웃었다. 교도관이 고개를 가로저은 듯했다. 순식간이라 나는 제대로 보지 못했는데, 교도관의 반응을 보고 쇼는 "안 된대요."라며 가볍게 손을 흔들면서 떠나갔다.

일본 내의 교도소에서 악수는 규정 위반 행위다. 신체 접촉에 해당하기 때문이다. 규정 위반이라는 사실을 알면서 교도관에게 묻는 것 자체가 문제행동으로 여겨질 수도 있다. 나는 내심 조마조마했다.

그렇지만 쇼가 문 가까이 갔을 때, 교도관이 먼저 쇼에게 말했다.

"제대로 갱생해서 밖에 나간 다음에 해."

쇼는 알았다며 고개를 가볍게 끄덕였다. 그러고는 우리를 돌아보며 깊이 고개를 숙였다.

모두가 증인

2년 동안 취재를 하면서 TC 내에서 생크추어리가 육성되는 과정을 지켜본 셈이다. 하지만 과연 그 생크추어리가 담장을 넘어설 수 있을까, 하는 의문이 항상 따라다녔다.

앞서 소개한 출소자와 TC 관계자의 '쿠마의 모임'은 그 의문에 대한 일종의 답인지도 모른다.

2015년 12월, 빌딩의 한 방에서 사복 차림의 남녀 약 10명이 안락의자에 앉아 다리를 뻗거나 무릎을 감싸는 등 각자 편한 자세로 느슨한 원을 이루며 이야기를 듣고 있었다. TC를 수료한 동료들 사이에 전 지원사인 모리와 교육 고문인 후지오카도 보였다. 이곳은 후지오카가 오사카에 개설한 지 얼마 안 된 상담소였다. 눈앞에는 참가자들이 가져온 감자튀김이나 음료가 대충 놓여서 편안한 분위기를 풍겼다.

그날은 5장에 등장했던 20대 중반 유야의 이야기에 집중했다. 유야가 미에현의 공장에서 일하는 근황을 보고하며 "한창 바닥을 치고 회복하는 중"이라고 하자 모리가 좀더 자세히 알고 싶다며 파고들었다. 유야는 갱생보호시설*에 들어갔던 출소 직

* 출소자에게 일정 기간 숙식 등을 제공하며, 재범 방지와 사회 복귀 촉진에 힘쓰는 시설. 한국에서도 갱생보호라는 용어를 사용했으나 출소자에 대한 부정적 인식을 강화할 우려가 있다는 이유로 국가인권위원회에서 '사회복귀지원' 혹은 '자립지원' 등으로 용어를 개정하라고 권고한 바 있다.

후부터 이야기했다.

유야는 그 시설에서 만난 출소자를 통해서 후쿠시마에서 하는 제염除染* 작업에 파견되었다. 단, 그런 일인 줄 모른 채. 심지어 그가 간 곳은 야쿠자 조직이었다. 거기서 임금을 떼먹혔고 다툼 끝에 도망쳤다. 그 후 '쿠마의 모임'의 동료가 일을 소개해주었는데, 역시나 악질적인 일자리라 도중에 내팽개쳤다. 이러저러하는 사이에 돈이 바닥을 보였고 절도를 저질러버렸다. 이대로는 다시 체포당할 거라 생각하고 스스로 필사적으로 찾아낸 일자리가 미에현의 공장에서 일하는 파견직이었다.

감기 기운으로 마스크를 쓰고 있던 참가자가 입을 열었다. 말투는 무서웠지만 그날 유야를 꼬드겨 데려온 것도 점심을 사준 것도 그였다.

"야쿠자니 뭐니 하는데, 너는 너무 금방 일을 그만둬. 출소한 뒤에도 가게에서 물건이나 훔치고, 안 잡혔을 뿐이잖아. 안 그래? 그만두고, 이리저리 옮기고, 내일 일도 알 수 없는 생활을 하는 자신에 대해 어떻게 생각해?"

유야는 한순간 말문이 막혔지만, 이윽고 작게 답했다.

"뭐, 어떻게 말하면 좋을까… 뭐, 별로… 싫지는 않은데, 음, 모르겠다. 어려워."

---

* 방사성 물질로 오염된 곳에서 약품 등을 이용해 오염 물질을 제거하는 것.

앞서 언급했듯이 유야는 재소 중에 TC에 적응하지 못하고 세 번째 분기가 끝나자마자 도망치듯이 다른 유니트로 옮겨갔다. 하지만 다른 사람들과 함께 보낸 여가 시간의 추억이 출소 후에 그를 이곳으로 이끌어준 듯했다.

그날 유야와 처음 만난 40대 후반의 TC 출신 남성이 복역 중에 생각했던 꿈이 있느냐고 물었다. 유야는 "꿈 같은 건 없다"고 딱 잘라 답했다. 하지만 그 남성은 대화를 잘 이끌어서 적어도 3개월은 일을 그만두지 않겠다는 약속을 유야에게서 받았다. 그날처럼 여럿이 모여서 하는 대화는 석 달에 한 번이었으니 다음에 만날 때까지 '힘내라'는 응원이었을 것이다. 남성은 원을 둘러보면서 무뚝뚝하게 말했다.

"그럼, 모두가 증인이야."

그 말에 유야는 순순히 고개를 끄덕였다. 왠지 기뻐하는 듯했다. 대화를 지켜본 모리가 말했다.

"행복하죠. 저런 말을 해주니까."

"그러게요." 유야는 수줍게 답하고는 말을 이었다.

"오랜만에 이런 이야기를 했어. TC 같은 건 완전히 잊어버리고 있었는데. 이제 그만, 항복!"

모두가 웃었고, 팽팽했던 긴장이 단번에 풀렸다.

모두가 증인. 그런 말이 자연스럽게 입 밖으로 나오는 건, 그리고 모두가 그 말을 받아들이는 건, 그들이 TC에서 공통된 경험을 하고 공통된 말을 지닌 동료이기 때문일 것이다. 담장 안에서 싹튼 생크추어리의 씨앗은 확실히 담장을 뛰어넘어 자라고 있었다.

건네받은 씨앗과 토양

씨앗은 본 적도 없는 꽃을 피울지 모른다. 하지만 그러기 위해서는 적합한 토양을 준비할 필요가 있다. 그런 생각을 하게 만드는 일과 조우했다.

폭력의 연쇄에 경종을 울렸던 앨리스 밀러의 사후, 그의 아들인 정신분석의 마틴은 부모의 학대를 고발했다. 책이 출간되었고 영화도 공개되어 전 세계에서 충격적으로 받아들이고 있다.

폴란드의 정통파 유대교도 집안에서 태어난 앨리스는 10대에 제2차 세계대전을 맞이했다. 유대인 박해를 피하기 위해 가톨릭교도로 위장했는데, 게슈타포(나치의 비밀 국가 경찰) 소속 청년에게 들켜버렸다. 약점을 잡힌 앨리스는 그 청년과 관계를 맺음으로써 살아남는다. 전쟁이 끝나고 두 사람은 스위스로 이주하여 결혼한다. 두 사람 사이에서 태어난 아이가 마틴이다. 마틴은 어린 시절 내내 부친에게 극심한 학대를 당했는데, 앨리스는 못 본 척했고, 모든 일이 교묘하게 은폐되었다. 앨리스는 생전에 전력을 다해서 마틴의 인생과 기억을 지배하려 했다. 앨리스 자신이 책에서 비판해왔던 가해자였던 것이다. 마틴은 학대의 원인이 전쟁 경험, 그리고 앨리스가 전쟁의 트라우마와 마주하지 못했던 것이라고 분석한다.

그래도 다행인 점은 마틴이 부모로서 앨리스를 규탄하면서도 앨리스가 생전에 세운 이론(폭력의 연쇄를 끊으려면 계속 피해를 입는 것도 가해에 가담하는 것도 거부하고, 진실을 이야기해야 한다)을 지지하며, 그러기 때문에 이번 고발에 다다를 수 있었다고 스스로 인정한다는 것이다.

마틴이 세계에 건네준 씨앗은 전쟁 가해 책임과 트라우마를 직시하지 않고 회피하는 일본인에게도 질문을 던진다. 폭력의 연쇄에 기초한 토양에서 다음 세대라는 꽃이 피어도 되겠느냐고.

13

벌의 문화를
다시 생각하다

그냥 개가
돼버리자고
마음먹었어요.
— 쇼

쇼가 출소했다고 SNS로 연락을 준 것은 신형 코로나 바이러스의 감염 확대로 긴급사태가 선언된 2020년 4월 말이었다. 상해치사로 형기 8년을 받은 그는 만기까지 약 3개월 남은 가석방 상태로 간토関東 지방*의 갱생보호시설에 의탁 중이라고 했다.

취재 대상자가 출소하고 연락을 하는 경우는 드물다. 온갖 접촉이 금지되었던, 제약이 많은 촬영이었다. 쇼의 연락처도 몰랐다. 그래서 쇼가 출소 직후에 어찌어찌 겨우겨우 방법을 찾아내 메시지를 보내왔다는 사실에 나는 떨듯이 기뻤다.

---

* 일본에서 도쿄도와 인근 여섯 개 현을 아울러 가리키는 말이다.

5월 7일, 쇼가 역시 TC 출신인 유야와 재회한다는 소식을 듣고, 나도 그 자리에 편승하기로 했다. 따뜻하고 쾌청한 기분 좋은 날이었다. 약속 장소인 공원은 주택가에 있었다. 평일 낮인데도 축구를 하는 아이들의 소리가 울려 퍼졌고, 나무 그늘에서는 다양한 연령대의 사람들이 독서나 수다에 빠져 있어서 코로나가 대유행을 하는 현실을 잊을 만큼 활기찼다.

두 청년은 분수 옆의 탁자에 마주 보고 앉아 있었다. 쇼는 멋스러운 모자와 마스크를 쓰고 있었는데, 나를 보자 활짝 웃으며 자리에서 일어나 모자를 벗고 "오랜만에 뵈어요."라고 머리카락이 짧은 머리를 꾸벅 숙였다. 4년 만의 재회였다. 처음 만났을 때 20대 후반이었던 쇼는 서른다섯 살이 되어 관록이 느껴졌다. 우리는 캔커피로 건배를 하고, 마스크를 쓴 채 해가 질 때까지 대화에 열중했다.

그러다 바로 앞선 해에 쇼의 가석방이 허가되지 않았다는 사실을 알았다. 가석방 여부를 결정하는 권한은 지방갱생보호위원회에 있는데,[*] 허가하지 않는 경우에도 그 이유를 설명하지는 않는다. 쇼가 교도관에게 물어보자—추측에 불과하다면서—가석방되면 피해자 유족이 거주하는 고향의 본가로 돌아가겠다고 해서 재범 위험성을 우려한 것이 아니겠느냐고 했단다.

***

[*] 한국은 법무부 장관 소속의 가석방심사위원회가 가석방 적격 여부를 심사한다.

갱생보호의 실태

돌아갈 곳이 마땅치 않게 된 쇼는 법무성과 후생노동성이 연계하여 시행하는 '교도소 출소자 등에 대한 취로 지원' 제도를 이용하여 간토 지방에 있는 회사에 응모했다. '시마네 아사히'에서 고용주와 면접을 보았고 이른 단계에서 채용이 결정되었다. 그래서 쇼는 회사와 가까운 곳의 갱생보호시설을 가석방되고 정착할 곳으로 정했다.

보호관찰소의 관할에 있는 갱생보호시설은 교도소와 소년원 등 교정시설에서 출소하거나 보호관찰 처분을 받은 사람이 친척 등 의탁할 곳이 없는 경우에 일정 기간 생활할 수 있는 곳이다. 현재 일본 각지에 103개 시설이 있으며, 연간 8000명 정도가 이용한다. 기본적으로는 당사자가 신청하고 서류 심사와 면접을 거쳐 입소가 결정되면 반년까지 머무를 수 있다. 55일 동안은 식사도 무료로 제공된다. 생활지도와 일자리 알선, 상담 등 사회 복귀 지원도 이뤄지며, 상황에 따라 거주 기간을 연장할 수도 있다.

쇼는 '시마네 아사히'에서 출소하고 긴장한 채 도착한 곳(갱생보호시설)이 "텔레비전이나 만화에서 보았던 학교 기숙사 같은 곳이라 안심"했다고 했다. 그곳에서 처음으로 식당의 주방장을 소개받았는데 "밥 만드는 사람한테서 직접 식사를 받는 걸 언젠가 해보고 싶었거든요. 이제 시작이구나 하고 첫인상이 좋았어요."라고 만족스럽게 말했다. 그에 비해 마찬가지로 갱생보호시설을 이용했던 유야와 마사토는 지내기 편한 곳이 아니었는지 별로 좋은 이야기는 하지 않았다. 갱생보호시설도 시설마다 큰 차이가 있는 것이다.

나중에 쇼의 중개를 통해 그가 살고 있는 시설을 찾아가서 견학할 약속을 잡았다. 시설은 소규모 공장과 주택이 늘어서 있는 거리의 한 모퉁이에 있었다. 새로 지은 듯이 깨끗하고 하얀 3층짜리 철근콘크리트 건물은 밖에서 보면 병원이나 고령자 시설 같은 인상이었다. 건물 내부는 널찍한 현관과 널마루가 밝고 청결한 느낌을 주었다. 유리로 둘러싸여 내부가 잘 보이는 사무실에서 신사복을 입은 작은 몸집의 고령 남성이 달려나와 슬리퍼를 권해주었다. 쇼에게 듣기는 했지만, 정말로 시설장이 싹싹해서 긴장이 풀렸다.

수많은 자료를 앞에 두고 시설장은 내가 질문할 틈도 없이 이야기를 계속했다. 두 시간 정도 지났을 무렵 "실례합니다."라는 목소리와 함께 열린 문 사이로 시원한 미소를 머금은 쇼의 얼굴이 보였다. 쇼는 갈색 작업복 차림으로 "수고 많으십니다."라고 머리를 꾸벅 숙이고는 빨래를 하고 다시 오겠다며 물러갔다. 온몸에서 피로감이 전해졌다.

멀어지는 쇼의 뒷모습을 바라보며 시설장은 쇼가 새벽 4시

조금 넘어 기상하고 5시에는 일을 나가며 배관 공사 현장에서 돌아오는 건 오후 6시가 지나서라고 설명해주었다. 시설장은 쇼가 이곳에서 한 달에 한 차례 열리는 AA Alcoholics Anonymous, 익명의 알코올 의존자들 모임(알코올 의존증 환자들의 자조 모임)에 참가하여 적극적으로 발언한다고 감탄도 했다.

"쇼는 열심히 하고 있어요. 발군이죠."

시설장의 말에서 자랑스러움이 느껴졌다.

원래 보호관찰관이었던 시설장은 정년퇴직 후에 갱생보호시설의 관리자가 되었다. 그처럼 보호관찰이나 교정 분야에서 퇴직한 다음에 갱생보호시설에 종사하는 사람이 많다. 그 탓인지 갱생보호시설은 규칙이 엄하고 교도소와 다를 바 없다는 의견을 종종 듣는다.

2009년부터는 '지역생활 정착촉진사업'이 개시되어 출소한 고령자와 장애인을 복지 서비스와 연결해주는 사업이 각 지방자치단체에 설치된 '지역생활 정착지원센터'를 통해 이뤄지고 있다. 하지만 갱생보호시설도 정착지원센터도 대부분이 방화, 성범죄 등 심각한 죄상의 출소자와 여러 번 복역한 사람을 받아들이길 거부한다고 한다. 그와 더불어 애초에 친척도 의탁할 곳도 없는 만기 출소자를 위한 곳이던 갱생보호시설이 어느새 비교적 다루기 쉽다고 여겨지는 가석방자 위주로 변해버렸다고 시설장은 한탄했다.

"우리는 기본적으로 두 번도 세 번도 (여러 번 복역한 사람을) 받아들이고 있어요. 입구부터 가로막고 싶지 않아요. 너무 너그럽다고 할지도 모르지만, 그들이 누구보다 지원을 필요로 하니까."

시설장은 해외에서 근무한 적이 있고 유럽과 미국의 교정·보호 분야에도 식견이 있기 때문에 최근 들어 '자기책임론'이 침투한 일본 사회의 경향에 골머리를 앓고 있었다.

"일본은 돌봄이 필요한 사람일수록 돌보지 않아. 문제가 있는 사람일수록 만기 석방으로 교정시설에서 내쫓아. 복지도 그들을 내버리고. 그래서 다시 범죄를 저질러. 교도소만 유일하게 그들을 거절하지 않으니까요."

한 건물 두 입구

"지금, 출소자는 아파트를 빌릴 수 없어요."

시설장이 단호하게 말했다. 부동산 회사는 반드시 현재 주소를 묻는다. 인터넷에 검색해보면 갱생보호시설에 거주한다는 사실을 금방 알 수 있다. "전과자야?"라는 질문에 "개인정보라 말하고 싶지 않다."라고 답하면 "돌아가주세요."라며 문전 박대하고, 전과를 인정하면 심문이 시작된다.

"당신 어디 교도소에서 나왔어? 뭘 했는데? 몇 번이나? 그런 식으로 발가벗기는 거예요."

시설장에 따르면 임대 계약의 입주 심사가 엄격한 곳부터 느슨한 곳까지 천차만별인데, 허가가 나올 때까지 대략 2개월이 걸린다. 보증인이 없으면 보증 대행사 등을 이용할 수 있는데, 부동산 회사 대부분이 보증 대행사와 별도로 두 번째 보증인(긴급 연락처)을 요구한다.* 보증인을 구할 수 없어 보증 대행사에 기대는 것인데, 그걸 알면서도 부동산 회사가 장벽을 더욱 높이는 거라고 시설장은 분개했다.

시설을 건설하던 50년 전에는 많은 시민이 반대 의사를 표명했다고 한다. 시민 7000명이 서명한 건설 반대 청원서가 시의회에 제출되기도 했다. 청원 내용은 채택되지 않았지만, 건축 예정지는 1년 동안 '건설 반대'라고 쓰인 간판에 둘러싸여야 했다. 그때 자료를 보면 '시설 내에 파출소를 설치하면 인정해주겠다'는 등 여러 요구를 하는 주민에게 당시 시설장이 일일이 찾아가 머리를 숙이며 지역에 공헌하는 시설이 되겠다고 약속한 끝에 간신히 문을 열었던 것을 알 수 있다.

수년 전 시설을 개축하면서 현 시설장이 강조한 것도 '지역을

* 일본은 부동산 임대 계약을 할 때 연대보증인이 필요하다. 하지만 연대보증인은 금전적 피해 등을 입을 수 있다 보니 점점 꺼리는 사회적 분위기가 조성되었고, 그에 따라 연대보증을 대신해주는 보증 대행사가 생겨났다.

위한 시설'이었다. 특히 '방재 거점'과 '지역 교류의 장'이라는 두 가지 점을 선전했다. 긴급 사태에 대비해 지역 주민을 위해 사흘 치 식량을 비축해두고 있고, 옥상에는 태양광 패널을 설치해 전기를 모아두고 있으며, 현관에 자동심장충격기가 있다는 사실을 인근 주민에게 알렸다. 주민들이 무료로 이용할 수 있는 '지역교류실'도 만들었는데, 보조금을 얻어서 질 좋은 널빤지를 마루에 깔고 주방도 완비했다. 요즘 지역교류실은 항상 예약이 가득 차 있다.

"편견을 조장하기 때문에 개인적으로는 반대합니다만…." 시설장은 거북한 표정으로 조심스럽게 이 건물에는 입구가 두 개 있다고 밝혔다. 주 출입구는 입소자가 사용하고, 다른 하나는 지역교류실을 이용하는 주민들이 드나든다. 주민 대다수가 입소자와 마주치는 걸 원치 않기 때문이다.

나아가 지역교류실은 완전히 방음되어 내부에서는 입소자의 목소리가 들리지 않도록 만들었다. 입소자는 베란다에 나가는 것조차 허락되지 않는다. 같은 지역에서 생활하며 같은 시설을 사용하는데도 철저하게 접촉을 차단하여 기척조차 느껴지지 않는 구조로 만든 것이다. 그 역시 주민을 배려했기 때문이다. 출소자를 '부드럽게' 배제하는 사회. 그 사회에 머리를 숙이고 저항하지 못하는 갱생보호시설의 현실. 바깥세상에서 생크추어리를 방해하는 투명하고 두꺼운 벽 중 하나가 보인 듯했다.

이번 장에서는 교도소의 안팎이라는 두 가지 면에서 우리의 '엄벌 문화'를 생각해보려 한다.

커뮤니티 서클

그날 집에 돌아가며 떠올린 일이 있다. 바로 2014년 6월, 시마네현 하마다시 아사히정에서 열렸던 '아사히 감사 심포지엄'이라는 행사다. 일본에서 최초로 교도소가 주최하는 출소자와 지역 주민의 교류 행사였다.

총 참가자 98명 중 주민은 30명 남짓이었다고 한 달 뒤의 『주고쿠신문中国新聞』에 실려 있다. 주민의 두 배 정도가 제복과 양복 차림의 교도소 관계자, 관공서의 공무원이었다는 말이다.

모임에는 '시마네 아사히'의 출소자 5명이 발언자로 참가했고, 그중 4명이 TC 수료자였다. 전반에는 출소자들이 '시마네 아사히'에서 했던 경험과 출소 후의 고생 등을 이야기했다. 후반에는 참가자들이 다섯 그룹으로 나뉘어서 출소자와 지역 주민과 교도소 직원이 함께하는 '커뮤니티 서클'이라는 대화 자리를 가졌다.

이 기획은 후지오카와 모리 등이 전 소장 및 출소자들과 함께 1년 넘게 품고 있었던 것이다. 애초에 주민들부터 수용자와 차라도 마시면서 잡담하고 싶다는 의견을 종종 말했기에 이런 시도는 지역 사회가 바란 것이기도 했다.

참가한 주민 중에는 훈련생과 하는 편지 프로그램(희망하는 훈련생과 네 차례에 한정하여 편지를 주고받는다)에 참가한 자원봉사자와 출소자들에게 수제 부적(올빼미 모양을 하고 있다)을 선물하는 갱생보호여성회의 회원도 있었는데, 자신들의 활동에 대한 감상을 요청하는 모습이 인상적이었다. 또한 '시마네 아사히'와 직접적인 관련이 없던 참가자들은 "교도소 건설을 찬성하지 않았는데, 오늘 이야기를 듣고 생각이 바뀌었다."라고 솔직히 말하는 사람부터 "출소 후 우리 지역에 받아들이는 것도 진심으로 고민하고 있다. 시마네에 남아서 지역에 공헌해주면 기쁘겠다."라고 뜨겁게 말하는 사람까지 다양했다. 행사 종료 후 출소자 중 한 명은 같이 대화한 주민이 자기 손을 꽉 잡으며 격려해주었다고, 오늘 일을 평생 잊지 못할 거라고 눈시울을 적셨다.

어느 교도관은 처음으로 출소자와 직접 교류하며 교정교육의 효과를 체감했다고 감상을 전하기도 했다. 아는 것, 그리고 만나는 것이 변화의 첫걸음이라는 '접촉의 의미'를 공무원도 생생히 느낀 것이 아닐까. 소규모 행사였지만 지역 사회, 출소자, 교도소의 관점을 바꾸어 '또 다른 현실'을 만들어낸 획기적인 자리였다고 생각한다.

그럼에도 불구하고 이 행사는 단 한 차례에 그치고 말았고,

그날의 일은 영상도 음성도 아무런 기록이 남지 않았다. 교류 행사가 더 이상 개최되지 않는 이유는 모르지만, 기록이 없는 건 교도소 측이 모든 취재를 금지했기 때문이다. 교섭 끝에 간신히 우리 촬영 팀의 참가는 허가를 받았지만, '주민에 대한 배려'를 이유로 메모조차 허락해주지 않았다. (이 책에 적은 내용은 나의 기억과 행사 직후 다른 장소에서 출소자에게 들은 내용에 기초한 것이다. 앞서 인용한 『주고쿠신문』의 기사는 교도소가 제공한 보도자료를 옮긴 단신이었다.)

영화 「프리즌 서클」에 이 심포지엄 장면이 있었더라면. 그저 애석할 따름이다. 유럽과 미국에서 이뤄지는 주민, 출소자, 교도소 직원의 교류가 이곳에서도 가능하다고 구체적으로 보여줄 수 있었을 것이다. 내가 예전에 '불가능하다'고 여겼던 TC가 실현되었듯이.

고요한 시설에서

교도소는 시설과 제도를 비판하는 데 민감하다. 예를 들어 영화 「프리즌 서클」에 구령과 교도소 특유의 행동 등 규율 관련한 장면이 적은 이유는 그런 장면을 거의 촬영할 수 없었기 때문이다. 인터뷰를 하다 저지한 적은 없지만, 미리 물어서는 안 되는 것을 충고한 적은 있었다. 그리고 무엇보다 주인공들도 나도 자중했던 면이 있다. 우리의 언동에 따라 영화 제작이 중지될지 모른다고 항상 우려했기 때문이다. 그렇지만 쇼는 마지막 인터뷰에서 거의 30분 내내 지금껏 훈련생 누구도 건드리지 않았던 '처우 문제'에 관해 피의자·피고인 단계부터 이야기했다. 단도직입적이었던 만큼 쇼가 규정 위반으로 벌을 받지는 않을까, 나는 그때도 걱정했다.

그와 동시에 이렇게도 생각했다. 2년이 지났기 때문에, 마지막이기 때문에, 이야기할 수 있는지도 모른다고. 그래서 나는 한마디도 놓치지 않고 경청했다.

일단 쇼는 체포당할 때부터 갑자기 존엄을 빼앗기는 듯한 취급을 받았다고 말했다.

"처음 경험하는 일들이 계속돼요. 번호로 불리거나, 처음 보는 경찰과 교도관이 무조건 '야, 뭐 하는 거야!'라고 소리치거나, 눈이 마주치면 '뭘 봐!'라고 윽박지른 적도 있었으니까. 주위 사람들이 쓰레기 취급을 당하고 진짜 심하게 욕먹는 걸 보거나 들으면 '아, 나도 입장은 저 사람들이랑 같구나.'라고 생각하게 되죠."

처음 하는 경험 중에는 신체검사(알몸 검사와 생식기를 스스로 들어서 검사하는 생식기 검사 등)와 매일매일 감시당하며 하는 목욕도 포함된다. 일반 사회라면 인권 침해인 일들이 보안을 이유로 경찰과 교정시설, 그와 더불어 외국인을 수용하는 입국

관리시설에서 당연하다는 듯이 이뤄지고 있다.

"범죄를 저지른 인간은 권리라든가 반항할 힘 같은 게 전혀 없다고 나라가 도장 찍어서 인정해주는 것 같은…. 그러면 적어도 욕은 먹기 싫다든지, 최소한 수치스럽지는 않게 해달라는 생각이 들거든요…. 방에 있어도, (욕하는 소리가) 계속 들려와요. 조용하거든요, 기본적으로 시설이라는 곳은. 그런 걸 매일매일 듣고 있으면 점점, 점점, 지키자, 지키자, 지키자, 지키자, 하는 생각이 들어요. 거북이처럼 웅크리고 '아무 말도 하지 말자.' '아무 말도 하지 말자.'라고요."

쇼는 이야기하면서 양손으로 자기 몸을 껴안는 동작을 했다. 그렇게 자기 방어와 체념에 붙들리면 자신의 죄와 마주할 여유가 사라지고, 그 때문에 피해자와 유족에게도 생각이 미치지 않았던 것 같다고 설명했다.

쇼는 재판원 재판을 받았다. 조사 단계부터 재판원이 될 '시민의 눈'을 좋든 싫든 의식할 수밖에 없었다. 경찰과 검사에 더해 변호사도 큰 영향을 끼쳤다.

"아무래도 저는 하지 않은 일인데 조서에 했다고 쓰여 있는 부분이 몇 군데 있었어요. 그건 제 입장에서는 '하지 않았다.'라고 똑바로 밝히고 싶다고 변호사에게 말했거든요. 그랬더니 변호사가 '우에하라 씨, 제 얘기 들어보세요. 재판원 재판이라는 건 일반인이 참가하는 거예요. 그건 이해하고 있죠?' '네, 이해합니다.' '그러면 만약에 말이에요. 피해자가 당신한테 주먹으로 맞았다고 하고, 당신은 손바닥으로 때렸다고 한다면 말이에요. 일반인은 누구 말을 믿을 것 같아요?' 그런 질문을 받고 '아, 그런 거군요. 아, 그렇구나.' 하는 거죠."

쇼가 받은 메시지는 다음과 같은 뜻이었다. 꼬투리가 잡히지 않게 언동에 조심하자. 쓸데없는 건 말하지 마라. 감정을 드러내면 안 된다. 그 결과, 쇼는 취조와 재판에서 자신의 뜻과 다르게 증언했다. 피해자에 대한 마음도 그랬다.

"(재판에서) 피해자 분께 뭔가 할 말이 있냐는 식으로 질문을 받았는데요. 그런 상황이다 보니까 '더 이상 무슨 말을 해도 안 들어줄 거야.'라든가 '꼬투리 잡히고 싶지 않아.' 하는 생각이 너무 강했어요. 내가 죄송하다고 해봤자 어차피 이제 와서 무슨 소리냐고 하겠지, 아니면 말투를 보니 반성이 부족하다고 하든가. 이런 생각만 머리에 가득해서 (재판에서) 저는 '아, 아무것도 없어요.'라는 답을 고른 거예요."

결국, 판결은 8년. 검찰의 구형은 7년이었으니 재판원의 양형은 그보다 1년이나 많았던 셈이다. 쇼의 태도가 재판원의 심정에 영향을 미친 걸 부정할 수는 없다.

범죄 보도나 드라마에도 항상 법정에서 반성하지 않는 가해자의 태도를 강조한다. "피고는 한 마디 사죄도 하지 않았다." "반성하는 기색이 보이지 않았다." 등은 기자와 리포터가 상투적으로 쓰는 문구다. 하지만 쇼의 이야기를 들으며 마음속의 반성이 밖으로 나오는 걸 방해하는 구조와 관습이 존재하지 않는가 생각했다.

'죄수화'의 과정

쇼가 들려준 잊을 수 없는 일화가 더 있다.

쇼가 처음 이송된 교도소에서 맞이한 첫 운동 시간이었다. 교도관이 데려간 곳은 커다란 개집 같은 장소였다고 한다. 교도관이 "너 운동할 거냐?"라고 물어서 "할 수 있는 겁니까?"라고 되묻자 턱을 치켜올리며 "어."라고만 했다. 교도관은 그 개집 같은 곳의 문을 열고는 "자, 들어가."라고 했다. 개와 마찬가지인 취급에 쇼는 충격을 받았다.

"처음 (교도소에) 갔을 때가 마침 목욕 시간이었는데, 어떤 할아버지가 발가벗은 채 똑바로 서서 10분 정도 혼나더라고요. 교도관이 '우와악' 소리 지르는데." 쇼는 손을 앞뒤로 흔들면서 소리치는 몸짓을 했다. 자기는 같은 꼴을 당하기 싫어서 목욕은 최대한 짧게 끝내게 되었다. 그러다 보니 때가 끼는 걸 스스로도 알았지만, 이윽고 전혀 신경 쓰지 않게 되었다.

어느 날, 발가벗고 서 있는데 교도관이 "앉아."라고 명령했다.

쇼는 자기도 모르게 무릎 꿇고 바닥에 넙죽 엎드렸다. 교도관은 "그냥 앉으라고 했잖아!"라며 쇼에게 고함쳤다.

"제가 점점 물건이나 노예가 된 것 같아서… 굴욕적이었지요. 그래서 그냥 개가 돼버리자고 마음먹었어요."

'물건' '노예' '개' 취급. 이건 어디까지나 쇼 개인의 경험이고, 모든 사람이 똑같은 취급을 당한 것은 아니다. 교도관에도 다양한 사람들이 있다. 하지만 이 사회는 이런 비인간적인 취급까지 그동안 너무 당연한 일로 넘겨버리지 않았을까. 아니면 잔혹한 이야깃거리로 소비만 하지는 않았을까. 일본의 출입국재류관리국出入国在留管理局에서 그간 자주 일어난 직원의 외국인 수용자 폭행, 외국인 수용자의 수상한 죽음에도 배경에는 비슷한 문제적 구조가 있다고 생각한다.

쇼의 경험은 '죄수화'의 문제를 여실하게 보여준다. 사회학자 어빙 고프먼은 교도소, 정신병원, 강제수용소처럼 사회에서 격리되어 수용자의 생활을 전체적으로 통제하는 환경을 '총체적 기관 total institution'이라고 불렀다. 죄수화란 그런 총체적 기관의 피수용자가 시설에 순응하게 되는 현상이자 과정을 가리킨다.

죄수화를 거치며 피수용자의 '자아'는 부정되고, 그의 정체성은 박탈된다. 쇼는 자신을 노예나 개라고 여기게 되었는데, 그런 변화는 알몸 검사를 비롯한 신체검사, 분류, 소지품과 용모 제한, 통일된 복장 강요, 번호 부여, 독특한 규칙, 엄격한 시간표,

직원에 대한 복종 등으로 이뤄진다. 수용자라면 누구든 개개인의 차이가 있을지언정 죄수화에서는 결코 벗어날 수 없다. 이건 일본에 한정된 일이 아니다. 교도소는 기본적으로 수용자의 자유를 박탈해서 벌을 주는 곳이기 때문이다. 하지만 유럽과 미국을 중심으로 총체적 시설의 양상과 죄수화에 관해 여러 연구가 이뤄지면서 출소 후에도 그 폐해가 정신질환, 의존증, 자살 등으로 나타나기도 하며, 오히려 사회 복귀를 저해하는 요인이 된다는 사실이 밝혀지고 있다.

나아가 수용자가 범죄에서 벗어나는 과정 등을 연구하며 알게 된 사실은 일본에서 흔한 '리스크 회피형(위험성이 높은 상황, 사람, 감정을 피하는 데 중점을 둔 모델)' 접근법은 재범 방지에 효과가 없다는 것이다. 오히려 '이탈적 사고(범죄를 그만두고 싶다는 생각)'는 교도소 내에서 이뤄지는 갱생 관련 프로그램으로 자라난다. 무조건적 징계가 아니라 긍정적 경험과 관계야말로 중요한 것이다.

상반되는 두 가지 문화

일본의 수용자 처우는 UN과 국제인권단체가 계속해서 비판과 권고를 하고 있지만, 근본적으로는 변한 게 없다.

'시마네 아사히'는 다른 교정시설과 비교하면 여러 면에서 월등히 낫다고 할 수 있다. 하지만 역시 기존 시설의 관습을 답습하고 있어서 지나친 규율과 관리에 얽매이는 점은 다르지 않다.

일본에서 교도관의 직무란 규칙 위반을 단속하여 규율을 유지하는 것이라고 여겨지기에 직무에 충실할수록 수용자 대응이 엄격해질 수밖에 없다. 물론 나도 개인적으로는 현장에서 유연하게 대처하며 훈련생들도 잘 따르는 인간적으로 뛰어난 교도관을 알고 있다. 하지만 그렇다고 해서 쇼를 동물 취급한 교도관이 특이한 사례에 이상한 사람이었다고 단순히 정리해버리면, 현황이 유지될 뿐 아무것도 바뀌지 않는다. 오히려 제도와 환경이 교정 현장에서 그런 감성을 길러왔다고 생각하는 게 타당하다.

9년 동안 지원사로 일한 후 '시마네 아사히'를 떠난 모리 마유미는 그래도 일본의 교도소가 범죄 행동에서 회복하는 장소가 될 수 있다고 믿고 있다. 동료의 힘을 빌려서 지금까지 가둬왔던 감정적 경험을 이야기할 수 있는 환경을 만들 수 있을까? 그런 환경이야말로 회복의 열쇠다.

수용자가 반드시 회복을 믿을 수 있어야 하는데, 그걸 가로막는 높은 벽도 있다. 바로 '신분 피라미드'다. 모리는 자신의 책에서 관민 협동 교도소에 존재하는 신분 피라미드에 관해 설명한 바 있다. 간부 교도관이 꼭대기에 있고, 차례대로 현장 교도관,

전문직, 그리고 수용자가 밑바닥에 있는 피라미드. 그것은 일종의 고정된 신분제이며, 각 계급 사이의 벽을 절대로 넘어설 수 없게 하는 세 가지 규칙이 있다. 하나, 위에서 내리는 명령은 절대적이다. 둘, 피라미드의 위에 있는 자는 아래에 있는 자의 상황(생활 태도, 업무 능력)을 평가한다. 셋, '최하층'과 친해져서는 안 된다.

TC는 이 엄격한 '계급' 제도/문화 내에 있으면서도 '대화'라는 다른 제도/문화를 끌어들인 셈이다. 앞서 언급했지만 진정한 TC가 실현되는 과정에는 교도소의 기획 시점부터 관여하여 본질적인 이해에 힘쓴 초기 관계자들의 힘이 컸다. 특히 서로 다른 두 문화의 중개를 맡은 후지오카와 모리 같은 전문가들은 TC 연구자 마이클 파커가 말하는 '통역자'였으며, 그들이 불가능하다고 여겨진 일을 가능하게 했다고 할 수 있다.

매우 안타까운 점은 그처럼 뛰어난 인재가 떠날 수밖에 없는 상황이다. TC 유니트의 창설 멤버는 관민 모두 현재 거의 남아 있지 않다. 영화 시사를 위해 2019년 9월에 '시마네 아사히'를 재방문했을 때는 달라진 상황에 한숨이 나왔다. TC 외에 다른 유니트에서도 이뤄졌던 유니트 미팅은 대폭 축소되었고 제약이 늘어났다. 여가 시간도 규정 위반이 많다는 등의 이유로 점점 사라지는 중이었다.

그렇지만 퇴화라고 할 만한 사태는 촬영 당시에도 이미 시작되고 있었다. 거기에 코로나가 겹치며 상황이 한층 악화되었을 것이라고 쉽게 상상할 수 있다. 여가 시간은 훈련생들에게 수업 외의 소중한 대화 자리이자 생크추어리였는데, 교도소에 일반 사회보다 엄격하게 무조건 적용된 사회적 거리 두기는 TC를 위기 상황에 빠뜨렸을 것이다.

아미티 창설자인 나야 아비터는 1986년에 발표한 'TC의 기본적 이념'에 다음처럼 적었다. 어떤 활동이라도 실시하는 사람이 바뀌면 기술과 방법 같은 형식만 흉내 내어 내실이 없어질 수 있다. 그렇기 때문에 TC에서는 '기본적 이념'을 중시한다. 그리고 실천하는 형식은 그때그때 상황에 맞춰 조정해야 한다. 공동체는 변해가는 시대에 맞춰 변화하고 수정되어야 하는 것이다.

'시마네 아사히'는 분명히 새로운 교정 문화를 목표하며 설립되었다. 하지만 10여 년이 지난 지금 현실은 어떠한가. TC가 제대로 TC의 역할을 하려면 그곳에 있는 사람들의 손으로 생크추어리가 항상 새롭게 바뀌어야 한다.

교도소의 미래

오늘날 전 세계에는 1100만 명이 넘는 사람들이 교도소와 구치소 등 형사시설에 수감(수용)되어 있으며, '대량 투옥' 문제를 해결하기 위한 여러 활동이 세계 각지에서 이뤄지고 있다.

2021년 5월, UN은 범죄자 처우와 관련해 '수감에 관한 UN 체계의 공통 입장'을 발표했다. 국제조약이 아니라 '입장'에 불과하지만, 대량 투옥 문제에 국제사회가 내놓은 방향성으로 중요하다고 할 수 있다. 그 입장문에는 교도소의 현황에서 드러나는 많은 문제의 원인이 사회경제적 격차와 형사사법 제도의 결함이라고 쓰여 있다. 또한 불법 행위를 저지른 사람들의 처우에 관해서는 형벌과 격리를 지양하고, 예방, 갱생, 회복적 사법, 사회 복귀를 우선하는 정책으로 전환할 것을 촉구한다.

또한 구금이 어린아이에게 미치는 영향도 언급하는데, 양육자가 교정시설에 수감된 적이 있는 아이들에게서 행동적·정서적·인지적 문제가 발생하는 비율이 매우 높다는 점에서 비행과 범죄의 세대 간 연쇄가 일어날 위험성이 있다고 지적한다.

이 '입장'의 토대가 되는 UN 피구금자 처우에 관한 최저기준 규칙, 이른바 '넬슨 만델라 규칙'에는 교도소 관리 및 수용자 처우에 관한 국제적 기준이 정해져 있다. 그 규칙에는 모든 교도소 직원에게 적절한 수준의 교육을 제공하고 전문적인 방법으로 직무를 수행할 능력과 수단을 부여해야 한다고 쓰여 있다.

예를 들어 독일은 자국법뿐 아니라 '넬슨 만델라 규칙', UN 여성 수용자 처우 및 여성 피의자 비구금 처우 규칙인 '방콕 규칙', 유럽과 미국의 교도소 규칙 등 여러 가이드라인을 따라 교정시설을 운영하고 있다. 그렇게 여러 규칙을 참고할 수 있는 이유는 모든 규칙의 목적이 수용자가 사회적 책임을 갖고 생활할 수 있도록 해야 한다는 공통된 인식을 기초로 하기 때문이다. 보안 측면에서도 뒤이어 소개할 '역동적 보안'의 사고방식에 더해 형의 집행은 훗날 일어날지 모르는 범죄(재범 방지 관점)에서 일반 시민을 보호하는 데 도움이 되어야만 한다는 생각이 바탕에 있다. 교도관은 중요한 공공 서비스를 수행하는 사람으로서 고용, 훈련, 노동 조건이 높은 수준을 유지해야 하고, 모든 것은 '수용자와 자유로운 사회의 재통합'을 촉진하는 방향으로 관리되어야 한다고 규정한다.

나아가 북유럽 국가들과 독일에는 '개방형 교도소'라는 곳이 존재한다. 신뢰에 기초하여 최소한의 감시와 보안만으로 운영되는 교도소로 목적은 처벌이 아니라 갱생이다.

다큐멘터리 영화 「교정시설을 교정하다Correcting Correctional Centers」에 등장하는 핀란드의 '반야 여자교도소'도 그런 곳으로 건물은 대학교 기숙사처럼 평범하다. 출입이 자유롭기 때문에 교도소 직원은 '도망'을 걱정하거나 보안을 위해 지나치게 많은 자원을 투입하고 신경 쓸 필요가 없다. 여성 수용자들은 일터와 학교에 다니고, 장도 보고, 아이가 세 살이 될 때까지 함께 생활할 수도 있으며, 식사는 각자 요리해서 먹는다. 일반 사회에서 하는 생활과 거의 같은데, 다른 점은 그들에게 필요한 돌봄, 교육 등 변화를 위한 갖가지 지원이 존재하는 것이다. 그리고 그 지원에는 회복적 사법도 포함된다.

영화에 등장한 자신감 넘치는 소장의 말이 상징적이었다.

"이곳에 수용자를 무시하는 교도관은 한 사람도 없습니다. 수용자 한 사람 한 사람이 자기만의 능력을 지닌 인간이라는 사실에 경의를 품고 있으니까요."

교도소 직원은 대학교나 연구기관에서 법학, 범죄학, 심리학, 복지에 더해 사회학과 공중위생학 등 다양한 영역의 학문을 배운다. 최신 식견으로 업데이트할 수 있는 교육 환경이 있기 때문에 비로소 '경의'가 생겨나는 것일 듯싶다. 연수를 여러 번 받을수록, 현장에 오래 있을수록, 수용자에 대한 경의가 사라진다는 말이 들려오는 일본의 환경과 정반대다.

개방형 교도소는 사회적 위험성이 낮거나 출소가 머지않은 수용자만 대상으로 하는데, 그래도 당연히 이런저런 문제가 일어난다. '문제가 없어야 한다'는 전제로 운영되는 일본의 '리스크 회피형' 교도소와 개방형 교도소가 결정적으로 다른 점은 '문제는 일어난다'는 전제 아래 하나하나 과제와 마주한다는 것이다.

일본에서는 엄벌주의에 사로잡히기 십상이지만, 선택지는 그외에도 있다. 문제 해결을 우선하는 접근법이 엄벌보다도 효과가 있다. 그런 사실을 보여주는 사례가 이미 많이 생겨나고 있다.

우리의 안전관을 되묻다

법사회학자 데이비드 갈런드는 교도소와 사형 등 형벌은 그저 그 사회의 사법제도만이 아니며, 문화적 인식과 가치관이 드러나는 사회적 구축물이라고 보았다. 또한 문화가 형벌을 형성하는 것과 동시에 형벌이 문화를 형성하며 서로 영향을 주고받는다고 했다.

갈런드의 관점에 따라 생각해보면 국가와 문화마다 교도소의 양상이 크게 다른 이유는 그 사회의 가치관이 반영되기 때문이다. 그래서 같은 교도소라도 앞서 살펴본 일본의 사례처럼 온갖 자유를 박탈하고 응징하는 데 역점을 두는 곳이 있는가 하면, 북유럽 국가들처럼 수용자를 사회에서 격리하는 것 자체에 매우 신중하고 교도소 환경을 더욱 사회와 가깝게 하려고 노력하며 사회 복귀에 중점을 두는 곳도 있다. (물론 북유럽 국가들이 항상 그러지는 않았다. 시대에 따라 그곳의 교도소 역시 크게 변화했다.)

교도소라는 장소는 처음부터 '시민의 안전'을 지키기 위해 존재하는 곳이라고 정의되어왔다. 실제로 현장에서도 교도관들에게 그것이 임무라고 주입하고 있다. 그때의 '안전'이란 수용자가 도망치지 못하게 하는 것이며, 그러기 위해 감시형 보안을 사용해왔다.

그에 비해 유럽과 미국의 교정시설은 감시형 보안에서 UN이 장려하는 역동적 보안dynamic security이라는 사고방식으로 전환해 왔다. 역동적 보안이란 교도소 직원이 수용자와 양호한 관계를 쌓고 교정시설 내의 상황을 이해하여 폭력과 문제행동을 줄임으로써 안전을 유지하는 접근법으로 TC의 발상과도 유사하다. 1970~80년대에 빈발하는 폭동을 경험한 유럽과 미국의 교도소들에서는 수용자의 도주 방지를 우선하는 감시형 보안은 효과적이지 않다고 결론을 내린 것이다.

한편으로 미국을 비롯한 일부 국가들에서는 성범죄자의 출소 후 정보 등록(피해자가 미성년자인 경우 등), GPS를 이용한 감시, 얼굴 사진과 주소를 포함한 정보 공개 등 엄벌화가 계속 진행되고 있는 것 역시 사실이다. 거세까지 하는 지역도 있지만, 여러 연구에서 재범 방지책으로는 심리적 접근법이 효과가 높다는 결과를 내놓고 있다. 극단적인 엄벌화는 대상자를 고립시키는 경향이 강하고 결국에 자살까지 몰아넣을 수 있다고도 하니, 어떤 방책을 도입할지는 많은 사회적 논의와 검토가 필요하다.

폐지 운동의 현실성

애당초 교도소란 필요한 것일까?

이처럼 참신한 질문을 던지며 '교도소를 대신할 것'을 모색하자고 호소하는 운동이 미국에서부터 퍼져 나가고 있다. 그 중심에 있는 것이 '폐지 운동abolition movement'이다.

폐지 운동은 차별에 기초하여 사람을 사람으로 대하지 않는 비인간적 제도—인종차별, 교도소, 사형, 경찰, 형벌 제도 등—의 폐지를 요구한다. 조지 플로이드 살해 사건*의 원인인 경찰 폭력에 대한 저항 운동, 그리고 BLMBlack Lives Matter, 흑인의 생명도 소중하다 운동과 연동하여 전 세계에 급속히 알려졌다. 하지만 사실 폐지 운동은 억울하게 투옥된 경험이 있으며『감옥은 쓸모없어졌는가?』**를 쓴 앤절라 데이비스Angela Davis를 비롯한 사람들이 1960년대부터 이끌어온 오랜 역사가 있는 운동이다.

다만, 제도를 없애는 것이 폐지 운동의 목표는 아니다. 폐지하는 과정에서 옛 제도들을 대신할 새로운 대응법을 만들어내려하는 것이 이 운동의 특징이다. 이를테면 회복적 사법처럼 개별 사건에 대화로 대응하는 시도 역시 새로운 방법 중 하나다. 그 새로운 방법에는 피해자의 상처를 치유하는 것도, 가해자가 구체적인 책임을 지는 것도, 그것들을 공동체가 뒷받침하는 것도 포함된다. 한 발 나아가 범죄의 배경에는 인종차별, 여성 멸시,

---

* 2020년 미국에서 비무장 상태였던 흑인 남성 조지 플로이드가 경찰의 과잉 진압으로 사망했다. 이 일을 계기로 경찰 폭력과 인종차별에 항의하는 시위가 전 세계에 퍼져 나갔다.
** Angela Davis, *Are Prisons Obsolete?*, Seven Stories Press 2003.

성적 소수자 박해, 빈곤, 학대 등 뿌리 깊은 문제가 있다고 여기며 사회를 근본적으로 바꾸려는 발상인 '구조적 변화를 위한 정의transformative justice'로 전환할 것도 촉구하고 있다. 여기서 말하는 정의란 사법과 제도를 뛰어넘은 더욱 포괄적인 의미를 가리킨다.

　일본에서는 비현실적인 이야기라고 받아들일지도 모르겠다. 하지만 수년 전까지 지나치게 과격하다고 사람들이 멀리하던 이 운동이 지금은 미국 각지에서, 그리고 유럽 각국에서 "경찰과 교도소가 없는 사회를 상상하자."라는 구호로 커다란 파도를 일으키고 있다. 로스앤젤레스, 디트로이트, 애틀랜타 등의 도시에서는 일부 교도소가 폐쇄되었고, 그 대신 '구조적 변화를 위한 정의'에 기초한 계획이 이미 진행되고 있다.

　애초에 우리 대부분에게 범죄는 가깝지 않으며 뉴스와 엔터테인먼트 세계의 일에 불과하다. 교도소는 사회적 일탈 행위를 저지른 '범죄자'가 수용되는 장소이며, '처벌'이란 '고통을 주는 것, 응징하는 것'이라고 믿어 의심치 않기도 한다. 그 때문에 범죄 보도를 접하면 바로 "사형 시켜." "형기가 짧아."라고 엄벌을 요구하거나 교도소와 갱생보호시설을 기피 시설로 여겨 건설 반대 운동을 벌이는 것이 아닐까. 또한 수용자나 출소자를 정체 모를 존재로 두려워하며, 교도소에서 도망치는 걸 지나치게 무서워하기도 한다. 감시 카메라, GPS, 센서 등 보안 체제의 무제

한 강화를 요구하는 것은 우리 자신인지도 모른다.

사회의 안전이란 무엇일까? 자신과 주위 사람들의 안전·안심을 위해 타인을 배제하지 않고, 그렇다고 문제를 방치하지도 않고, '사회 전체의 안전'으로 도달하려면 어떻게 해야 할까? 나와 당신의 안전관과 형벌관은 어떤 것이며, 그 가치관은 어디에서 비롯되었을까? 형사시설을 처음부터 검토해보는 것과 동시에 형벌 외에 우리 생활에 뿌리내린 벌의 문화가 사회에 미친 영향도 다시 생각해볼 필요가 있다.

'거짓말쟁이 소년'의 뒷이야기

내가 거짓말밖에 할 수 없다고
마을 사람들에게 들리도록 소리치면,
사정을 알게 된 마을 사람들과
사이가 좋아질 수 있어.
—「거짓말쟁이 소년」 중에서

영화 「프리즌 서클」에서 다쿠야의 등장은 출소하고 역에 도착하는 장면이 마지막이다. 하지만 실제로는 그 뒤로도 3년 정도 틈이 날 때마다 촬영을 계속했다.

출소하고 한 달 뒤, 다쿠야가 거주하는 간토 지방 교외 마을의 가장 가까운 역에서 그의 이야기를 들었다. 다쿠야는 머리카락도 기르고 요즘 스타일로 꾸며서 한 달 전까지 삭발 머리에 노란색 체육복을 입었다는 사실이 믿기지 않을 만큼 현실 사회에 적응한 것 같았다.

그렇지만 그토록 가석방을 바랐음에도 "교도소가 그립다"며 얼굴을 찡그릴 정도로 부친과 함께하는 일상은 그에게 극도

의 스트레스를 주고 있었다. 부친은 성인이 된 다쿠야에게 손찌
검은 하지 않았지만, 얼굴을 마주칠 때마다 비아냥거리고 핀잔
을 놓았다. 아르바이트 면접을 가기 위한 교통비도 부족해서 친
구에게 변통하는 다쿠야에게 부친은 당연하다는 듯이 생활비를
요구하거나 욕실 문의 상태가 나쁘다며 수리비를 청구하기도
했다.

다쿠야는 출소하고 일주일 만에 서둘러 서점 아르바이트를
구하고, 밤에는 친구의 바에서 일하는 등 여러 일을 동시에 했
다. 그건 물론 생활비가 필요해서였지만, 부친과 최대한 접촉하
지 않기 위해서이기도 했다. 부친과도 만나본 여성 보호관찰사
가 사정을 눈치채고는 "불평해도 돼."라며 한 달에 한 번 만날 때
마다 이야기를 들어주는 것이 무엇보다 다행이라고 했다.

그로부터 7개월 뒤, 도쿄의 공원에서 다쿠야와 만났다. 다쿠
야는 며칠 전 형기가 만료되어 보호관찰이 끝나자마자 집에서
나와 도쿄의 친구 집에서 지내고 있었다. 조금 늦게 나타난 다쿠
야의 인상은 지난번과 전혀 달랐다. 머리카락을 탈색한 듯했다.
금발의 장발 스타일에 긴 앞머리 안쪽에서 이쪽을 살피는 듯하
더니 수줍어하면서 "오랜만에 봬요."라고 나와 카메라맨에게 고
개를 숙이며 인사했다.

근황을 묻자 다쿠야는 며칠 전에 서점을 그만두고 함께 사는
친구와 바를 창업할 준비를 한창 하는 중이라고 했다. 애초에 서

점은 가석방 중에만 일하려 했는데, 처음 채용될 때 복역 사실을 감춘 것에 죄악감을 느껴서 어느 날 매니저에게 사실을 털어놓았다고 했다.

"그래… 그런 일이 있었구나. 하지만 다들 너를 좋아하니까, 신경 쓰지 않아도 괜찮아."

매니저가 그렇게 답해준 일이나 직장 동료들이 조만간 고깃집에서 송별회를 열어준다는 걸 말하는 다쿠야는 기뻐 보였다. 그런데 "그러고 보니"라며 갑자기 어떤 화제를 꺼냈다.

"아버지랑 저, 피가 이어지지 않았대요."

놀라서 말문이 막혔다. 그 사실과 그런 걸 아무렇지도 않은 듯 가볍게 이야기하는 다쿠야에게.

어느 날 다쿠야의 모친이 갑자기 만나자고 연락을 해왔다고 했다. 그 자리에서 모친은 처음으로 다쿠야의 친부와 헤어진 다음에 결혼한 사람이 지금의 부친(양부)이라는 사실을 알려주었다. 어렴풋이 짐작하고 있었기 때문에 충격을 받지는 않았다. 그리고 양부는 모친을 꽉 붙잡기 위해 다쿠야를 이용한 것 같다고 이야기했다.

"결국, 인질이었던 거예요, 저는."

그렇게 말하며 흐흐흐 가볍게 웃는 다쿠야가 안타까웠다.

다쿠야는 "모르는 사이에 동생이 잔뜩 늘어났더라고요."라고 몸을 흔들며 익살을 떨었다. 모친은 집에서 나간 후 여러 남성을 전전했다. 다쿠야는 모친이 양부의 곁을 떠난 이유를 처음 듣고 납득했다고 했다. 양부는 집안의 규칙을 세세하게 정했고, 자기 말대로 하지 않으면 폭력을 휘둘렀다. 모친은 양부가 벽에 붙여 둔 가훈 같은 걸 매일 아침 소리 내어 읽어야 했다. 다쿠야는 모친이 DV 피해자였다는 걸 그날 처음 알았다.

"듣고 보니까 그런 종이가 붙어 있었나 싶더라고요… (어머니가) 집을 나간 게 당연해요."라며 다쿠야는 다시 힘없이 웃었다. 그리고 어린 시절부터 의문이었던 여러 가지가 '아, 그렇구나.'라고 자연스레 이해되었다고 했다.

그 뒤로도 몇 번 촬영을 했지만, 3년째가 마지막이었다. 그때쯤 되자 다쿠야는 TC에서 겪은 일도, 교도소에 있었던 일도, 거의 떠올리지 않는 듯했다. 실제로 다쿠야 같은 사람이 많을 것이다. TC 수료자는 2019년 말에 400명을 넘어섰지만, 그중 '쿠마의 모임'에 소속된 사람은 10퍼센트 정도다. 담장 밖에서 보낸 시간이 길어질수록 기억이 흐릿해지는 것도 당연했다.

다쿠야는 지금도 쇼를 비롯한 몇 명과 SNS로 연락을 주고받으며 이따금씩 만나기도 하는 모양이다. 새삼 TC에서 배운 것보다 그곳에서 얻은 관계가 소중하다는 사실을 깨달았다.

당사자의 목소리

영화 「프리즌 서클」은 촬영 후에 2년 남짓 편집을 하고, 20회의 워크 인 프로그레스 시사(중간 시사), 제작비 획득을 위한 크라우드 펀딩과 해외 피칭(제작비를 조달하려 진행하는 프레젠테이션) 등을 거쳐 2020년 1월 말에 극장에서 개봉했다. 같은 해 4월 이후로는 온라인을 중심으로 해외의 영화제에서도 상영했다. 2021년 9월에는 오스트리아 빈이 거점인 'UN 약물 범죄 사무소UNODC'가 상영 행사를 주최하여 '시마네 아사히'의 TC가 범죄자 처우의 세계적 흐름 속에 있다는 사실을 체감했다.

일본에서는 신형 코로나 바이러스의 감염 확대로 상영이 중지되거나 기간이 단축되는 등의 일이 닥쳤지만, 그런 상황에서도 인터넷과 SNS를 통한 교류는 활발히 이뤄졌다. 극장에서 개봉하고 2년 가까이 지난 지금까지 매일매일 끊이지 않고 새로운 감상이 올라오고 있다. 영화를 본 사람들이 온라인에서 집담회와 행사를 주최하기도 했고, 감상을 만화, 영상, 팟캐스트로 발신하기도 했다. 영화를 랩으로 표현하자는 한 트위터리안의 제안에 워크숍이 열리기도 했다. 교도소를 다룬 영화를 일반 사람들이 자기 일처럼 받아들인다는 것이 느껴졌다.

그와 동시에 교도소 수용자와 회복시설에 입소 중인 의존증 환자 등을 대상으로 여러 차례 상영회가 열렸다. 영화 감상문이나 설문 조사 형식으로 다양한 '당사자'의 반응을 생생히 알 수 있었는데, 내 손에 들어온 것 중 몇 가지를 일부 발췌하여 소개하겠다.

프리즌 서클을 보고 오래전 자신과 지금의 내가 한 경험을 떠올렸습니다. '저건 이해하겠다.' '저건 나랑 같네.'라고 느끼면서 봤습니다. 나는 어렸을 때부터 가정 환경이 복잡했습니다. 가정에서도 학교에서도 내 감정을 표현하지 않고 성장했기 때문에 감정을 드러내는 건 지금도 잘 못 합니다…. 가을과 겨울이 되면 아버지는 목수 일이 없어서 도박이나 술이나 DV 등을 했습니다. 저는 제자리를 찾지 못해 남한테 거짓말을 하거나 술 담배에 빠졌고, 가족의 지갑에서 돈을 훔치거나 가게에서 물건을 훔쳤습니다. 왜 내가 그런 짓을 했는지 본심을 이야기한 적은 없습니다. ― 약물 의존증 환자 회복시설 다르크DARC* 에 입소 중인 여성

저는 시작부터 가슴을 꽉 붙잡힌 것 같았습니다. (…) 모래 그림으로 그린 이야기는 프리즌 서클에 등장하는 수용자가 만

---

* 1985년에 일본에서 처음 만들어진 약물 의존증 회복시설이다. 개설 초기부터 의존증 당사자들이 서로를 지원하는 방침을 유지하고 있고, 그런 방법은 현재 일본의 정신의료에서 '피어 서포트(peer support)'라고 불리며 주목받고 있다.

들어낸 것 같던데, 꼭 제 얘기 같아서 눈물이 치밀었습니다. 괴로웠다, 외로웠다, 알아주길 바랐다. 거기에 있던 건 어린 시절의 저였습니다. ─ 다르크에 입소 중인 여성

일본에 다양한 교도소가 있고 그곳의 운영 방식과 개선 갱생을 하는 방식이 다르다고 생각했다. 이곳에서는 사건이나 나에 대해 주위 사람과 이야기하면 안 되는데, 영화로 본 곳은 다 함께 사건 등을 이야기한다. 그리고 밖에 나간 뒤에도 관계가 이어진다. 개인적인 의견으로는 해보고 싶은 마음이 있지만, 내가 말하기는 좀 그렇지만, 맞지 않는 사람도 있을 것이다. 다른 사람의 이야기를 진지하게 듣지 않는 사람, 규칙을 지키지 않는 사람, 우선순위가 이상한 사람에게는 나도 마음속까지 보여주고 싶지 않다. 어린 시절의 어두운 부분을 가지고 있는 사람이 많았는데, 다른 사람들 앞에서 그걸 이야기하는 건 대단하다고 생각한다. 여기에서는 집단 토의를 하지만 TC와는 전혀 다르다. ─ 교도소에 수용 중인 남성

자신과 마주하는 것에는 시간이 필요하다고 생각했습니다. 그리고 마주하는 것은 자기가 지금까지 살아온 인생 전부에 대해서 하는 것이라고도 생각했습니다. 사고방식과 성격, 인격은 살아가면서 형성된다고 생각하기 때문에 범죄를 일으킨 원

인의 본질은 자신과 마주하지 않으면 절대로 알 수 없다고 생각했습니다. 또한 대화도 필요하다고 생각했습니다. 타인과 하는 대화, 나 자신과 하는 대화가 모두 필요합니다. 타인과 대화하여 스스로는 몰랐던 걸 깨닫고, 그에 대해 자기 자신과 대화하여 답을 찾아내지 않으면 아무것도 알 수 없다고 생각했습니다. 단기간으로는 알 수 없는 것도 있기에 몇 번씩 반복해서 생각하는 것이 필요하겠습니다. ― 교도소에 수용 중인 남성

아홉 살부터 열아홉 살까지 10년 동안, 어머니의 재혼 상대에게 일상적으로 학대를 당했습니다. 학교에 있는 시간 외에는 새아버지 가족의 노예로 일했고, 그게 끝나면 다음 날 아침까지 폭력을 당하는 생활을 했습니다. (…) 스트레스 때문에 초등학생 때부터 머리카락이 빠졌고, 시력은 실명을 걱정할 만큼 저하되었고, 거듭된 폭력으로 오른쪽 귀는 청력을 잃었습니다. 몇 번이나 자살을 시도했지만 실패했고, 몇 번이나 손목을 그었고, 내 몸에 스스로 상처를 내서 매일 피투성이였습니다. 경찰에 호소하기도 했지만 누구도 제대로 이야기를 들어주지 않았고, 결국 다시 집에 끌려가 엉망진창으로 얻어맞은 적이 몇 번인가 있었습니다. (…) 제가 체포된 사건은 어머니에게, 그리고 사회에 복수할 셈으로 저지른 것이었습니다. 나를 버린 사회, 이런 세계 따위 무너지면 된다고 생각했습니

다. 지금 돌이켜보면 정말 제멋대로에 시야가 좁은 결단이었
습니다. — 교도소에 수용 중인 남성

관객과 하는 대화

극장과 자체 상영회에서 영화가 끝나면 영화에 관한 대화 시
간을 갖기도 했다. 여건이 되면 전 TC 훈련생에게 요청하여 함
께 대화했고, 관객들도 대화에 끌어들이려고 했다. 영화를 관람
한 다음에 하는 대화에서 무척 의미 있는 것들이 떠올랐기 때문
이다.

2020년 10월, 돗토리현 다이센정에서 했던 상영회에는 출소
하고 반년이 지났던 쇼를 초청했다. 당시 쇼는 이미 도쿄와 오사
카에서 상영 후 대화를 경험했지만, 150명이 넘는 많은 관객 앞
에서는 긴장한 듯했다.

내가 질문자를 맡아 영화의 감상부터 출소 후 생활까지 쇼에
게 물어보는 형식으로 진행했다.

"영화에는 담기지 않았지만, 훨씬 많은 좋은 일과 나쁜 일을
경험했다." "TC에서 배운 걸 어떻게 활용하는지 한 마디로 표현
하기는 어렵지만, 출소한 뒤로 많은 사람들과 만날 수 있는 것이
일종의 답이겠다."라는 등 쇼는 신중하게 단어를 고르며 이야기

했다.

질의응답 시간에 당사자의 발언이 눈에 띄었던 것도 쇼가 직접 이야기한 효과였을 것이다. 뒤쪽 좌석에 긴장하고 앉아 있던 약물 의존증 회복시설의 입소자들이 차례차례 마이크를 잡고 의견을 들려주었다. 그중에 쇼보다도 어려 보이는 청년이 TC의 환경에 익숙해져서 본심을 이야기하게 되기까지 얼마나 시간이 걸렸는지 질문했다.

"꽤 오래 걸렸죠."라는 쇼의 간단한 대답에 청년은 만족할 수 없는지 다시 마이크를 쥐었다.

"상대방을 신뢰하지 못하면 본심을 말하지 못할 것 같은데요, 얼마나 걸리셨나요?"

쇼는 고개를 끄덕이면서 "처음에는 다들 이야기를 듣고 연신 고개를 끄덕여서 이 자식들 못 믿겠다고 생각했다"고 답했다. 그리고 말을 이었다.

"당시 내 느낌이나 감정을 뭐라고 표현하면 좋을지 전혀 몰랐거든요."

고민 끝에 어느 중년 훈련생에게 상담해보았는데 "우에하라 씨의 어휘력은 외국인 수준이니까 책 좀 더 읽어."라고 조언해주었다고 쇼는 그 훈련생의 억양을 따라 하며 설명했다. 상영회장에 웃음이 퍼졌다.

쇼는 초등학교 고학년 이후로 제대로 학교 수업을 받은 적이

없었기 때문에 말을 모를 법도 했다. 쇼는 어린이책부터 도스토
옙스키의 『죄와 벌』까지 닥치는 대로 책을 빌려서 읽었다. 수업
이나 여가 시간에 모르는 단어를 들으면 적어두었다가 나중에
사전을 찾아봤다. 그렇게 해도 "감각적으로 모르는 것이 잔뜩"
있었기 때문에 일상 대화에서 시험해보며 '이렇게 말하면 전달
이 안 돼.'라거나 '이럴 때 쓰는구나.' 하고 직접 체감하며 익혔다
고 설명했다.

　말을 습득하는 건 이모셔널 리터러시 그 자체이며, TC의 생활
전체가 연습 기회라는 사실을 알 수 있는 이야기였다. 쇼에게 질
문한 청년도 고개를 크게 끄덕이며 마이크를 놓았다.

이야기를 빼앗기면

　그로부터 두 달 후, 쇼는 도치기현 오야마시에서 열린 상영회
에도 참석해서 동일본 대지진의 피해를 입었다고 하는 대학생
에게 질문을 받았다. 요약하면 다음과 같다.

　영화의 주인공들이 정말로 자신들의 말로 이야기하는 것인지
의문이 들었다. 나도 피해자로서 내 이야기가 있었지만, 어른들
에게 멋대로 '수정'당했다. 지금껏 사회적 지위가 있는 사람들에
게 피해자 대표로 이야기할 것을 강요당했다. '이야기를 빼앗겼

다'고 느꼈고, 더 이상 내 경험으로 느껴지지 않아서 이야기하는 것 자체에 저항감을 품게 되었다. TC에서는 이야기에서 권력이 생겨나지 않는가. 자신보다 심각한 경험을 한 사람이 있는 경우, 비교적 가벼운 죄와 무거운 죄를 저지른 사람이 함께 있는 경우, 이럴 때 사람들의 발언에 우위가 생겨나지 않는가.

쇼는 조금 고민하고 답했다. TC에서는 내 이야기에 사람들이 의견을 줄 때, 오해도 포함한 각자의 해석이 덧붙는다. 그런 의견을 들으면 '나는 그렇게까지 하지는 않았는데….'라고 생각할 때도 있는데, 그게 '이야기를 빼앗겼다'는 느낌과 비슷할지도 모르겠다. 다만, 이야기에는 그 뒤가 있다. 제대로 표현하지 못했다는 불편함을 느끼면서 내가 전하고 싶은 것을 계속 이야기하다 보면, 이윽고 나 자신의 말로 표현하고 있다는 것을 체감할 수 있다. 설령 누군가에게 수정당해서 10 중에 9가 달라져도 1이 사실이라면, 그 1에 내 마음이 남아 있는 셈이니 그것을 점점 키우면 되지 않을까.

쇼는 제대로 이야기하지 못했던 무렵의 자신을 예로 들었다. 자기는 "저기, 저…."라며 머뭇거리기만 했는데, TC에서는 누군가 도움의 손길을 내밀어주었다. "그건 슬펐기 때문일까요?" "실은 힘들었던 거 아닐까요?" 등을 다른 사람이 말해주면 비로소 "그럴지도 모르겠다." 혹은 "그건 아닌 것 같다."라고 반응할 수 있었다. 그런 건 아직 표현이라 할 수 없고, 자신의 말이라고도 할 수 없을지 모른다. 그래도 같은 일에 관해 세 번, 네 번 이야기하다 보면 자신의 말로 표현한다는 느낌이 들었다.

대학생은 예의 바르게 감사를 전했다. 그가 쇼의 이야기에 공감했는지 어떤지는 모른다. 애초에 이야기하는 행위에는 항상 위험성이 동반하는데, 그 위험성을 어린 학생에게 떠민 데다 내용까지 왜곡한 어른의 책임이 무겁다. 또한 그 학생은 자신의 피해를 돌아보는 것조차 괴로운지도 모른다. '빼앗겼다'고 느낀 이야기 속에 과연 한 조각이라도 그 학생의 마음이 남아 있을지 어떨지도 알 수 없다.

그럼에도 불구하고 그 자리에서 그 학생이 발언한 것에는 의미가 있다고 생각한다. 이야기를 들려준 쪽에도, 이야기를 들은 우리에게도.

가족이 발언하는 자리

상영회에서는 '가해자 가족'이라는, 지금껏 숨겨지곤 하던 존재들의 목소리도 공유되었다.

전 TC 훈련생으로 앞서 5장에서 등장한 아키라는 촬영할 때 "얼굴만은, 제발 봐주세요."라고 부탁했었다. 출소자가 등장하는 장면에 관해서도 촬영하면서 모두에게 동의서를 받았지만, 출소자의 얼굴 공개는 시사 단계에서 확인을 받기로 했다.

'가족에게 폐 끼치기 싫다'는 게 아키라가 얼굴 공개를 고민한 가장 큰 이유였다. 그랬지만 시사 단계에서 영상을 보고 마음이 흔들렸는지, 그는 잠시 팔짱을 낀 채 미간에 주름을 잡고 고민했다.

결과적으로는 아키라는 크게 마음을 먹고 얼굴 공개를 결정했는데(촬영에 응해준 출소자 중에 직장 문제로 얼굴을 숨길 수밖에 없었던 한 사람을 제외하고 아키라를 비롯한 모두가 얼굴 공개에 동의해주었다), 나는 그런 결단을 권한 것에 어느 정도 죄의식과 불안을 느끼고 있었다. 그런 아키라의 부모가 2019년 9월 리쓰메이칸대학교의 캠퍼스에서 진행한 완성 시사회에 관람하러 왔다는 걸 상영 후의 심포지엄에서 알게 되었다.

"이번 영화에 등장하는 출소자의 부모 입장에서 관람했습니다."

시사회장의 중앙에서 양복 차림의 중년 남성이 발언했다. 공개된 자리에서 출소자의 가족이 발언하는 것은 드문 일이었다. '가해자의 가족'이라는 낙인은 무척 진하기 때문이다. 이번에는 '시마네 아사히'에서 교육 고문을 맡고 있는 후지오카 준코가 그에게 발언해달라고 청했다. 후지오카는 그날 행사의 주최 측으로 출소자 본인은 물론 가족과도 관계를 쌓고 있었다(반복하지만, 애초에 일본에는 출소자와 그 가족이 교도소에서 일하는 사람과 연결될 수 있는 환경이 없다).

남성의 옆자리에는 깔끔한 정장 차림의 아내인 듯한 여성이 앉아 있었는데, 입을 꾹 다물고 긴장한 표정이었다. 틀림없이 감독을 비판할 거라고 생각한 나는 온몸이 단단히 굳었다. 하지만 그의 입에서 나온 말은 예상과 달랐다.

아들이 TC에서 신세를 지며 좋은 경험을 했다. '시마네 아사히'에서 나온 후 재범도 안 하고 성실하게 살고 있다. 결혼해서 아이도 낳고, 행복이 가득하다.

부친의 옆에 앉아 있는 모친이 이따금씩 고개를 끄덕였다. 아키라의 부친은 기뻐하며 말했다.

"TC와 다른 교도소의 차이점은 나온 뒤에도 관계가 이어져서 서로 격려한다는 것입니다. 해마다 몇 번씩 만나서 밥을 먹으며 격려를 주고받는 모습을 보면, 저런 관계가 재범을 막는 게 아닐까 하는 생각이 듭니다."

발언을 마무리하면서 아키라의 부친은 놀라운 말을 했다.

"아들은 영화에서 얼굴을 공개했습니다. 훌륭하다고 생각했습니다."

사진에 담긴 미소

앞서 돗토리현에서 했던 상영회의 일을 이야기했는데, 실은 그날 아침 일찍 휴대전화로 사진 한 장이 도착했다. 보낸 사람은 쇼였다.

바닷가 방파제 위에 서 있는 남녀 네 사람. 마치 청춘 드라마의 한 장면 같았다. 두 청년은 크게 웃으며 만세를 하고 있었는데, 그중 한 명은 쇼였다. 쇼는 출소 후 알게 된 동료들과 간토에서 돗토리까지 자동차로 편도 10시간이 걸리는 거리를 나보다 한 발 앞서 간 것이었다. 쇼의 동료들이란 알코올 의존자 자조 모임 AA의 멤버로 쇼 외에도 교도소에서 복역한 사람이 있다.

이처럼 사회에서도 생크추어리를 만들려고 하는 것이야말로 TC에서 익힌 자세 아닐까? 사진에 찍힌 쇼의 끝내주는 미소가 그 효과이자 증거라고 생각한다.

며칠 뒤, 쇼는 동료들끼리 사용하는 SNS에 글을 남겼다. 쇼의 허락을 얻고 이 책에 싣는다.

갱생보호시설에서 보내는 마지막 밤. 바깥으로 나오고 정확히 반년. TC에서는 하고 싶은 게 하나도 없어서 살아도 괜찮은 걸까 생각하기도 했다. 사회에 나가면 엄청 비난을 받고 계속 뒤에서 손가락질을 당하며 살아갈 거라고, 행복 따위는 없을 거라고 믿었다. 그렇게 되기를 마음속으로 바랐는지도 모른다. 하지만 현실은 전혀 달랐다. 바깥에서 보낸 반년 동안, 떠올리기만 해도 눈물이 흐르고, 기쁘고, 마음이 따뜻해지는 일이 훨씬 많았다. 그런 추억의 대부분은 이 글을 읽어 주는 사람들이 만들어준 것이다. 진심으로, 감사합니다. 앞으로도 잘 부탁드립니다.

TC를 수료한 출소자 중에는 착실하게 꿈을 실현해가는 사람들이 적지 않다. 어떤 사람은 운송업과 요식업에서 동시에 일을 하며 고생한 끝에 음식점 경영자가 되었고 재혼까지 하여 네 아이의 아버지가 되었다. SNS에 올라오는 가족과 직장 동료가 함께하는 일상, 그에 대한 TC 수료생들의 댓글 등을 보면 '모두가 서로를 지켜보는 증인'이라는 것을 TC 밖에서도 알 수 있다.

또 다른 사람은 '시마네 아사히'에서 받은 요양보호사 연수를 계기로 고령자 시설에 취직했고, 여러 자격증을 취득하여 순식간에 관리직이 되었다. IT 산업에서 경력을 쌓으며 노력하는 사람이나 경영컨설팅회사를 차리는 사람도 있는데, TC에서 배운 사고방식을 일에 직접 활용한다고 했다. 인터뷰에서 영상업계로 나아가고 싶다고 했던 청년이 출소 후 애니메이션 전문학교를 졸업하고 내게 취직 관련 조언을 구한 적도 있다.

운전이나 돌봄 노동을 하는 동시에 소년원에서 자원봉사를 하는 사람, 출소자를 위한 지원 활동을 하는 사람도 있다. 한 출소자는 자영업자가 되었는데, 쇼가 일자리를 찾으며 도움을 받았던 '교도소 출소자 등에 대한 취로 지원' 제도에 고용주로 등

록하여 '시마네 아사히'에서 나온 출소자를 맞이하려고 준비하고 있다. 얼마 전 재회한 부동산업에 종사하는 60대 출소자는 아들보다 어린 20대 아키라가 창업에 관한 조언을 구해서 종종 통화를 한다며 기뻐했다. 그 아키라는 드디어 고향에서 염원하던 음식점을 개업했다. 그들의 씩씩함과 따뜻한 인간관계는 이 책에 전부 담을 수 없다.

그런 한편으로는 동료를 배신하거나 문제를 일으키는 등 엇나가는 사람의 소문도 가끔씩 귀에 들어온다. 우리는 그런 사람들에 대해서야말로 알아야 하지만, 대체로 자취를 감추기에 연락을 취할 수가 없다. 불확실한 정보만으로 그들에 대해 적는 건 피하고 싶지만, 위태위태하면서도 동료들의 도움을 받으며 어떻게든 살아가는 사람들도 있다. 유야가 그런 사람이다.

2021년 4월, 유야가 "삼세번에 성공한다는 말대로 이제야 제 장면을 볼 수 있었습니다!"라고 메시지를 보내왔다. 유야는 영화 개봉 전에 두 차례 시사회에 보러 갔지만, 2년이 지나서야 자신의 모습과 마주할 수 있었다고 했다. 그다음에 쓰인 내용은 다음과 같았다.

영화 속에서 다른 사람들이 했던 지적은 모두 맞는 말로 자기는 변명하며 도망칠 뿐이었다. 3개월 동안 일을 그만두지 않는다는 약속도 결국 지키지 못했다. 지금은 여러 사람과 상담하며 노동이 어려운 사람들을 위한 작업소나 장애인 고용을 통해 일반 기업에서 일하는 것, 혹은 지원시설을 다니는 것 등을 고민하고 있다.

가장 마음에 울린 것은 다음 문장이었다.

"현재 많은 사람들이 다양한 풍경을 보여주고 있는데, 그렇지 못한 사람들이 많기 때문에 이 관계를 앞으로도 소중히 여기고 싶습니다."

유야는 쇼와 아키라를 비롯한 다섯 명의 TC 출신자를 열거하며, 그들이 자신을 지지해주는 동료들이라고 했다. 다섯이나 되는 동료들이 자신을 지지해준다고 진심으로 말할 수 있는 사람이 이 사회에 몇이나 있을까. 나는 그들이 교도소 내에서 그만큼 단단한 신뢰관계를 쌓았다는 증거라고 생각했다. 유야가 동료들이 보여주고 있다고 한 '다양한 풍경'이 미래로 이어지는 희망 같아서 가슴이 뜨거워졌다.

유야와 그의 동료들은 요즘도 가끔씩 근황을 알려온다. 아키라가 유야의 사진과 함께 "구제 불능인 녀석이에요."라는 등 힘 없이 메시지를 보내올 때면 나도 모르게 눈시울이 뜨거워진다. 의존을 받아주는 쪽도 결코 항상 순조롭지는 않다는 걸 알기 때문이다. 그래도 그들은 유야에게 손을 내민다. 그들 역시 TC에서, 그리고 바깥세상에서 동료들이 내민 손에 도움을 받았기에.

네 주인공 중 연락이 닿지 않는 건 겐타로뿐이다. 출소 후 출신지에서 멀리 떨어진 갱생보호시설로 갔다는 소식까지는 다른 출소자에게서 들었다. 그곳에 전화해보았지만, 개인정보 보호 때문에 연결해주지 않았다. 내가 신경 쓰는 건 그가 다시 범죄를 저질렀느냐는 것이 아니라 주위에 겐타로가 마음을 숨김없이 이야기할 수 있는 사람이 있느냐는 것이다.

사람이 변하는 데는 시간이 필요하다. 변화하는 과정도 속도도 사람마다 다르다. 변화는 교도소 내에서 완결되지 않는 데다 그곳에서 배운 게 바깥세상에서 그대로 통하지도 않는다. 애초에 담장 안과 밖은 너무 다르다. 그렇기 때문에 바깥세상에서 살아가기 위해서는 생크추어리가 되어줄 관계와 이야기를 나눌 기회가 필요하다고 나는 확신한다.

나의 이야기

『프리즌 서클』은 사실 나 자신의 이야기이기도 하다.

앞서 6장에서 내 개인적인 피해와 가해 경험을 다뤘지만, 마지막으로 나와 남동생의 관계에 한 발 더 들어가려 한다.

내가 남동생에게 폭력을 휘둘렀을 때는 아직 어린아이였다. 내게 생크추어리가 없었다고 언급했지만, 어쨌든 내가 동생의 마음에 상처를 냈다는 건 엄연한 사실이다. 남동생은 어릴 때부터 가게에서 물건을 훔치는 등 경찰이 개입하는 일을 많이 저질렀는데, 그때마다 '내 탓이다.'라는 생각이 들어 칼에 찔리듯이 가슴이 아팠다.

20대에는 남동생에게 직접 사과하기도 했다. 술집으로 동생을 불러내 내가 저지른 일과 그에 관한 마음을 전하니 "신경 쓸 필요 없다."라고 도리어 위로를 받은 기억이 있다. 그때 일을 남동생에게 확인해보니 "갑자기 옛날에 나를 괴롭혔다고 하니까 깜짝 놀랐지. 그렇게 생각했구나 하고."라며 역시 기억하고 있었다. 그리고 내게 "형제 사이에 자주 있는 일"이며 "스스로 극복하는 게 어른"이라고 답했다고 했는데, 내 기억과 일치했다.

그렇지만 남동생의 문제는 멎을 줄을 몰랐다. 진통제를 과다 복용하는 자살 미수가 두 차례나 있었고, 나는 병원 중환자실에서 의식이 없는 동생과 대면해야 했다. 그와 더불어 절도와 공무집행 방해 등으로 경찰에도 잡혔다. 그 역시 한두 번이 아니다. 그때마다 나는 유치장과 구치소에 면회를 가고, 변호사와 상담하고, 서류를 작성하고, 증인으로 법정에 서고, 남동생은 집행유예를 받았다. 가족들은 도중에 두 손 두 발을 들었고, 남동생이 체포되면 내가 도맡아서 대응했다. 2013년쯤에 의존자 회복시설인 다르크를 운영하는 친구에게 상담했는데, "시설에 도움을 청한 게 너무 늦었다"는 말을 들었다. 나 자신부터 "도와줘."라고 말하지 못하는 사람이었던 것이다. 그제야 동생은 의료기관 및 다르크와 연결되었고, 나는 '제발 이번에는.'이라고 기도하는 심정이 되었다. 하지만 잘 풀리지 않았다.

마지막으로 남동생이 체포된 건 2015년 1월, '시마네 아사히'에서 촬영을 시작하고 반년이 지났을 때였다. 수면제를 과다 복용한 남동생은 그 영향으로 몽롱해진 의식에 환청을 들으며 음반가게에서 CD를 두 장 훔쳤다. 첫 면회 직후, 나는 다음과 같은 메모를 남겼다.

"창백하고, 부어오른 얼굴, 덥수룩한 수염. 텅 빈 눈으로 느릿느릿 주문처럼 중얼거리는 동생. 손을 작게 떨고 있었다. 내가 알던 동생이 아니다."

며칠 뒤의 면회에서는 동생의 얼굴을 보자마자 할 말을 잃었다. 복싱 시합 직후처럼 코 모양이 바뀌었고, 볼에서 눈 주위까지 잔뜩 부어오른 데다 피부가 새카맣게 멍이 들어 있었다. 큰 소리를 냈다는 이유로 여러 경관이 붙들고 구타한 모양이었다. "얻어맞았다"고 동생이 입 밖에 내자마자, 동석했던 경찰관이 발언을 막더니 그 즉시 면회를 종료시켰다. 변호사와 상담해서 경찰서에 해명을 요구했지만, 결국 동생이 구속된 상황에서 하는 '인질 재판'*이라는 것을 뼈저리게 깨달을 뿐이었다.

---

* 일본에서는 법적으로 피의자 혹은 피고인을 동일 용의로 최대 23일 동안만 구속 조사할 수 있다. 하지만 현실에서는 피의자 혹은 피고인이 혐의를 부인하는 경우 신변 구속 기간이 길어지며 석방과 보석이 되지 않는 경향이 있다. 경찰과 검찰이 원하는 결과를 얻기 위해 피의자를 장기 구속하며 일어나는 문제를 일본에서는 '인질 사법' 혹은 '인질 재판'이라고 부르며 비판한다.

동생은 기소되었고, 판결은 징역 1년 반이었다. 마침내는 교도소에 수용되어버린 것이다. 죄를 저지른 사람과 교도소에 대해 취재하는 사람이 하필이면 그와 관련한 영화를 한창 만드는 중에 가족을 교도소에 보내다니 누가 상상이나 할까. 나는 큰 타격을 입고 쓰러졌다.

동생이 수용된 곳은 도치기현에 있는 구로바네 교도소였다. '시마네 아사히'와 마찬가지로 범죄 성향이 강하지 않은 남성만 수용하는 교도소로 규모도 거의 같았지만, 오래전 방식대로 교도작업이 중심인 곳이었다. 동생이 수용된 9개월 동안 나는 전혀 다른 두 교도소를 오가야 했다. 아크릴판 너머에서 동생은 잡담이 금지된 교도작업과 "작업 방식이 틀렸어! 다시 해!"라고 교도관에게 혼나는 일상이 힘들다고 투덜대며 패기라고는 없는 표정으로 "희망이 없어."라고 말을 흘렸다. 나는 면회를 마치고 나오면 항상 자동차를 운전하며 음악을 최대한 크게 틀었다. 그리고 큰 소리로 울었다.

대체로 구로바네 교도소에서 면회를 한 다음 날, 혹은 며칠 뒤에는 TC를 촬영했다. 훈련생들이 원 속에서 이야기를 나누는 모습을 카메라에 담다 보면 아크릴판 너머의 동생이 떠올랐다. 두 광경의 너무나 큰 차이에 몸서리가 났다.

나는 취재자인 동시에 수용자의 가족이었다. 기존 제도와 처우에 효과가 없다는 것을 직접 경험한 사람이기도 하다. 회복의 여정이 결코 단순하지 않다는 사실을 통감한 당사자 가족이며, 일찍이 상처를 입고 상처를 낸 당사자이기도 하다. 내가 폭력의 연쇄를 어떻게 해서든 끊어내길 간절히 바라는 배경에는 이처럼 복잡하게 얽히고설킨 내 입장이 있다. 그리고 그런 것이 영화나 이 책을 만들어냈는지도 모른다.

남동생을 더 이야기하면, 생크추어리가 존재하지 않는 구식 시설에서도 다르크 스태프 및 변호사가 면회와 편지로 계속 뒷받침해주었고, 대화를 거듭하며 자신이 겪는 고통의 근원과 마주할 기회를 얻은 듯했다. 40대 중반인 동생이 오랫동안 어떤 갈등을 마음속에 품고 살아왔다는 사실을 우리 가족은 그때야 처음 알았다.

동생이 출소하고 5년이 지난 현재, 그는 공장에서 일하며 사회생활을 하고 있다. 한동안 멀리했던 취미인 음악 활동도 재개했는데, "요즘 유일한 즐거움"이라고 말하는 동생에게서 활기가 전해졌다. 5년 전에 "희망이 없어."라고 했던 모습과는 전혀 달랐다. 그 모습 자체가 내게도 희망이다.

동생이나 훈련생들의 고통을 과소평가할 셈은 없다. 하지만 그러는 동시에 그들 맞은편에는 피해자가 있음을, 그리고 나 역시 회복과 복구의 과정에 있다는 사실을 잊지 않으려 한다.

엔딩을 어떻게 만들까

영화 「프리즌 서클」은 다쿠야가 지어낸 이야기 「거짓말쟁이 소년」으로 시작했다. 그러니 그 이야기로 영화를 마치겠다는 결정은 어찌 보면 당연했다. 영화의 엔딩은 이 책의 프롤로그와 9장에서 소개한 이야기의 마지막 부분이다. 영화가 시작할 때처럼 모래 그림 애니메이션으로 표현했다.

검은 화면에 목소리만 들린다. 머리를 감싸고 있는 소년이 파란 모래 그림으로 나타난다. 소년은 하늘을 올려다본다.

옛날 옛날 어느 곳에 거짓말밖에 하지 않는 소년이 있었습니다. 절망한 소년은 마침내 이렇게 소리쳤습니다. "살고 싶어."

소년의 전신이 화면에 드러나고, 그를 뒤덮듯이 빛이 화면 전체에 퍼진다.

그러자 소년 앞에 소년을 가엾게 여긴 하느님이 나타나, 딱 한 번 솔직해질 수 있는 권리를 주었습니다.

소년은 사라지고 화면 전체가 갈색 모래 그림으로 변한다. 바닷가 마을이 화면에 나타난다. 드넓은 바다를 따라가듯이 집들이 줄지어 있다.

내가 거짓말밖에 할 수 없다고 마을 사람들에게 들리도록 소
리치면, 사정을 알게 된 마을 사람들과 사이가 좋아질 수 있
어. 소년은 기쁨에 온몸이 떨렸습니다.

언덕 위에 서서 바닷가 마을을 내려다보는 소년. 마침내 소년
은 마을을 향해 걸음을 딛는다.

밝은 미래를 예감하는 소년의 눈에 하늘은 여느 때보다 파랬
고, 태양도 여느 때보다 눈부시고, 따뜻했습니다. 그런 것 같
았습니다.

갈색이던 화면이 도중부터 색이 바뀐다. 코발트블루인 바다,
빨갛고 파란 집들, 초록색 산들, 옅은 파란색의 하늘과 하얀 구
름. 모래 그림 하늘은 이윽고 진짜 하늘로 바뀐다.

모래 그림을 모노톤에서 단숨에 컬러로 바꾼 이유는 자신의
부정적 역사와 마주한 끝에 희망과 만날 것이라는, 흡사 기도 같
은 다쿠야의 마음을 표현해내고 싶었기 때문이다. 과거를 받아들
이는 방식에 따라 미래를 바꿀 수 있다는 TC 이념과도 겹친다.

더 나아가 실제 하늘의 영상으로 전환한 이유는 이 영화가 단순히 주인공들만의 이야기가 아니라 우리에게도 연결되어 있다는 생각을 관객들에게 불러일으키고 싶었기 때문이다.

이 이야기의 특징은 소년이 스스로 '살고 싶다'고 바라게 된 것, 그리고 바로잡을 기회를 받은 것이라고 생각한다. 이 이야기의 줄거리는 거짓말쟁이 소년이 거짓말을 그만하게 되는 것이 아니다. 오히려 거짓말을 계속해온 사실을 소년이 스스로 인정하고 사람들에게 그 사실을 밝히는 것에 초점을 두고 있다.

이야기는 완결되지 않는다. 그 뒤에 어떻게 이어질지는 주인공과 함께 우리에게 남겨진 과제이기도 하다.

공존하는 사회를 목표한다면, 발상의 전환이 필요하다. 거짓말쟁이 소년을 벌하는 사고방식에서 무엇 때문에 그가 '거짓말'을 하는지 새롭게 질문하는 방향으로. '살고 싶다'고 바라기 위해 필요한 것은 무엇인지 찾으며 관습과 전례에서 벗어나 당사자의 목소리에 귀를 기울이는 방향으로. 그리고 '처벌의 문화'를 근본적으로 재검토하고 그것을 대신할 '새로운 문화'를 상상하고 창조하는 방향으로.

「거짓말쟁이 소년」의 뒷이야기는 이미 시작되었다.

영화 「프리즌 서클」을 완성한 다음인 2019년 가을, 아미티의
나야 아비터와 로드 멀린이 사비로 일본에 방문해 홋카이도부
터 오키나와까지 전국 상영회 투어를 함께해주었다. 그들과는
20년 넘게 여러 번 각지를 돌며 행사를 함께했지만, 그 투어가
결정적으로 다른 점은 두 곳의 PFI 교도소에서 상영회와 워크숍
을 개최한다는 것이었다.

어느 교도소에서는 당시 센터장의 재량으로 영화 관람 후 훈
련생이 감상문을 쓰는 시간을 지켜볼 수 있었다. 각자 방에서 사
전을 펼치며 필사적으로 펜을 움직이는 모습, 썼다가 지우기를
반복하는 모습, 펜을 쥐고 머리를 감싼 채 굳어 있는 모습이 뇌

리에 새겨졌다. 며칠 뒤 받은 훈련생 800명의 감상문은 내 보물이다. 이 교도소에서는 관민 합동으로 워크숍도 개최했는데, 제복과 사복 차림의 직원들이 작은 원에서 함께 웃고, 귀를 기울이고, 솔직한 마음과 갈등을 털어놓는 모습을 목격했다.

감동으로 눈시울이 뜨거워지는 순간도 적지 않았지만, 이런 광경이 당연한 시대는 언제나 올까 초조해지기도 했다. PFI 교도소에는 계약 기간이 있으며, 각각 몇 년 뒤에는 체제가 바뀔 가능성이 있다. 설령 제도의 극히 일부라 해도 패러다임을 전환한 TC가 과거의 산물이 되거나 전혀 다른 양상으로 변해버릴 수도 있다. 그걸 막고 싶다는 절실한 바람으로 지금까지 글을 써왔다.

이 책은 잡지 『세카이世界』에 2020년 1월호부터 1년 동안 연재한 글들에 기초하지만, 대폭 가필과 수정을 하며 재구성했다. 영상을 보고 촬영 현장을 회상하고, '그 뒤'를 취재하고 다시 영상으로 돌아가고, 취재 노트와 자료로 보충하면서 집필하는 방식은 20여 년 전 출간한 첫 단행본(미국의 사형 제도를 다룬 『치유와 화해의 여행』*, 현재는 품절) 이후 달라지지 않았다.

특히 소재 영상(영화에 담기지 않은 것도 포함)은 촬영 현장의 분위기부터 미묘한 감정의 흔들림까지 생생히 떠올리게 해

---

* 『癒しと和解への旅』岩波書店 1999. (한국어판: 박병식 옮김, 『희망 여행』 푸른숲 2006, 품절)

주는 귀중한 자료다. 그 뒤에 취재한 내용에 따라, 혹은 시간의 경과와 상황의 변화에 따라 전혀 다르게 보이는 경우도 있다. 수수께끼가 풀리거나 새로운 질문이 떠오르기도 한다. 이번에는 등장인물들이 출소한 후 제약이 없는 환경에서 만나 자유롭게 대화하면서, 혹은 그들을 손님으로 초청해 상영회 후 이야기를 듣고 관객과 대화하는 모습을 지켜보면서 그런 변화를 볼 수 있었다. 아쉽지만, 조만간 소재 영상을 전부 지워야 하기 때문에 (법무성이 내건 조건이다) 설령 일부라 해도 소중한 시도들을 서적이라는 형태로 남길 수 있어 안도하고 있다.

우선, 제약투성이인 환경에서 자신을 속속들이 보여준 전 TC 훈련생들, 출소 후에도 긍정적인 관계를 유지하고 있는 '쿠마의 모임' 멤버들에게 진심으로 감사와 경의를 전한다. 그중에서도 나의 거듭되는 "왜?"라는 질문에 항상 응답해주고 원고에 솔직한 의견을 준 쇼 씨, 아키라 씨, 다카쿠라 씨, 유야 씨, 마사토 씨, 그리고 자신이 만든 이야기가 영화와 책에 쓰이는 걸 허락해준 다쿠야 씨 등의 협력이 없었다면 이 책은 존재할 수 없었다. 영화의 기획 단계부터 온갖 위험성을 짊어지고 취재를 뒷받침해준 전 지원사 모리 마유미 씨에게는 감사하는 마음을 전부 전할 말이 없다. 그들의 용기가 포기할 뻔한 나를 버티게 해주었다는 사실도 적어둔다.

영화를 실현하는 과정에서 기획이 성립되도록 힘써준 데즈

카 후미야 '시마네 아사히' 전 센터장을 비롯해 법무성 교정국과 '시마네 아사히'의 직원들에게도 큰 신세를 졌다. 여러 이유로 현역 지원사들의 이름은 감췄지만, 그들이 호응하는 방식에 우리도 많은 것을 배울 수 있었다. 큰 포용력을 보여준 하마다시 아사히정의 주민들, 법적 측면에서 힘을 보태준 법률 고문들, 공과 사에서 모두 도와준 다르크 여성 하우스의 대표 가미오카 하루에 씨와 프리덤 대표 구라타 메바 씨, 그리고 지면 관계상 모두 이름을 적을 수 없지만 영화를 물질적으로나 정신적으로 응원해준 모든 후원자에게도 감사를 전한다.

방송 프로그램 제작 시절부터 함께한 촬영의 미나미 유키오 씨, 음향의 모리 에이지 씨, 오랫동안 활동을 뒷받침해준 이루미 에리코 씨, 이치바 게이코 씨, 사카구티 사유미 씨 등 아웃 오브 프레임out of frame의 동료들, 영화제작팀의 대표 나카무라 히사요 씨와 부대표 벳푸 미나코 씨, 엔딩 장면의 촬영 조수를 맡아준 아들 로카, 배급사의 고치, 이들과 함께 만든 영화를 보고 연재 기회를 흔쾌히 제공해준 『세카이』 편집장 구마가야 신이치로 씨에게도 이 자리를 빌려 고맙다고 말하고 싶다. 작가 브래디 미카코 씨가 자신의 책과 인터뷰에서 내 영화와 연재를 계속 언급해주는 것도 큰 응원이 되었다.

실은 집필 중에 어떤 일을 계기로 감정과 말을 동시에 잃어버리는 상태에 빠졌었다. 아무것도 느껴지지 않았다. 쓰기는커녕 글자를 읽을 수도 없었다. 생각조차 못 했다. 그저 눈앞에 닥친 일을 해치울 뿐이었다. 그런 상태가 한동안 계속되었다. 어떻게 다시 글을 쓸 수 있었는지 기억하지 못할 만큼 초췌했다.

그러는 사이에 많은 친구들에게 SOS를 보냈고, 각자 자기만의 방법으로 나를 도와주었다. 이 역시 TC에서 배운 것이라고 생각한다. 그들의 도움이 없었다면 글을 다시 쓰지 못했을 것이다. 편집자인 호리 유키코 씨에게 많은 부담을 지우고 말았는데, 완성까지 어떻게든 다다를 수 있었던 건 그때그때 나를 배려하며 결단을 내려준 호리 씨 덕분이다. 오랫동안 영화 제작을 도와주었던 야마시타 후미코 씨와 고토 우키코 씨, 영화 「라이퍼즈」의 주인공 레예스와 지미 등 이미 세상을 떠난 친구들의 유산 또한 이 책의 탄생을 뒤에서 밀어준 것 같다.

이 책을 계기로 폭력의 연쇄가 아닌 호응의 연쇄가 여기저기서 일어나기를. 그럴 수 있을 거란 예감이 든다.

2022년 2월 사카가미 가오리

프롤로그

上瀬 由美子·高橋 尚也·矢野 恵美,「官民協働刑務所開設による社会的包摂促進の検討」『心理学研究』87(6), p.579-589, 2017.

カロリン·エムケ(著), 浅井 晶子(譯),『なぜならそれは言葉にできるから』みすず書房 2019. (원서: Carolin Emcke, *Weil es sagbar ist*, S. Fischer Verlag 2013.)

Human Rights Watch/Asia Human Rights Watch Prison Project, *Prison Conditions in Japan*, Human Rights Watch 1995.

1

坂上 香,『ライファーズ: 罪に向きあう』みすず書房 2012.

島根あさひ社会復帰促進センター開設10周年記念フォーラム実行委員会(編),「島根あさひ社会復帰促進センター開設10周年記念フォーラム報告書」2019.

島根県立大学PFI研究会(編),『PFI刑務所の新しい試み: 島根あさひ社会復帰促進センターの挑戦と課題』成文堂 2009.

Naya Arbiter & Extensions LLC『変化への入り口』비매품.

毛利 真弓,「日本の刑務所における治療共同体の可能性: 犯罪からの回復を支える'共同体'と'関係性'の構築に関する現状と課題」大阪大学大学院博士課程人間科学研究科博士論文, p.93-128, 2018.

2

坂上 香·アミティを学ぶ会(編),『アミティ·「脱暴力」への挑戦: 傷ついた自己とエモーショナル·リテラシー』日本評論社 2002.

W. F. Graham, H. K. Wexler, "The Amity Therapeutic Community program at Donovan Prison: Program description and approach", G. De Leon ed., *Community as Method: Therapeutic Communities for Special Populations and Special Settings*, p.69-86, Praeger Publishers 1997.

3

霜村 三二,「'黙'を強いられる学校現場の'声'を聴く」『教育』887, 2019.

野坂 祐子,『トラウマインフォームドケア: "問題行動"を捉えなおす援助の視点』日本評論社 2019.

南 幸男,「撮影報告『プリズン·サークル』」『映画撮影』228, p.18-21, 2021.

S. L. Bloom, B. J. Farragher, *Restoring Sanctuary: A New Operating System for*

Trauma-Informed Systems of Care, Oxford University Press 2013.

4

J. Gilligan, *Violence: Reflections on a National Epidemic*, Vintage Books 1997.

L. A. Rhodes, "Imagining the injured child: Engaging the social at a therapeutic community prison in Britain", *Childhood* 20(3), p.368-382, 2013.

M. M. Mozley, C. A. Modrowski, P. K. Kerig, "Intimate Partner Violence in Adolescence: Associations With Perpetration Trauma, Rumination, and Posttraumatic Stress", *Journal of Interpersonal Violence*, 36(17-18), p.7940-7961, 2021.

N. Arbiter, F. Mendez, *Tending the Hearts Garden: Women's Roles*, Extensions LLC, 비매품.

5

アリス・ミラー(著), 山下 公子(譯),『魂の殺人: 親は子どもに何をしたか』新曜社 1983.(원서: Alice Miller, *Am Anfang war Erziehung*, Suhrkamp 1983.)

アリス・ミラー(著), 山下 公子(譯),『沈黙の壁を打ち砕く: 子どもの魂を殺さないために』新曜社 1994.(원서: Alice Miller, *Abbruch der Schweigemauer*, Suhrkamp 1990.)

坂上 香,「受刑者の痛みと応答: 映画「プリズン・サークル」を通して」『臨床心理学』20(1), p.86-90, 2020.

毛利 真弓,「語りの場と犯罪行動からの離脱: 刑務所内治療共同体のつくりかた」, 藤岡 淳子(編著),『アディクションと加害者臨床』金剛出版 2016.

6

ベッセル・ヴァン・デア・コーク(著), 柴田 裕之(譯),『身体はトラウマを記録する: 脳・心・体のつながりと回復のための手法』紀伊國屋書店 2016.(한국어판: 베셀 반 데어 콜크 지음, 제효영 옮김, 김현수 감수,『몸은 기억한다: 트라우마가 남긴 흔적들』을유문화사 2020.)

羽間 京子・森 伸子・西 慶子・Joanne Savage,「若年犯罪者の被虐待体験等の被害体験と犯罪との関連に関する研究」日工組社会安全研究財団, 2018年度一般研究助成 研究報告書.(https://www.syaanken.or.jp/wp-content/uploads/2019/12/RP2018A_003.pdf)

7

リチャード・B. ガートナー(著), 宮地 尚子他(譯),『少年への性的虐待: 男性被害者の心的外傷と精神分析治療』作品社 2005.(원서: Richard B. Gartner, *Betrayed as Boys:*

Psychodynamic Treatment of Sexually Abused Men, The Guilford Press 2001.)

K. Charlotte, P. Modi, "The use of emotional literacy in work with sexual offenders", *Probation Journal* 61(2), p.132-147, 2014.

宮地 尚子,「男性の性被害: 被害と加害の「連鎖」をめぐって」『トラウマティック・ストレス』6(2), p.145-155, 2008.

8

角岡 伸彦,『ふしぎな部落問題』ちくま新書 2016.

熊本 理抄,『被差別部落女性の主体性形成に関する研究』解放出版社 2020.

毛利 真弓・藤岡 淳子,「刑務所内治療共同体の再入所低下効果: 傾向スコアによる交絡調整を用いた検証」『犯罪心理学研究』56(1), p.29-46, 2018.

9

杉山 登志郎,『子と親の臨床: そだちの臨床2』日本評論社 2016.

埋橋 孝文・矢野 裕俊・田中 聡子・三宅 洋一,『子どもの貧困/不利/困難を考えるⅢ: 施策に向けた総合的アプローチ』ミネルヴァ書房 2019.

西澤 哲「社会的養護の方向性, 現状, 課題」『子どもの虐待とネグレクト』23(1), p.16-23, 2021.

西澤 哲「子ども虐待における加害と被害の世代間連鎖と世代内連鎖」『臨床心理学』18(5), p.542-546, 2018.

10

レスリー・S. グリーンバーグ(著), 岩壁 茂・伊藤 正哉・細越 寛樹(監譯),『エモーション・フォーカスト・セラピー入門』金剛出版 2013. (한국어판: 레슬리 S. 그린버그 지음, 윤명희·정은미·천성문 옮김,『정서중심치료: 내담자가 자신의 감정을 다루도록 코칭하기』학지사 2021.)

デイビッド・T. ジョンソン(著), 笹倉 香奈(譯),『アメリカ人のみた日本の死刑』岩波新書 2019.

11

坂上 香,「傷ついた人々のサンクチュアリ: 治療共同体・修復的司法」, 信田 さよ子(編著),『実践アディクションアプローチ』金剛出版 2019.

C. Swanson, *Restorative Justice in a Prison Community: Or Everything I Didn't Learn in Kindergarten I Learned in Prison*, Lexington Books 2009.

植木 百合子,「修復的カンファレンス(少年対話会)モデル・パイロット事業報告書の概要について」『警察学論集』61(4), p.83-100, 2008.

12

坂上　香,「刑務所内TCとサバイバル: 受刑者の関係性は塀を越えられるか?」『臨床心
　　理学』21(4), p.414-421, 2021.

Martin Miller, *The True "Drama of the Gifted Child": The Phantom Alice Miller-
　　The Real Person*, 2018(아마존에서 개인 출판).

13

デービッド・ガーランド(著), 向井 智哉(譯), 藤野 京子(監譯),『処罰と近代社会: 社会
　　理論の研究』現代人文社 2016. (원서: David Garland, *Punishment and Modern
　　Society: A Study in Social Theory*, The University of Chicago Press 1990.)

E. ゴッフマン(著), 石黒 毅(譯),『アサイラム: 施設被収容者の日常世界』誠信書房
　　1984. (한국어판: 어빙 고프먼 지음, 심보선 옮김,『수용소: 정신병 환자와 그 외 재
　　소자들의 사회적 상황에 대한 에세이』문학과지성사 2018.)

アンジェラ・デイヴィス(著), 上杉 忍(譯),『監獄ビジネス: グローバリズムと産獄複
　　合体』岩波書店 2008. (원서: Angela Y. Davis, *Are Prisons Obsolete?*, Seven
　　Stories Press 2003.)

アンジェラ・デイヴィス(著), フランク・バラット(編), 浅沼 優子(譯),『アンジェラ・デ
　　イヴィスの教え: 自由とはたゆみなき闘い』河出書房新社 2021. (원서: Angela
　　Y. Davis, *Freedom Is a Constant Struggle: Ferguson, Palestine, and the
　　Foundations of a Movement*, Haymarket Books 2015.)

坂上　香,「警察や刑務所は 私たちの安全を守れるか?: COVID-19パンデミック×
　　BLM時代におけるアンジェラ・デイヴィスの問い」『現代思想』48(13), p.97-106,
　　2020.

毛利 真弓, 앞선 글.

UNODC, United Nations System Common Position on Incarceration, April 2021.
　　(https://www.unodc.org/res/justice-and-prison-reform/nelsonmandelarules-
　　GoF/UN_System_Common_Position_on_Incarceration.pdf)

バズ・ドライシンガー(著), 梶山 あゆみ(譯),『囚われし者たちの国: 世界の刑務所に正
　　義を訪ねて』紀伊國屋書店 2020. (원서: Baz Dreisinger, *Incarceration Nations:
　　A Journey to Justice in Prisons Around the World*, Other Press 2016.)

Michael Parker ed., *Dynamic Security: The Democratic Therapeutic Community
　　in Prison*, Jessica Kingsley Publishers 2006.

Correcting Correctional Centers (Incarceration Nations: A Global Docuseries: A
　　mixed-media docuseries 전 10편 중 한 작품. 전작 감독은 바즈 드라이싱어),
　　The Incarceration Nations Network 제작, 2021.

프리즌 서클

초판 1쇄 발행 2023년 3월 17일

지은이 사카가미 가오리
옮긴이 김영현
펴낸이 김효근
책임편집 김남희
펴낸곳 다다서재
등록 제2019-000075호(2019년 4월 29일)
전화 031-923-7414
팩스 031-919-7414
메일 book@dadalibro.com
인스타그램 @dada_libro

한국어판 ⓒ 다다서재 2023
ISBN 979-11-91716-21-4 03330

- 이 책 내용의 전부 또는 일부를 재사용하려면 반드시 저작권자와 다다서재 양측의
  동의를 받아야 합니다.
- 책값은 뒤표지에 표시되어 있습니다.